马克思劳动批判理论及其当代价值研究

MAKESI LAODONG PIPAN LILUN
JIQI DANGDAI JIAZHI YANJIU

李建蕊 著

南开大学出版社
天津

图书在版编目(CIP)数据

马克思劳动批判理论及其当代价值研究 / 李建蕊著. —天津:南开大学出版社,2023.7
ISBN 978-7-310-06418-2

Ⅰ.①马… Ⅱ.①李… Ⅲ.①马克思主义－劳动价值论－研究 Ⅳ.①A811.66

中国国家版本馆 CIP 数据核字(2023)第 018974 号

版权所有　侵权必究

马克思劳动批判理论及其当代价值研究
MAKESI LAODONG PIPAN LILUN JIQI DANGDAI JIAZHI YANJIU

南开大学出版社出版发行
出版人:陈　敬
地址:天津市南开区卫津路 94 号　邮政编码:300071
营销部电话:(022)23508339　营销部传真:(022)23508542
https://nkup.nankai.edu.cn

天津创先河普业印刷有限公司印刷　全国各地新华书店经销
2023 年 7 月第 1 版　2023 年 7 月第 1 次印刷
240×170 毫米　16 开本　14.75 印张　2 插页　225 千字
定价:75.00 元

如遇图书印装质量问题,请与本社营销部联系调换,电话:(022)23508339

摘　要

劳动不仅是一个表征人类生存和发展的词汇，不仅是历史唯物主义的理论支点，更是嵌入马克思的哲学变革与社会批判之中的轴心性概念。以劳动为切入点展开批判性研究使得马克思主义哲学更能切近时代主题，把握时代脉搏。马克思劳动批判理论就是以劳动为基点展开的，对遮蔽与粉饰劳动异化困境的劳动理论进行批判与超越而得出的，关涉现代劳动与资本的内在矛盾，从而为人的解放与自由寻求出路的理论。马克思劳动批判理论作为马克思思想理论体系的重要组成部分，其哲学的聚焦点是以人的现实生活为内容的具体社会历史性存在，并以独到的批判意识与批判精神加深对当代劳动者的生存境遇的反思。

马克思劳动批判理论有其产生的时代背景与理论背景。随着资本逻辑成为当代人类生存的主导逻辑，雇佣劳动也就成为劳动者普遍的生存样态。以此为基础，资本逻辑对雇佣劳动的钳制导致劳动者生存的异化困境就成为当代世界主要的矛盾来源。面对这样的现实背景，资本意识形态更多地表现为对现实异化困境的粉饰与维护，试图掩盖劳动与资本之间的对立关系。这样，现实背景与理论背景之间不是相互对照，而是相互排斥。马克思正是对异化困境的遮蔽者进行一一批判才有其劳动批判理论的逻辑展开，也才能形成完整的劳动批判思想。

由此，马克思劳动批判理论的基本内容就包括理论展开与现实展开两个维度。从理论展开来看，国民经济学的劳动理论与黑格尔的劳动理论成为马克思劳动批判理论生成的文本批判对象。从现实展开来看，雇佣劳动制度下的异化本质成为马克思劳动批判理论的批判焦点。对资本主义劳动形式内在本质的批判，是通过对国民经济学劳动理论和黑格尔劳动理论的批判得以完成的，这是马克思劳动批判的内在演进逻辑。因此，马克思劳动批判理论的基本内容为：异化劳动批判思想、雇佣劳动批判思想、国民经济学劳动理论的批判思想和黑格尔劳动理论的批判思想。对异化劳动的批判主要集中于现实生活中的劳动者与劳动产品的异化，劳动者与劳动行为的异化；逻辑推演上的劳动者与人的类本质的异化，人与人之间的异化。私有制是异化劳动产生的根源所在，随着分工的出现及其不断的深化，劳动异化也随之加深，分工与私有制共谋成为异化劳动产生的原因。而抽象劳动对具体劳动的统治，使得资本对劳动的剥削化上了一层浓妆。从本质上看，异化劳动是雇佣劳动的内在规定，消除私有制才能实现对雇佣劳动的扬弃。国民经济学将劳动作为生产财富的抽象劳动来定义，黑格尔在国民经济学的基础之上更是将之抽象化为精神性的劳动，其共同提供的劳动理论均无法解释现实的劳动异化。马克思在存在论的原则高度下，指认国民经济学劳动理论与黑格尔劳动理论的缺陷，提出了感性对象性的活动，复归劳动的真正本质，分析了资本与劳动的真实的辩证对抗关系。

马克思对资本主义雇佣劳动异化本质的揭示旨在实现人的自由与解放，人的自由与解放成为马克思劳动批判理论的终极价值旨趣。自由劳动、劳动解放及人的解放架构起马克思劳动批判理论价值旨趣的基本内容。自由劳动作为人生命表现的劳动形态，超越了谋生劳动与奴役劳动，寓于劳动解放之中；劳动解放是一个动态的发展过程，是人的解放的进阶桥梁；人的解放是马克思主义哲学的一面旗帜，更是马克思劳动批判的方向指引。自由劳动是劳动解放的表现形态，劳动解放是人的解放的前提，劳动解放最终指向的是人的解放。

在对马克思劳动批判的基本内容以及价值旨趣进行分析之后，我们继续考察其理论的内在机理，透视其理论的本质规定性、运演体系及基本特征。马克思劳动批判理论本质上是以社会历史性的劳动概念为基点，展开对资本主义性质的劳动活动的批判分析，对异化困境揭示与出路探寻的一种现代性的批判与反思。我们从整体上对马克思劳动批判理论进行结构分析与把握，认识到劳动批判的真正对象是资本主义性质的劳动（雇佣劳动制度下的异化本质），可以透视出资本原则的内在发展限度以及在当代发挥资本原则作用的效用力与适用度。

马克思对劳动异化困境的揭示与批判，对人的解放的始终追寻，给予新时代中国特色社会主义的发展以指引与启示。我们对马克思劳动批判理论当代意义的探讨，既要关涉理论本身在当代中国出场的现实性与真实性，又要在此基础上，解读新时代中国特色社会主义有关政策与思想。"以人民为中心"的发展思想是马克思劳动批判理论在当代的发展形态，对其二者关联性的研究使得人的本质力量在历史与现实的相互耦合之中得以不断生成。同时，以马克思劳动批判理论为基础构建当代劳动发展新境遇，倡导尊重劳动的社会价值理念与劳动批判的精神，促进劳动成果实现共享，可以使得人的解放的历程不断延伸与拓展。

目 录

导 论 ………………………………………………………… 1
  一、论题研究的缘起 ………………………………………… 1
  二、论题研究的意义 ………………………………………… 2
  三、国内外研究现状及述评 ………………………………… 5
  四、论题研究的方法与基本思路 …………………………… 25

第一章 马克思劳动批判理论出场的背景 …………………… 30
  第一节 马克思劳动批判理论出场的现实背景 …………… 30
    一、资本逻辑成为人类命运的主导力量 ………………… 31
    二、雇佣劳动成为劳动者的宿命 ………………………… 33
  第二节 马克思劳动批判理论出场的理论背景 …………… 36
    一、资本意识形态的历史生成 …………………………… 37
    二、资本意识形态对劳动异化的粉饰与遮蔽 …………… 41

第二章 马克思劳动批判理论的基本内容 …………………… 48
  第一节 异化劳动的批判思想 ……………………………… 48
    一、异化劳动的内涵与表现 ……………………………… 48
    二、异化劳动的来历与根源 ……………………………… 54
    三、异化劳动的批判与扬弃 ……………………………… 59
  第二节 雇佣劳动的批判思想 ……………………………… 64
    一、雇佣劳动的内涵与表现 ……………………………… 65
    二、雇佣劳动的来历与根源 ……………………………… 69
    三、雇佣劳动的批判与扬弃 ……………………………… 75
  第三节 国民经济学劳动理论的批判思想 ………………… 79
    一、国民经济学的劳动理论 ……………………………… 79

二、国民经济学劳动理论的批判 ……………………………… 86
　　三、超越国民经济学：劳动批判的进阶 ………………………… 95
　第四节　黑格尔劳动理论的批判思想 ……………………………… 102
　　一、黑格尔的劳动理论 ……………………………………… 102
　　二、黑格尔劳动理论的批判 ………………………………… 112
　　三、超越黑格尔：劳动批判的进阶 ………………………… 118

第三章　马克思劳动批判理论的价值旨趣 ……………………………… 122
　第一节　自由劳动：劳动解放的表现形态 ………………………… 122
　　一、自由劳动的内涵与表现 ………………………………… 122
　　二、自由劳动建构的倒逼机制 ……………………………… 127
　第二节　劳动解放：人的解放的进阶桥梁 ………………………… 131
　　一、劳动解放的内涵与表现 ………………………………… 132
　　二、劳动解放是人的解放的前提 …………………………… 137
　第三节　人的解放：马克思劳动批判的终极旨趣 ………………… 141
　　一、人的解放的内涵与表现 ………………………………… 142
　　二、人的解放成为马克思劳动批判终极旨趣的缘由 ……… 146

第四章　马克思劳动批判理论的机理分析 ……………………………… 150
　第一节　马克思劳动批判理论的本质规定 ………………………… 150
　第二节　马克思劳动批判理论的运演体系 ………………………… 154
　　一、马克思劳动批判理论的逻辑起点 ……………………… 155
　　二、马克思劳动批判理论的运行轨迹 ……………………… 157
　　三、马克思劳动批判理论的结论 …………………………… 161
　第三节　马克思劳动批判理论的特征 ……………………………… 169
　　一、前提性批判 ……………………………………………… 169
　　二、辩证性批判 ……………………………………………… 170
　　三、历史性批判 ……………………………………………… 171

第五章　马克思劳动批判理论的当代意义 ……………………………… 173
　第一节　马克思劳动批判理论在当代中国的再出场 ……………… 173
　　一、资本原则在当代中国依然存在并发挥作用 …………… 173
　　二、当今时代劳动新形态与马克思劳动批判新解读 ……… 178

三、回应西方劳动理论的挑战，呼唤劳动批判理论的出场⋯⋯ 180
第二节 马克思的劳动批判理论与"以人民为中心"的发展思想· 184
一、"以人民为中心"的发展思想概览与要论 ⋯⋯⋯⋯⋯⋯ 185
二、马克思劳动批判理论视域下"以人民为中心"的
发展思想研究 ⋯⋯⋯⋯⋯⋯⋯⋯⋯⋯⋯⋯⋯⋯⋯⋯ 191
第三节 当代劳动新境遇的构建：以马克思劳动批判理论为基点 195
一、尊重劳动：捍卫劳动者的主体地位 ⋯⋯⋯⋯⋯⋯⋯⋯ 195
二、劳动共享：增强劳动者的获得感 ⋯⋯⋯⋯⋯⋯⋯⋯⋯ 198
三、弘扬劳动批判精神：检审复杂多变的劳动新境遇⋯⋯⋯ 202
结　语 ⋯⋯⋯⋯⋯⋯⋯⋯⋯⋯⋯⋯⋯⋯⋯⋯⋯⋯⋯⋯⋯ 204

参考文献 ⋯⋯⋯⋯⋯⋯⋯⋯⋯⋯⋯⋯⋯⋯⋯⋯⋯⋯⋯⋯⋯⋯ 207

导　论

一、论题研究的缘起

"哲学是时代精神的精华",任何一个哲学论题的选取都必须深入关切时代主题,把握时代的脉搏,而选取劳动论题作为研究的主题正是看到了劳动者在当代的生存处境,看到了劳动批判在当代的生发境遇,这促使我们重新思索现代人的劳动生存论境遇。

第一,现代资本依然是支配并操控人类生活世界的主导力量。马克思根据资本本身所固有的前提与运行机制而推导出的资本主义社会自身的矛盾逻辑,在当代依然存在,马克思所昭示的资本现代性的问题一直没有完结,并且以不断伸向未来的姿态变换着不同的形态,依然是现代社会的统治力量。作为商品交换媒介的货币体现的资本无限增殖的冲动不断升级(数字货币等的出现),作为生存手段的人的有目的的劳动活动逐渐陷落并沉沦,人类逐渐丧失了存在论意义上的现实的环境,越来越成为货币金钱的附庸。马克思超越知识论的哲学传统,代之以对现代生存论的探究,以人的感性实践活动为对象,立足人的生活世界,思考现实个人的生存处境。从历史生成论的视角求索人的存在形态是当代马克思哲学的旨趣,也是我们应该遵循的哲学探究原则。当代社会发展到今天,并没有超越马克思哲学所探讨的资本与劳动关系的论域范围,那么,我们依然需要站在资本原则的高度上考察与之相关的劳动者的生存境遇问题,即劳动关系的转换、劳动方式的更新等问题。当代社会随着物质力量无限增多增强,资本对人的统治也比以往更加隐蔽与内化,这就向我们昭示:只要资本主义社会制度还存在,只要资本原则还在运行,对其的批判与反思就不能结束,也永远不会过时。除此之外，我们更应该在时代巨变的浪潮之中，开显资本原则的时代新形态，解读其时代新内涵。

第二，劳动者的现代生存境遇发生了巨大改变，但异化的困境却依然存在。对劳动者生存境遇的考察与解读是马克思一切思想理论的起点。在马克思生活的时代，劳动者是夜以继日在工厂里做工的无产阶级，而在今天随着金融资本与数字资本的发展，与过去简单的雇佣劳动制度不同的是，出现了很多马克思没有预见到的新情况、新境遇，例如，人们可以通过股份制等形式获得分红，通过个体投资获得收益。劳动者不再只是站在机器旁，而是随着技术的进步，成为现代化没有的操作者。并且出现了很多新兴的行业，例如，电子竞技员、淘宝主播等。劳动方式的更新、劳动手段的革命是否就意味着劳动者的生存环境发生了彻底的改变，异化的困境就彻底消除了呢？答案是否定的。我们说劳动者的异化困境不仅没有消除，反而以更隐蔽的形式不断加深。普通的劳动者也可以参与到资本的运作中，追求抽象劳动所创造的价值，无形之中将自身湮没于资本逻辑之中，成为劳动异化的砝码，加深了自身的贫困处境。对资本的过分追求导致劳动者的主体地位不断陷落，资本由客体变为主体，而还原劳动存在论的本真意蕴，高扬劳动者的主体性，是马克思思想理论的主旨依归。在当代我们更需要继续深挖马克思的劳动批判理论内涵，探索与寻求既定社会之中，种种改善人类生活的可能性路径。对劳动者及其生活处境的忧虑与反思是本书的出发点。

二、论题研究的意义

批判与反思是哲学的基本功能，马克思主义哲学理论更是在不断的社会批判和反思过程中形成和发展起来的。回顾马克思一生的研究可知，他许多著作的标题或副标题都带有批判二字，如《黑格尔法哲学批判》《神圣家族，或对批判的批判所做的批判》《德意志意识形态：对费尔巴哈、布·鲍威尔和施蒂纳所代表的现代德国哲学以及各式各样先知所代表的德国社会主义的批判》《资本论：政治经济学批判》《哥达纲领批判》，等等。"马克思不仅是现代社会批判的开启者，而且也因其批判的深刻性和超前性而著称于世。"（俞吾金语）马克思批判理论的深刻性体现在其彻底性，超前性体现在其鲜明的未来指向性。在马克思主义哲学视域中，劳动不仅仅是一个表征人类生存和发展的词汇，不仅仅是历史唯物主义的理论支点，还是一个具有社会批判功能的哲学范畴。劳动概念是嵌入马克思的哲学变革和社会批判之中的轴心性概念，它不仅是对现实生存世界的肯定性理解，更具有否定性和批判性的意味。以劳动为切入点展开批判会更本质性地触及马克思哲学的实质，会使马克思主义哲学研究更具总体性和根本性。在以劳动为奠基和核心的批判理论中，其批判的态度更加鲜明，其批判的精神更加彰显，其批判的方法更加有效。我欲从以下几个方面来论述研究马克思劳动批判理论的理论意义和现实意义。

（一）凸显马克思劳动批判经典理论的当代意义

从《1844年经济学哲学手稿》（以下简称《巴黎手稿》）中的异化劳动批判到《资本论》中的劳动二重性导出对资本的批判，劳动批判理论成为马克思的经典理论。异化劳动批判考察资本主义社会的本质，重温马克思的异化劳动批判有着十分重要的现实意义。由商品二重性到劳动二重性形成对劳动者存在的理解，把人从自然界的关系中摆脱出来，通过揭示劳动二重性凸显人的存在的二重性，从而揭示在物与物的关系中掩盖的人与人的关系，体现了马克思存在论、认识论和逻辑学的高度统一，创造了指导革命的经典理论和实用方法，彻底打破自然和历史对立的旧哲学存在论。

随着时代的发展，人们对马克思经典理论是否依然具有生命力，是否依然适用于瞬息万变的时代，是否依然是人类解放自身的武器，产生了质疑。这种质疑的消除，一方面来自马克思经典理论自身科学性的澄明，另一方面要求我们在认识马克思劳动批判这种复杂性理论观点时，要带有时代性和创新性的眼光，具有以经典回应时代、时代反观经典的自觉意识，以否定性和提升性来反观马克思劳动理论以及学说。

作为劳动批判理论的核心概念——劳动，不仅是历史唯物主义的基础性概念，而且是连接总体性的马克思哲学变革和回应现代性问题不可或缺或者说不可替代的关键中间环节。在当代背景下充分挖掘劳动理论和劳动批判的深厚内涵，凸显马克思哲学革命中所蕴含的人的解放的发展主题。对马克思劳动批判理论内部基本概念和重要命题展开具有时代感的研究，就成为深化劳动批判理论进而关照现实问题的题中之义。只有把马克思的劳动批判理论置于世界宏观变革之中,把马克思的劳动批判理论和社会宏观发展紧密联系起来,在经典理论中重塑马克思劳动批判理论的时代形象,衍生出时代急需的研究范式和理论主题,开创当代中国马克思主义基本理论研究的新境界,才能在当代社会理论核心问题探讨上焕发出新的光彩和新的闪光点。

(二)应对当代西方劳动理论对马克思劳动批判理论的挑战

由于特有的生命力和时代感,马克思主义理论总是置身于重大理论争论和社会变革的焦点之中。当代西方理论界对马克思劳动理论的研究极为积极和活跃,形成了多角度、多层面和全方位的研究局面,为我们研究马克思的劳动批判理论提供了可吸收和借鉴的成果。但是,在诸多西方当代劳动理论研究中,也不乏对马克思基本原理论的挑战和误读。例如,哈贝马斯仅仅从人类学意义上来理解马克思的劳动概念,而马克思却以人类学层面的人的类本质为跳板跃升到对社会性的劳动内本质的理解上;鲍德里亚以当代社会已经跌入仿真状态为由,把马克思的劳动理论当作一种幽灵般的存在原则,失去其本真含义。如何有效回应当代世界的巨大变化和劳动方式的深刻变化,如何使马克思劳动批判理论在众说纷纭、复杂多样的论说中保有自己本身的正确的前进方向,都是时代留给我们的课题。正如德里达所说,马克思是我们这个时代无法超越的高度,我们的时代离不开马克思,我们的时代更离不开马克思的批判精神和批判方法。我们要在时代的延展中进行积极的社会批判,这是我们研究马克思劳动批判理论的最大价值所在,也是应对当代西方劳动理论对马克思劳动批判理论的挑战的最有效的方法。

(三)回应马克思劳动批判理论对当代问题的切实关注和哲学追问

当今我们正处于大发展、大调整和大变革的时代,要想引领时代精神的嬗变,就必须站在当代思想地平线上重新理解马克思的劳动批判理论。劳动作为我们生活的内在环节也在发展变化,劳动关系和劳动形式复杂而多样,重新理解马克思的劳动批判理论是回应当代劳动问题的需要。当代劳动的发展在向马克思的劳动批判理论提出新的问题,劳动形式、劳动关系、劳动特征和劳动意义都发生了重大变化,不仅超出了马克思劳动批判理论的具体内容，而且有一些陈旧的劳动观念和劳动关系远远滞后于我们的时代，转变劳动观念、调整劳动关系成为劳动理论研究中亟待解决的问题。

马克思通过对劳动的重新理解达到对存在问题的重新理解，将哲学的聚焦点从传统哲学的抽象存在转移到具体社会历史的存在，社会历史存在以人的现实生活过程为内容，基于劳动而展开社会关系和历史发展。马克思通过对劳动肯定性和批判性的理解，指出最终通向自由劳动的未来。马克思劳动批判理论强烈的未来指向性，使之每一次的发展都同人本身的历史与现实、生成与完善发生本质关联，同马克思所开拓的现代性问题发生关联。舍弃这种思想关联，会使马克思整个理论学说陷入抽象思辨之中，远离生活，远离人心。马克思劳动批判理论的时代价值不在于其具体的理论，而在于其深刻的时代批判精神和批判方法。我们要弘扬批判精神，延伸批判方法，并将之运用于当代种种社会问题的探讨和分析之中，拓展对当代社会主义社会中现实问题的反思，例如，人工智能是否会威胁人类生存？新的资本形态的出现是否会挑战固有劳动关系？追问人类社会发展中的现代性危机，超越人类社会生存状态的狭隘眼界，才能使马克思劳动批判理论的时代价值不断得到彰显，时刻回应当代问题的切实关注和哲学追问。面对现代人类生存困境，我们不是能够从马克思的劳动批判理论中获得走出迷宫的阿里阿德涅之线吗？

三、国内外研究现状及述评

（一）国内研究现状

20世纪中期，马克思劳动理论论题研究就在中国受到关注。萧步才在《学术研究》1964年第6期发表的《略论第二种含义的社会必要劳动时间的起源及其在马克思价值理论体系中的地位》，是中国知网可查的国内学界研究马克思劳动理论的最早文章。但是，国内学者对马克思劳动理论研究的系统展开是在改革开放之后开始的。2000年以来，国内马克思主义哲学界研究马克思劳动论题的博士论文，据中国知网的统计达到30余篇，主要为：东北师范大学聂阳的《马克思劳动理论的历史唯物主义意蕴》（2018

年)、吉林大学刘泓颉的《马克思劳动概念解析——〈资本论〉向〈手稿〉的回归》(2018年)、华东师范大学杜德省的《体面劳动理论及其当代中国实践研究》(2017年)、黑龙江大学李鹏的《马克思的劳动理论与共产主义理论》(2017年)、福建师范大学谭苑苑的《马克思劳动本体论思想及其当代价值》(2016年)、黑龙江大学王晓蓓的《马克思劳动理论与阿伦特行动理论比较研究》(2016年)、苏州大学马唯杰的《劳动伦理研究》(2016年)、中共中央党校夏雪的《马克思劳动思想的历史解读》(2016年)、河北大学黄云明的《马克思劳动伦理思想的哲学研究》(2015年)、黑龙江大学刘国辉的《剩余价值学说——唯物史观视域下的劳动价值论》(2015年)、复旦大学吴韬的《马克思的劳动论题研究》(2014年)、曲阜师范大学马莎莎的《雇佣劳动的异化本质及其扬弃——马克思雇佣劳动理论及其在中国的发展研究》(2014年)、辽宁大学黄海洋的《马克思劳动视域下的正义观及其当代意义》(2013 年)、复旦大学杨国华的《论马克思的劳动概念》(2013年)、吉林大学于微的《马克思劳动论题的历史解读》(2012 年)、吉林大学郑杰的《作为生活范畴的劳动》(2012 年)、湖南师范大学贺汉魂的《马克思劳动伦理思想研究》(2012 年)、兰州大学庄三红的《劳动价值论的时代化研究》(2012 年)、上海社会科学院张琳的《阿伦特劳动理论研究》(2012年)、复旦大学邱忠文的《劳动、爱欲、自然与艺术——论马尔库塞关于人的解放的思想》(2011 年)、西北大学李喆的《创意劳动论——基于马克思劳动论和劳动价值论的理论研究》(2009 年)、东北师范大学张鹏侠的《劳动价值论研究——构建马克思劳动价值理论的现代形式》(2007 年)、山西大学刘冠军的《现代科技劳动价值论研究》(2005 年)、西北大学寇雅玲的《马克思生产劳动理论研究》(2005 年)、中共中央党校董振华的《创新劳动论——从经济学到哲学的理论思考》(2003 年)、武汉大学曹亚雄的《知识经济与马克思主义劳动价值论》(2003 年)、中共中央党校梁玉秋的《社会主义市场经济条件下劳动和劳动价值理论问题研究》(2002年)。此外,还有专著如顾海良和张雷声编著的《马克思劳动价值论的历史与现实》(2002 年)、王江松的《劳动哲学》(2012 年)、郭伶俐的《当代西方劳动理论批判——兼论马克思劳动理论的当代意义》(2011 年)、刘冠军和任洲鸿合著的《现代科技劳动价值论与社会主义市场经济条件下的劳动力资本化研究》（2010年）、曹亚雄的《马克思的劳动观的历史嬗变》（2008年）、王文臣的《论马克思哲学的劳动概念与历史唯物主义》（2013年）等。此外，《中国社会科学》《哲学研究》《马克思主义与现实》等刊物发表了很多关于劳动理论的学术论文。学术界对于劳动论题的研究可谓"蔚为大观"，并且研究热度还在不断上涨，这从另一个层面说明劳动问题研究的现实意义之重，研究价值之高。而在众多的劳动论题的研究中，关于"马克思劳动批判"的研究成果却相对较少，出现了马克思劳动论题研究中的"二律背反"现象。总体说来，国内学界对马克思劳动批判理论主要从以下几个问题展开：

1. 马克思劳动批判的内涵

从对西方马克思主义者的回应，到从马克思文本出发对马克思劳动概念的梳理，学界对于马克思劳动概念的内涵研究存在很多争论和分歧，而对劳动批判的内涵认定却不多，主要有两种指认类型：

（1）单一指认。这种观点只从单一视域或角度来指认马克思的劳动批判的内涵。王文臣认为马克思劳动批判指的就是"通过对国民经济学劳动概念的全面批判，指出它在资本所有制、劳资关系以及'共富'的最终目标等方面的观点都是未加澄清的理论设定，且与社会现实不符，最终论证了消灭雇佣劳动与实现共产主义的必然性"[①]。

（2）多重指认。这种观点从多重视域或角度来指认马克思的劳动批判的内涵。何云峰从"哲学—经济学"的双重批判维度指认马克思的劳动概念。两重维度劳动概念的出现都是通过批判才实现的，"马克思感性的对象性活动实现了对黑格尔的理性活动和费尔巴哈纯粹感性的双重扬弃，其存在论内涵是人作为对象性的存在物在对象世界中肯定和确证自己的本质力量"[②]，"马克思从哲学—经济学高度剖析了雇佣制度下资本与劳动的关系，从而科学地批判了资本主义制度及其生产方式下劳动对人的奴役、束缚和

[①] 王文臣：《论马克思劳动批判理论与"共享"发展理念的双重统一及其意义》，《东岳论丛》2018年第1期，第123页。

[②] 何云峰、王绍梁：《马克思劳动概念的两重维度及其辩证关系——兼析〈资本论〉中劳动辩证法的革命意义》，《马克思主义与现实》2012年第2期，第56页。

压迫以及资本对劳动的支配和统治"[①]。

2. 马克思劳动批判的性质

郭伶俐认为马克思劳动批判理论具有辩证性质，这种辩证的性质体现在两个方面：（1）马克思劳动批判理论自身固有的辩证性质；（2）马克思在批判其他劳动理论时也具有辩证的性质[②]。聂阳、庞立生认为"马克思劳动批判既不是单纯的经济学理论，也不是单纯的哲学理论，而是具有哲学批判和政治经济学批判的双重性质的现代性批判理论哲学批判和政治经济学批判构成了马克思劳动理论的两个基本维度，两者相互支撑，缺一不可，共同支撑着劳动理论的批判性内涵"[③]。

综上，学界对马克思劳动批判理论的性质研究体现出双重性特征，这种双重性既表现在马克思劳动批判理论本身性质的辩证本性，又体现在马克思对待其他劳动理论时所持有的辩证态度。

3. 马克思劳动批判理论的批判对象

（1）二元型。此观点中的二元体现在批判对象的多样化，而这种二元的批判对象却达到了相同的理论境遇，即对资本主义合法性的理论解读。张国顺等人认为马克思通过对黑格尔哲学和古典政治经济学的双重批判，最终都得出了资本主义经济永恒性和合理化的结论[④]。吴晓明是在现代性批判的视域中来看劳动的，并认为现代世界的本质根据即资本和现代形而上学。形而上学批判的高度制约着对资本批判的原则高度，对资本批判的高度同样制约着现代形而上学的原则高度。而在现代形而上学完成形式中得到原则表达的劳动本质，是作为现代资本世界之核心原理的抽象劳动本身。这里，抽象劳动概念的获得是在对资本批判和形而上学批判的双重维度下得到的，但都体现着马克思的现代性批判视角[⑤]。

（2）单一型。此观点认为马克思劳动批判的批判对象是单一的。王文

[①] 何云峰、王绍梁：《马克思劳动概念的双重维度及其辩证关系——兼析〈资本论〉中劳动辩证法的革命意义》，《马克思主义与现实》2019 年第 3 期，第 57 页。

[②] 郭伶俐：《论马克思劳动批判理论的辩证性》，《东方论坛》2013 年第 2 期。

[③] 聂阳、庞立生：《马克思的劳动理论：在哲学批判与政治经济学批判之间》，《学习与探索》2016 年第 2 期。

[④] 张国顺、陶磊：《马克思劳动批判理论中的幸福哲学逻辑》，《学校党建与思想教育》2018 年第 12 期。

[⑤] 吴晓明：《论马克思对现代性的双重批判》，《学术月刊》2006 年第 2 期。

臣认为马克思劳动批判理论的对象是国民经济学劳动概念,从而得出资本所有制、劳资关系和共富的最终目标未被澄清的理论设定①。汪行福认为"抽象统治是资本主义社会的核心特征,也是资产阶级意识形态的前提和权力关系的中介"②,"资本主义社会区别于前资本主义的根本特征是现实抽象的统治,其矛盾、悖论及其异化物化后果都需要从这个问题来加以理解"③,"现实抽象在马克思那里是一个解放和压迫相交织的过程,既是人类关系的物化和异化形式和新的统治和压迫形式,也是人类解放和自由个性实现的前提和现实基础"④。可见,现实抽象是马克思劳动批判的对象,并且也是寻求人类解放的突破口。

4. 马克思劳动批判理论的主要内容

王文臣认为"马克思对国民经济学理论的前提——'私有制的永恒真理性''劳资统一''共富'目标的虚假性批判构成马克思劳动批判理论的主要内容。除此之外,在使用价值或'物'的界限外,把人与物的关系转向人与人,即在劳动者与资本家之间形成的雇佣关系,进而把使用价值引向价值、把自然主义或经验主义方法引向历史唯物主义,以及在分析劳资对立过程中论证商品的二重性、劳动的二重性以及剩余价值理论等,也都构成了马克思劳动批判理论的重要组成部分"⑤。

5. 黑格尔劳动哲学与马克思劳动批判理论的关系

黑格尔的劳动哲学特别是《精神现象学》中自我意识章节关于"主奴关系"的论述,对马克思劳动批判理论的形成具有重大的启发意义,黑格尔劳动哲学与马克思劳动批判的关系也成为学界关注的重点问题。学界主要从两个角度来展开对此问题的研究:

(1)马克思对黑格尔劳动概念的批判。而马克思对黑格尔劳动概念的批判又可根据视角的不同分为:①主体与客体的关系;②对象化与异化的

---

① 王文臣:《论马克思劳动批判理论与"共享"发展理念的双重统一及其意义》,《东岳论丛》2018年第1期。
② 汪行福:《马克思"现实抽象"批判四维度》,《马克思主义与现实》2018年第12期,第41页。
③ 汪行福:《马克思"现实抽象"批判四维度》,《马克思主义与现实》2018年第12期,第42页。
④ 汪行福:《马克思"现实抽象"批判四维度》,《马克思主义与现实》2018年第12期,第48页。
⑤ 王文臣:《论马克思劳动批判理论与"共享"发展理念的双重统一及其意义》,《东岳论丛》2018年第1期,第127页。

关系。

①主体与客体的关系。程敬华等学者认为黑格尔哲学的现实性主要体现在其对主客体关系的探讨中，马克思正是在对黑格尔主客体关系的批判中确立异化劳动理论并指出了扬弃异化的实现途径，即立足于现实的物质生产实践。"对象化、外化和扬弃外化正是人的自我产生过程，也是人类历史形成和发展的过程。在这一过程中体现了主客体的统一，实现了人以一种全面的方式占有自己的全面的本质。"①

②对象化与异化的关系。学界关于"对象化与异化是否同一"问题展开争论，形成了著名的卢卡奇命题。卜祥记、李华认为"黑格尔混淆了'对象化'与'异化'的关系；或者说，他把'对象化'同时理解为'异化'，即'把对象化看做失去对象，看做外化和这种外化的扬弃'"②。而这也是黑格尔否定性辩证法的根本症结所在，而马克思正是在正确区分对象化和异化的前提下提出异化劳动理论。韩立新却指出：对象化与异化是否同一要根据《巴黎手稿》文本的不同部分给出不同的回答。如果就《巴黎手稿》的"异化劳动"部分而言，对象化与异化是不同的，而对《第三手稿》的"对黑格尔的辩证法和整个哲学的批判"而言是错误的。并且指出马克思的异化劳动可以区分为"狭义"和"广义"。马克思依据狭义的异化构筑了异化劳动理论，依据广义的异化论证了共产主义，这就更清楚地定位了早期马克思对黑格尔辩证法的继承关系③。以上的讨论都是局限于马克思早期哲学思想的研究，特别是《巴黎手稿》中马克思对黑格尔的批判和继承。而张义修以概念史研究为基础，对"对象化"与"异化"的关系进行系统梳理后指出：马克思对"对象化"和"异化"的内涵与逻辑进行过三次不同性质的理论建构，这三次理论建构的不断深化，体现了历史唯物主义批判的深化。

（2）马克思对黑格尔劳动概念的重构。王金林认为《巴黎手稿》对《精

---

① 程敬华、赵坤：《马克思基于异化劳动理论对黑格尔主客体关系的批判》，《南昌大学学报（人文社会科学版）》2016 年第 3 期，第 45 页。

② 卜祥记、李华：《感性活动——"对黑格尔的辩证法和整个哲学的批判"的核心成果》，《社会科学战线》2012 年第 11 期，第 8 页。

③ 韩立新：《对象化与异化是否同一——"对黑格尔的辩证法和整个哲学的批判"的重新解读》，《吉林大学社会科学学报》2010 年第 1 期。

神现象学》的诠释标志着马克思对黑格尔劳动概念的创造性重构，这种重构至少包括三个环节：第一，马克思对黑格尔劳动概念进行了唯物主义的处理，构建奠基性的物质劳动概念，由此批判黑格尔的抽象精神劳动；第二，马克思对黑格尔劳动概念进行哲学人类学的处理，把它看作现实的人的对象化过程，黑格尔的精神之作用与地位开始被劳动所取代；第三，在前两步的基础上，马克思开始重构自己的劳动概念，使劳动成为政治经济学批判和哲学批判的核心概念。并且认为这种批判对批判对象而言不一定中肯，有时会有误解[①]。张义修认为"黑格尔从劳动塑形走向了市民社会，并试图以理想性的'国家'来解决市民社会的问题。而马克思从客观的劳动塑形过程出发，超越人与自然的物质变换关系，最终深入现代资本主义的生产关系之中。这样，马克思不仅实现了劳动价值论的哲学奠基，更抓住了现代性社会生活的内在本质，确立起以资本批判为核心的现代性批判逻辑"[②]。王文臣认为"马克思哲学正是在完成对黑格尔劳动概念的双重批判（一是劳动被领会为一般劳动或劳动一般；二是劳动被阐述为精神性劳动）基础上开创了重新理解社会现实的生存论路向，由此显示出马克思哲学批判现代性视阈的当代意义"[③]。

6. 关于马克思劳动批判理论的文本研究

这里的文本包括关涉马克思劳动批判的相关文本，不只是马克思对批判对象批判的文本，也包括批判对象本身的文本。不能准确把握对象的批判本身就是无效的批判。

（1）《巴黎手稿》的定位。吴晓明认为"《巴黎手稿》是马克思对思辨辩证法做出独立批判的真正开端"[④]，《巴黎手稿》对思辨辩证法的整个批判便被引导到这样一种存在论立场：它是以"对象性的（gegenstndliche）活动"概念为核心的。这一概念不仅标示着重新占有黑格尔辩证法的遗产成为可能，并且包含着批判费尔巴哈的基本理由。"对象性的活动"概念在

[①] 王金林：《论马克思对黑格尔劳动概念之重构》，《哲学研究》2017年第4期，第11页。
[②] 张义修：《从"劳动塑形"走向现代性批判——马克思对黑格尔劳动概念的重释》，《哲学研究》2013年9期，第24页。
[③] 王文臣：《论马克思对黑格尔劳动观的现代性批判》，《北方论丛》2012年第2期，第121页。
[④] 吴晓明：《论〈巴黎手稿〉对思辨辩证法的批判》，《复旦学报（社会科学版）》2018年第1期，第1页。

《关于费尔巴哈的提纲》中被表述为"实践",它既意味着马克思同全部旧哲学的批判性脱离,也意味着马克思辩证法之初始的存在论奠基。[①]卜祥记等学者也认为作为马克思发动哲学革命的本质概念——劳动的确立是在《巴黎手稿》中完成的。《巴黎手稿》因此成为马克思新世界观的理论发源地。

(2)《法哲学原理》的定位。王文臣认为"黑格尔在《法哲学原理》中完整、成熟地概述了他的劳动概念马克思在1844年发动并完成的哲学革命,从原则高度上彻底颠覆了近代形而上学的基本建制,但这场哲学革命所达到的原则高度早在1843年对《法哲学原理》进行批判时就已提出,即必须推翻私有制。重视研究黑格尔在《法哲学原理》中对劳动概念的论述,有助于更好地把握1844年马克思的哲学革命,以及由此带给当前社会现实改革与建设的指导意义"[②]。这里突出《法哲学原理》在马克思劳动批判理论中的重要作用,这种作用体现在该文本在批判的历史演进过程中发挥着承前启后的作用。

(二)国外研究现状

国外学界对马克思劳动批判理论的关注群体主要集中在西方马克思主义、当代政治哲学以及后现代主义者之中。对从反思苏联和第二国际对马克思主义教条化的理解中诞生的20世纪西方马克思主义来说,劳动理论成为最关涉社会历史领域的理论分支和组成部分,成为他们反思和重构的重要对象。拥有着鲜明理论意识和问题意识的20世纪马克思主义探索者,试图在不断变革的时代背景下继承和发展马克思主义,来重新理解和批判现代性社会。而马克思劳动批判理论本身就包含着社会批判的内容,所以,西方马克思主义者不约而同地将目光聚焦于马克思的劳动理论,通过马克思的劳动理论来展开对现代性的批判和研究。基于不同的社会理论视角,当代西方劳动理论都把劳动问题置于社会结构和社会运行的动力系统中来考察,因此可以把当代西方劳动理论看成是当代世界的一般性质和发展方

---

① 吴晓明:《论〈巴黎手稿〉对思辨辩证法的批判》,《复旦学报(社会科学版)》2018年第1期,第1页。

② 王文臣:《论黑格尔〈法哲学原理〉的劳动概念与马克思哲学的创立》,《江西社会科学》2012年第5期,第46页。

向的宏观理论。劳动已然成为当代西方社会理论家们解读当代世界的主要视角，劳动概念已然成为当代西方社会理论中的核心范畴。例如，卢卡奇在《历史与阶级意识》中试图从劳动出发重构历史唯物主义；阿尔都塞在《保卫马克思》中试图通过清理马克思早期的异化思想而将历史唯物主义科学化，认为马克思早期具有人本主义色彩的异化劳动概念是受资产阶级意识形态支配的产物；霍耐特在《为承认而斗争》中认为劳动概念包含着人与自然之间的交换关系、人与人之间的交往关系和人与自身之间的自我表达关系。劳动是人的本质对象化活动，是主体创造性的生成本身，任何想要重建马克思主义理论的人，都不能忽视劳动在个体和集团同一性形成中的核心地位。这些思想探索虽然观点各异，存在很多对马克思劳动理论的片面化解读，肢解了马克思劳动理论的整体性，但都不同程度地体现了劳动理论在历史唯物主义中的奠基性地位。

在西方马克思主义不断演化的过程中，出现的多样的批判理论，包括科技理性批判、文化批判以及意识形态批判等，都不同程度地受到马克思异化劳动理论的影响。换句话说，正是在马克思异化劳动理论的开显中，这些批判理论得出了很多有益的成果。作为马克思劳动理论影响下的成果，它一方面继承了马克思主义理论的批判精神，另一方面反映了当代资本主义的最新发展。他们的存在和延续证明了马克思劳动理论不仅属于它所诞生的时代，更属于不断发展进步的当代社会，不仅在资本主义发展的早期具有时代的历史影响力，更在资本主义不断演进的形态中具有历史影响力。同时，这些社会批判理论也存在对马克思历史唯物主义总体视域的游离和对立，存在很多根本性上的缺陷。西方马克思主义者的观点在不断丰富的同时，理论的影响力也在不断衰退。随着国际共产主义运动陷入低潮以及资本主义的扩张，当代政治哲学、当代激进理论兴起和发展，20世纪马克思主义传统对马克思劳动理论的关注日益同当代政治哲学、后现代主义以及当代激进理论交织在一起。

1. 对劳动异化现象的当代解读

西方马克思主义者立足于当代社会，从当代的现实出发，创新或修正了马克思劳动批判理论，拓宽了马克思劳动批判理论的视域。

法兰克福学派的主要代表人物之一马尔库塞坚持马克思主义的基本批

判立场，但是批判的境遇却变为现代资本主义社会。马尔库塞围绕人的劳动本质、劳动异化和劳动者的生存方式等方面，展开并指出现代资本主义社会的异化与马克思所处时代的异化已经不同，现代资本主义社会中的异化通过高度发达的科学技术逐渐渗透到劳动者生活的各个方面，并且异化的程度更高，异化的方式也更为隐蔽。马尔库塞依据弗洛依德的心理学分析，将弗洛依德的性欲人性学说同马克思的劳动解放学说结合起来，指出人的解放就是人的本质的解放，而人的本质就是人的性欲即爱欲。劳动是人最基本的爱欲活动，而在现代社会中，各种爱欲活动不同程度上受到压抑，表现为以现代科技为主要特征的现实社会中的劳动异化。

马尔库塞以劳动为切入点探讨人的本质与实存的分离，认为劳动不再是人的本质的真实实现，而成为对生命的贬损，用这一事实来批判与劳动对立的异化劳动，并且把这一批判作为革命理论的哲学基础，"创造和扩大文明的物质基础的工作主要是劳动，是一种异化劳动，是痛苦的和可怕的异化劳动，而且现在还是这样一种状况。从事这种工作，几乎不能满足个体的需要和倾向。它是由残忍的必然性和无情的力量强加于人的"[①]。马克思对资本主义社会异化劳动的政治经济学批判，在马尔库塞看来并不仅仅是一个经济问题，更是人的外化、人的现实被歪曲、人的生命被贬损的过程。异化使劳动、生命和人本身异化，成为异化了的生命和异化了的人。马克思将异化劳动看作人的现实性的丧失，劳动者不仅同自己的劳动产品相异化，而且同作为自身力量而存在的劳动相异化。异化不仅仅影响劳动者，也使生存于资本主义生产方式下的所有人的本质被歪曲和剥离。

马尔库塞强调劳动王国只是一个必然王国，而不是自由王国，他认为规定自由王国的标准应该是合理性而不是自由。也就是说，自由王国中的生产和分配的组织方式应该使得可以用最少的劳动消耗而为全体社会成员提供所需的生活用品。马尔库塞认为对自由王国最合适的规定应为："役（劳动）变为消遣，压抑性生产变为表演。"[②]在反现代性反资本主义的理论规划中，消遣和表演已经演变成纯粹的政治范畴，代表了最先进的思想立场，"消遣和表演作为文明的原则，并不表示劳动的改变，而表示劳动完全服从

---

① [美]赫伯特·马尔库塞：《爱欲与文明》，黄勇、薛民等译，上海译文出版社，1987，第60页。
② [美]赫伯特·马尔库塞：《爱欲与文明》，黄勇、薛民等译，上海译文出版社，1987，第141页。

于人和自然的自由发展的潜能。消遣和表演的思想现在表明，它们完全摆脱了生产和操作的价值标准：消遣是非生产性的、无用的，这恰恰是因为它取消了劳动和闲暇的压抑性和开发性特征，它只是消遣现实"①。

作为存在主义哲学的创始人和主要代表之一的马丁·海德格尔发现了马克思异化批判的独到性和深刻性，他曾高度评价马克思对现代社会以异化劳动为核心的种种异化现象的批判："因为马克思在体会到异化的时候深入到历史的本质性的一度中去了，所以马克思主义关于历史的观点比其余的历史学优越。但因为胡塞尔没有、据我看来萨特也没有在存在中认识到历史事物的本质性，所以现象学没有、存在主义也没有达到这样的一度中，在此一度中才可能有资格和马克思主义交谈。"②海德格尔认为马克思对异化的理解深入到了历史的本质性之中，形成了比其他历史学优越的历史观。对于马克思的劳动批判理论，海德格尔认为，马克思的劳动设定带来的历史结果是人类陷入劳动生产的强制中并偏离了人类存在的本来面目，人本身已经被放置于生产和消费的运行之中，人被塞入生产的存在尺度之中，在生产过程中我们被对象所界定，在消费过程中我们被消费品界定。在海德格尔看来，人被生产对象和消费品所界定的这种状态，是形而上学历史的最后形态。在这种最后形态中，我们感到自身身陷越来越紧密强制的网络之中，并且很难从这种形态中摆脱出来。最终我们远离了自己的精神家园，只有工业化的产品，而没有自己的寓所，"只有工业化的产物，再也没有家了"③。为此，海德格尔尝试用思去接近人的本己存在，用思去呼应这种投身的可能性。海德格尔还认为马克思的劳动批判仅仅是把人送进了强制的尺度中，却没有从中走出来，而他主张应该向着存在而思，向着存在送出自己的方式来思。这样看来，只把人送进强制境地的马克思使人达到了"虚无主义的极致"④。

---

① [美]赫伯特·马尔库塞：《爱欲与文明》，黄勇、薛民等译，上海译文出版社，1987，第143页。
② [德]马丁·海德格尔：《海德格尔选集》上卷，孙周兴译，上海三联书店出版社，1996，第383页。
③ [法]F·费迪耶等辑录，丁耘摘译：《晚期海德格尔的三天讨论班纪要》，《哲学译丛》2001年第3期，第58页。
④ [法]F·费迪耶等辑录，丁耘摘译：《晚期海德格尔的三天讨论班纪要》，《哲学译丛》2001年第3期，第59页。

哈贝马斯试图用交往行为理论来取代马克思的劳动理论，重建马克思对资本主义的批判。哈贝马斯把人类行为分为目的理性活动和交往活动，并且同系统与生活世界连接起来进行探讨。目的理性活动和交往活动就是劳动与交往。在现代社会里，理性变成了工具理性并得到充分的发展，而交往理性却没有得到充分的发展。支配系统的工具理性逐渐渗透到生活世界中，出现了系统与生活世界的分化，系统控制着世界，即"生活世界殖民化"。"生活世界的殖民化"，产生了与马克思时代不同的晚期资本主义的特殊境遇。哈贝马斯更多关注的是马克思劳动批判理论的有效性问题。在他看来，马克思和黑格尔都坚持历史自我发展的原则，但关注的重心不同，黑格尔以意识主体的反思为前提，强调的是自我意识，而马克思以劳动为前提，强调的是生产主体的实践活动。这样，马克思和黑格尔都把批判性规范安置到批判理论中，黑格尔把批判性规范理解的理性内涵安置于主体反思中，而马克思把这种规范性用于主体的劳动活动的理解中。如果这样理解的话，马克思只是用劳动概念替换了自我意识，用劳动活动替换了精神活动①。在哈贝马斯看来，劳动是人与自然之间的天然关系，因而按照技术规则进行的工具性活动就是必然的，只要工具理性活动保持在系统世界范围之内，实现技术的合理化，它就是合理的。但是，现实却相反，工具性活动已经越出系统世界的范围，并侵入交往领域。因此，哈贝马斯试图在劳动与交往根本区别的前提下，在新的历史条件下赋予历史唯物主义以新的形式，通过发挥交往理性的潜能，去除生活世界殖民化，实现生活世界的合理化和人类的解放，实现历史唯物主义在当时的条件下未曾达到的目的。在哈贝马斯看来，交往行为更能体现人的生活世界的自由性和丰富性，因此更应当重视马克思当时没有注意到的交往行为。此外，哈贝马斯区分了两种不同的现代化路径：自我意识作为主体内部的精神力量，并不直接具有现实的社会效益，劳动作为人们参与社会生活最普遍的形式，却能实实在在地改变个人的生活，哈贝马斯对这两种理解现代型的不同路径曾有过精彩的区分："赋予认知以优先地位的反思哲学认为精神（根据自我关系模式所进行）的自我教化过程就是意识的过程。实践哲学强调的是

---

① ［德］哈贝马斯:《现代性的哲学话语》，曹卫东等译，译林出版社，2004，第87页。

行为主体与可以操作的客体世界之间的关系,并把类(根据自我外在化的模式所进行)的自我教化过程看成是自我创造的过程。因此在实践哲学看来,构成现代原则的不是自我意识,而是劳动。"①在马克思看来,异化劳动概念强调的是劳动活动的社会关系特征,这种特征并非由概念预设赋予的,相反,劳动异化的判断来自对现实关系的实证考察,而这种异化的现实关系在哈贝马斯所面对的发达资本主义社会恰恰是被遮蔽的。因此,我们同样不可能从马克思的"劳动"批判中推导说,异化劳动批判必然由劳动本身开始。在马克思的真实语境中,受到批判的是现实的社会关系,而不是作为历史基础的劳动活动本身。

居伊·德波按照马克思的劳动范式创立了景观范式,在《景观社会》一书中,德波把马克思所面对的资本主义物化时代指认为社会本体基础颠倒的世界,即景观社会。所谓景观,是指一种由感性的可观看性建构起来的幻象,它的存在由表象支撑,以各种不同的影像为其外部显现形式。景观已取代劳动而成为人们自始至终相互联系的主导模式,也成为当代社会的支配力量,景观社会成为德波对当代社会特征的抽象概括。在景观社会中,在活动之外不存在自由,并且在景观中一切活动都是被禁止的——所有真实的活动都被导入景观的全球性建构之中。人们所提及的所有"'从劳动中解放出来'的东西,……既不是劳动自身的解放,也不是由这类劳动所塑造的这一世界的解放,没有哪一种在劳动中被掠去的活动,能够通过屈从于劳动所生产出来的东西重新获得"②。德波以批判当代社会的主要范式来提出景观对人自身的异化性。人们因对景观的迷失而丧失了对自己本真生活的渴求,资本家通过控制景观的生成和交换来操纵整个现实社会生活。劳动者不仅在资本主义生产过程中处于受支配的地位,在非劳动时间里依然受到景观的支配和控制,没有自由性。

2. 对马克思劳动价值论的多样解读

当代最有影响力的政治哲学家罗尔斯把马克思劳动理论的政治哲学意蕴明确地表达出来。他所关注的是马克思对资本主义社会制度的批判,把马克思归于具有自由主义政治哲学传统的思想家。

---

① [德]哈贝马斯:《现代性的哲学话语》,曹卫东等译,译林出版社,2004,第89页。
② [法]居伊·德波:《景观社会》,王昭凤译,南京大学出版社,2007,第9页。

罗尔斯是从资本主义基本政治价值的前提和基本框架下来把握马克思的劳动价值论，而马克思的劳动价值论被界定为反对资本主义的制度安排的政治哲学理论。"劳动价值论的主旨，是挖掘资本主义秩序之外在表象下的深层结构，使我们能够了解劳动时间的花费轨迹，发现那些使工人阶级的未付酬劳动或剩余劳动能够被剥夺以及剥夺多少的各种制度安排。"①在罗尔斯看来，马克思的劳动价值论的价值预设（包括自由契约、竞争市场等）和资本主义没有本质的区别。在这种价值预设前提下的资本主义具有一种超越封建主义的优越性和先进性。在前提预设等同的情况下，马克思的劳动价值论最大贡献就在于发现资本主义制度的新特点："资本主义的突出特点在于，尽管它是一种具有人身独立、有着自由契约的竞争性市场的社会制度，然而，它同时也是一种有着剩余劳动或者未付酬劳动（或剩余价值，即由剩余劳动所创造的价值）的社会制度。"②这种理解方式无疑否定了马克思对古典自由主义劳动理论的革命性变革，把它重新归入自由主义的叙事之中。古典自由主义的劳动理论确实对马克思产生了深远的影响，从最初研究政治经济学开始到马克思创立剩余价值理论，古典政治经济学特别是斯密理论对马克思的影响可谓深远，也许就是因为影响之深，也带来批判和超越之重。斯密理论充满着无法解决的矛盾：他把劳动作为人的本质和财富的唯一源泉，人们通过自由市场的调节可以逐渐强大的同时，依然带来严重的两极分化和贫富差距。斯密理论是在肯定和接受私有制的前提下展开的，对劳动的理解仅仅局限在资本主义政治解放的维度，对劳动的理解和论证带有不彻底性。在斯密语境中，劳动概念只是私有制前提下资本主义制度大框架中的合理注脚。由于私有制合理性的逻辑前提，斯密的劳动理论具有鲜明的抽象性，它无法真正凸显"现实的人"的价值和意义。

可见，罗尔斯没有看到马克思劳动价值理论深层次的价值追求和对资本主义彻底的颠覆性超越，从而，马克思劳动理论的批判性也就被弱化和边缘化。马克思虽然在历史唯物主义的意义上承认过自由竞争的重要性，但是他所指向的是更高层面的自由和竞争，绝不是资本主义式的自由和竞

---

① [美]约翰·罗尔斯：《政治哲学史讲义》，杨通进等译，中国社会科学出版社，2011，第342页。
② [美]约翰·罗尔斯：《政治哲学史讲义》，杨通进等译，中国社会科学出版社，2011，第338页。

争。罗尔斯没有马克思的历史进步性思维，也就没有马克思更高层次的看待社会发展的眼光。

与罗尔斯不同，施特劳斯站在彻底的反资本主义的立场，揭示了马克思劳动理论不同于资本主义劳动理论的价值意蕴。他把马克思的劳动价值论解释为批判资本主义私有制和市民社会的理论，"资本主义的实质性规律是资本主义向根本不同的某种东西的转变规律"[①]。而在施特劳斯的语境中，马克思批判资本主义的政治哲学理论与现代性运动有着共同的追求目标：自由、平等和普遍繁荣。马克思与现代性方案的区别只是在于实现手段的不同，对共产主义社会形态的追求也可被看作是对自由主义平等诉求的完成。这样，马克思具有超越性意味的现代理论被施特劳斯包装成为论证现代性的理论支点。"自由人联合体"和"劳动解放"等概念取代了自由主义的自由概念，但是它们都是为现代性发展服务的，成为现代政治哲学的思想谱系中的一员。

在施特劳斯看来，马克思的劳动价值理论只是他激进革命精神的理论外在表现，但并没有得到实际的应用，因此在根本上是不正确的。而马克思从生产资料私有制入手，剖析资本主义生产的目的是生产资料所有者的特殊利益，而不是为了满足人类生存需求。劳动被资本主义生产方式曲解。马克思政治经济学的全部意图就在于通过劳动价值论揭示资本主义深藏的剥削本质，以及它如何推行在资本主义的实践之中。

法国现代哲学家科尔纽认为国民经济学家把资本主义制度下的劳动和生产形式，即异化劳动看成是劳动的天然和必然的形式。因此，国民经济学是抽象的、自在的，站在从事劳动的劳动者之外观察劳动的，而马克思摒弃了这样的劳动价值论。同时，马克思批判了黑格尔的劳动概念。黑格尔的劳动概念是由抽象的劳动观决定的，马克思在原则上否定了抽象的劳动观。马克思首先承认黑格尔的伟大功绩是黑格尔在《精神现象学》中所得到的结论，即人是他的劳动创造的，指出了劳动的真正的本质[②]。

---

① [美]列奥·施特劳斯等编：《政治哲学史》下卷，李天然等译，河北人民出版社，1998，第938页。

② [法]A. 科尔纽、郭官义：《马克思摈弃李嘉图的劳动价值理论和批判黑格尔的劳动概念的意义和深远影响》，《哲学译丛》1979年第1期。

3. 对马克思劳动概念的重新诠释

在阿伦特看来，无论时代如何发展，社会如何进步，劳动始终是一种满足生存需要的谋生活动。"为维持生命所必需的劳动是营生的劳动。它把人生作为一种苦难，在奥林匹斯诸神生活的悠闲、远离人生的意义上，经常被认为是诅咒的对象。人生缺乏悠闲，就意味着人生必须从属于原始的第一元次的劳动，受到强制而不能自由。"[1]基于这种理解，阿伦特展开了对马克思劳动理论的批判。

阿伦特认为马克思"所谓的劳动，和传统一致，是指生产维持生命必需的物质的手段。只有人类能以劳动的形式进行'与自然的物质代谢'，其他动物只能消费自然本身出产的物质"[2]。此外，阿伦特揭示了马克思劳动理论所产生的巨大政治效用。在传统的认知中，劳动被视为自然支配的活动，受到自然强制的劳动不能参与政治公共性活动，人们因此不能获得应有的自由和尊严。当马克思将所有人类活动修正和解释为最高的活动，发出对劳动的最高赞美时，作为营生活动的劳动就自动提升为政治性的活动，颠覆了以往将劳动作为"前政治"活动的价值观。劳动已然成为确证人的本质的最高的活动，"他——对人类的定义——所谓劳动动物必然会归结为：几乎不参加生产资料的生产，只依赖从事替代取得食物的其他劳动生活的人，是寄生虫，不是本来意义上的人"[3]，是自由自觉的活动，并以此把劳动者提升到历史主体地位，成为历史的创造者。

阿伦特把"共同的世界"或"公共的世界"看作是真正属人的世界，是把生存的必然性排除在外的世界，这个世界真正体现人的价值和尊严。阿伦特基于对现代性危机根源性的诊断，主张和支持的理想方式是基于个人决断力的政治生活，即人们不应该过分沉溺于私人性的劳动领域，而应该从经济生活中解放出来参与公共性的政治生活。认为现代人由于过分沉溺于私人生活，因而造成公共生活的衰落，从而导致个人决断力的衰退。

---

[1] [美]汉娜·阿伦特.《马克思与西方政治思想传统》，孙传钊译，江苏人民出版社，2008，第13~14页。

[2] [美]汉娜·阿伦特.《马克思与西方政治思想传统》，孙传钊译，江苏人民出版社，2008，第16页。

[3] [美]汉娜·阿伦特.《马克思与西方政治思想传统》，孙传钊译，江苏人民出版社，2008，第92页。

阿伦特主张回到有阶级和阶层的古希腊城邦政治生活时代，以此来恢复人的自由和尊严。

劳动观是阿伦特政治理论的重要基础和组成部分，她把劳动视为人类积极生活的一种类型，她抓住了劳动对人的存在意义，并试图以此来反思现代人过分强调劳动的经济意涵的现象。阿伦特认为劳动的经济意蕴只占有劳动总体意蕴的极小一部分，劳动比任何一种经济形式都要先行。在公共生活中，劳动自始至终都是必不可少的存在因素。阿伦特认为马克思把劳动作为人性活动有不可克服的矛盾：在革命之后的自由王国中，劳动被废除了，人类彻底从劳动中解放出来，到那时，作为人的本质的劳动活动还能存在吗？如果不存在，人还存在吗？阿伦特对马克思的劳动规定提出了批判，并在《人的境况》中阐述了自己的政治劳动观。

在《人的境况》中，阿伦特把人类的实践活动区分为三种：劳动、工作和行动。它们分别对应一种人的基本境况。劳动是与自身的生物过程相对应的活动，劳动的目的就是为了维持个人生命存在。工作是与人的非自然性存在相对应的活动，工作对应着人工的世界。行动是直接在人们之间展开活动，其本质是突破惯常的标准，达至伟大。[1]阿伦特认为行动是人类实践活动中至高无上且是必然性的形式，人类存在的多样性决定了人类行动的复杂性境况。劳动与工作的目的在于维持人自身的生命活动，并为行动活动提供物质基础。行动位于实践序列的最高等级，是备受推崇的人类活动。与马克思把劳动作为人之为人的存在方式不同，阿伦特把行动看作实现人的本质的途径，只有通过行动，人才能获得真正的幸福和自由。尽管劳动为人类的生命过程提供必需品，但是阿伦特从其政治理论的视角，把劳动看作工具性的活动，忽视了劳动在现代社会中的根基性地位。

鲍德里亚对马克思的劳动理论极为关注，同时对马克思的劳动批判理论也颇有微词。他相继发表《符号政治经济学批判》和《生产之镜》，特别针对马克思的生产劳动概念展开激烈的批判。在鲍德里亚看来，生产劳动概念处于历史唯物主义的核心位置，而马克思在批判资本主义生产方式下人的异化处境时，并没有对生产力本身提出质疑。马克思虽然批判了资本

---

[1] Hannah Arendt, *The Human Condition* (Chicago: the University of Chicago Press, 1998), p.205.

主义条件下的异化劳动,但是他并没有放弃与资本主义有关的概念基础。正是这种对生产劳动的依赖使得马克思重新陷入资本主义的生产逻辑之中不能自拔。"马克思激烈地批判了政治经济学,但他仍然停留在政治经济学的形式之中。"[1]在后现代主义的特殊语境下,马克思的劳动理论表面上批判了资本主义生产逻辑及其意识形态,而实际上则构成了资本主义意识形态。现代社会本质上是生产社会,生产逻辑和资本逻辑成为资本主义的主导逻辑。马克思以生产劳动作为分析和批判资本主义的基本概念时,恰恰运用的是资本主义的深层次的概念。在共同认同生产这一点上,马克思与资产阶级没有本质的区别。鲍德里亚由此得出:马克思对资本的批判和对人本质的探讨都没有超越18世纪启蒙理性和古典政治经济学的视野。鲍德里亚将马克思与古典政治经济学所共享的概念基础称之为"生产之镜",在他看来,若要彻底批判资本主义,就必须将马克思的生产概念当作意识形态概念加以批判,以此来彻底摆脱资本主义所奠基的生产逻辑本身,发现彻底替换资本主义的方案。

在拒斥资本主义的生产逻辑之后,鲍德里亚所找到的替代方案是支配前资本主义的"象征交换"逻辑。在鲍德里亚看来,马克思以生产理性来分析前资本主义的做法是不合法的,因为在原始社会,支配人们行动和交往的并不是生产理性的逻辑,而是"象征交换",即出于非功利目的的游戏、出于名誉动机的浪费和牺牲,这种"象征交换"的逻辑才是人类自由存在的方式。当马克思把生产理性作为分析和批判资本主义社会的概念基础时,他只是以另一种方式再现和论证了资本主义的霸权,为资本主义的市场经济做了深层辩护。因而,若想彻底批判资本主义的经济霸权,就必须在根本上拒绝资本主义的生产逻辑,以前资本主义的"象征交换"逻辑替代之。

鲍德里亚认为马克思的劳动批判没有走出它所批判的价值体系,因此我们"必须打破生产之镜,因为在这面镜中反映着整个西方的形而上学"[2]。而鲍德里亚最终走入后形而上学,主张批判的缄默,表明他恰恰是回到了马克思所批判的思辨哲学中。

鲍德里亚认为,后现代社会是仿真、影像主导的社会,是消费符码控

---

[1] Baudrillard, J., *The Mirror of Production, tr. Mark Poster* (St. Louis, Mo.: Telos Press, 1975), p.50.
[2] [法]让·鲍德里亚:《生产之镜》,仰海峰译,中央编译出版社,2005,第29页。

制整个社会生活的时代，生产与消费的逻辑程式是以颠倒的形式渗入人们的意识形态之中，消费取代劳动成为后现代社会的主题，"生产、劳动、生产力的全部领域正在跌入'消费'的领域"[①]，即符号编码交换的领域。仿真是所有符号自身相互交换，但并不是真实交换。符号的能指方面获得了解放，摆脱了过去那种指称某物的义务。符号的操作征服了劳动，劳动不再是生产性质的，而只是作为符号和代码运转着，与其他符号一起构成了整个网络。这样，生产和经济中的一切都变得可替代和可交换。历史唯物主义的基础概念，生产力和生产关系、资本与劳动、使用价值和交换价值都在符号和代码中被分解，这就导致了劳动的终结和政治经济学的终结。

从总体上看，国外学者针对劳动理论本身提出自己的研究方案和批判模式，为我们研究马克思劳动批判理论提供了多样的研究视角。但是，这些针对劳动理论本身所做出的关于劳动的批判具有一些局限性：第一，批判理论的目的本身不在于还原马克思劳动理论的真相，不在于站在马克思的立论阐释问题，而只把马克思劳动批判理论作为自己看法和思想表达的手段和工具。例如，哈贝马斯的"交往行为理论"的提出、德波的"景观社会"的认定，都是在批判马克思劳动理论的基础上展开的。第二，受自身理论立场和方法论的限制，西方社会理论家在对劳动理论进行批判时不免又陷入与所批判理论相同的批判境地之中。例如，批判理论一直在寻找代替劳动解放的有力形式，出现了霍克海默对感性幸福的追逐、阿多诺的审美乌托邦和哈贝马斯的交往乌托邦，他们虽然都想从劳动之外为自己的理论寻找规范的目标，但最终不免流于非历史不可操控的虚幻之中。基于历史性的劳动解放即使离我们很遥远，但正如马克思在《德意志意识形态》中所说的："共产主义对我们来说不是应当确立的状况，不是现实应当与之相适应的理想。我们所称为共产主义的是那种消灭现存状况的现实的运动。这个运动的条件是由现有的前提产生的。"[②]第三，有些后现代主义理论家根本无视马克思生产劳动概念所包含的批判性向度，而仅仅将其理解为描述资本主义内在结构和运行方式的实证性概念，肢解了马克思劳动理论乃

[①] [法]让·鲍德里亚：《象征交换与死亡》，车槿山译，译林出版社，2006，第16页。
[②] 《马克思恩格斯全集》（第3卷），人民出版社，1960，第40页。

至整个学说的整体性、复合性。这种做法所导致的结果就是：马克思通过生产劳动概念而表达的那些对现代性的深刻理解和独到把握被遮蔽了。比如马克思通过分析劳动和资本关系而阐述的剩余价值理论，无疑对批判和颠覆资本主义具有根本性意义，但在后现代理论家的视野中，马克思批判资本主义的深刻见解却莫名其妙地被打发为屈从于资本主义生产逻辑的内容。

（三）国内外研究现状述评

国内外学界对马克思劳动批判理论的研究，主要集中在马克思劳动批判理论的内涵、性质、批判对象、基本内容、黑格尔劳动哲学与马克思劳动批判理论的关系、马克思劳动批判理论的文本研究、异化劳动理论与马克思劳动批判理论、马克思劳动价值论等相关问题上。学界对马克思劳动批判理论的研究虽然取得了一定的成果，不少学术论文对其进行了相关的阐释，其中不乏真知灼见，涉及马克思劳动批判理论的诸多方面，我们可以从中探知马克思劳动批判理论的一些内涵与特征、框架体系与运行机制，但我们说这种研究仍处于初级阶段，缺乏深度的思考和全面的阐释，属于较低规格的研究模式，存在着一定的不足。明确这些不足，有助于我们进一步对此问题进行深入细致的思考和研究。

1. 马克思劳动批判理论有待进一步澄清，定位有待进一步指明

完整而科学地界定马克思的劳动批判理论，是研究马克思劳动批判理论体系的起点和基础。批判理论本身就代表了一种批判的态度，批判态度就要澄明自己研究对象的本质和理论自身形成的条件。马克思劳动批判理论作为自我反思的理论，自觉地把现实的实践力量作为自身构成的要素，又要反思澄清自身在社会发展中的作用。当今，我们更应该考虑的是如何才能获得一种分析马克思劳动批判理论的合理框架，这种框架既能把社会发展的结构阐释出来，同时还能把社会转变时的资源进行整合，以期在分析不断变化的形式时具有可供辨识的依据。

而现有关于马克思劳动批判理论的界定一般处于边缘化的阐释、特征性的概览或是前提性的阐发，没有系统而深刻地对其进行定义。学界对劳动批判的界定出现了单一指认和多重指认两种类型，但无论是哪种类型的指认，都不能清晰明了地规定劳动批判的内涵。这就导致劳动在批判理论

中的定位不明、劳动批判的批判对象不清、劳动批判的目标模糊，就不能形成对马克思劳动批判理论的透彻解读，更不可能阐发马克思劳动批判理论的深远理论意义和时代意义。

2. 劳动批判历史演进过程有待进一步指明

从本质上看，马克思的劳动批判是一种具有整体性和历史性的理论，这种整体性和历史性在马克思思想的不断演进过程中从对劳动概念的不同视角的解读、不同境遇的界定中体现出来，可以说马克思劳动批判理论是在抽象性与具体性、阐释性与批判性之间保有一种内在的张力。学界对于马克思劳动批判的过程缺少细致的梳理和阐述，多是就几个关键性问题进行阐述，不注重各个关键要素的内在联系，这就导致对批判理论的批判对象的根本问题和症结不能很好指明，重建新理论的切入点和突破口不能准确找到。对马克思劳动批判理论文本依据的寻找、思想革命的拐点的认清、时代背景的挖掘，都需要在历史的不断演进中得到解答。

3. 劳动批判的研究视角有待进一步拓宽

我国学者对马克思劳动批判理论特征的研究已有部分成果，但是这些研究还欠缺理论与实践、价值与科学、历史与现实等多维向度的结合。马克思劳动批判理论实现了历史唯物主义与辩证法的逻辑统一，是对形而上学的终结和对旧制度颠覆的革命性理论。它与旧世界的决裂是彻底的，对以社会现实的关涉为基础的新世界的关注是深刻的，通过劳动批判理论，马克思实现了对资本主义整体性的批判和对新世界的展开和建构，在这一过程中，马克思劳动批判理论体现出革命性、彻底性、建构性和发展性等多种特征。因而，对马克思劳动批判理论的研究也应多视角、多维度地进行。

四、论题研究的方法与基本思路

（一）论题研究的方法

以马克思的经典文本为依据，通过梳理《巴黎手稿》《黑格尔法哲学批判》《论犹太人问题》《德意志意识形态》《共产党宣言》《哲学的贫困》《雇佣劳动与资本》《1857—1858年经济学手稿》《1861—1863年经济学手稿》

《资本论》等,对马克思的劳动批判理论进行系统性和全面性的研究,理清理论自身形成和实践应用的条件,勾勒出劳动批判的总体框架和基本意蕴。在对总体框架和基本意蕴的阐释下,研究马克思劳动批判理论的内在形成机理和基本批判维度,澄清马克思劳动批判理论的本质规定性、运演体系及基本特征,找到劳动批判的当代意义与价值。以马克思劳动批判理论为基点,反思和批判当代世界中与劳动命题相关的新情况和新问题。以劳动形式的变化导引对人的存在方式的探讨,尝试解决时代的最新发展对马克思劳动理论提出的现实问题。

经典理论的当代效用一直都是学术界关注的焦点问题,也因此产生诸多对马克思理论的误读和曲解。而现实意味着本质与实存的统一,意味着展开过程中的必然性,把握现实是一个高度的思想理论任务。马克思劳动批判理论是否能回应当代现实,是否能在当代重新找到立脚点,重建劳动批判经典理论的当代生长点是亟待解决的关键问题,也是关涉本书能否成型的阿基米德点。基于此,本书主要运用以下三种方法展开论述:

第一,思想史研究和文本研究相结合的方法。在思想史的宏观视野和文本研究的微观视域中研究马克思劳动批判理论,通过对思想史的梳理勾勒出劳动批判的演化轨迹,通过对文本的细致研读,把握马克思劳动批判理论的思想精髓和深层要义。

第二,辩证法引导下的跨学科综合分析法。在马克思的视域中,劳动问题是一个涉及政治学、经济学、社会学和哲学等诸学科领域的研究主题,这就要求我们突破单一学科的限制,在马克思辩证思维方法的指引下,试图穿透理论文本和学科视域的复杂性,把握马克思劳动批判理论的内在统一性。

第三,理论思维分析和现实问题研究相结合的方法。马克思劳动批判理论作为马克思主义哲学中的基础理论问题,在研究中应强化理论思维和概念思维,以深刻的理论洞悉现实问题的内核,使其概念化、理论化和逻辑化,提升研究的理论深度,同时强化劳动批判理论的问题意识和时代感。

(二)论题研究的基本思路

本书主要探讨的是马克思劳动批判理论生成演进的基本内容及当代意义。从马克思的经典文本出发,将社会历史性维度的劳动作为基点,通过对遮蔽与掩盖劳动者异化困境的劳动理论的分析与批判，探寻马克思超越其批判对象劳动理论的理论逻辑及规律，从而为当代劳动者的生存处境的解读提供理论指导，生发马克思劳动批判理论的当代效应。

全书的具体结构安排如下：

导论。阐释论题研究的缘起及意义，马克思劳动批判理论作为马克思思想理论体系的重要组成部分，其哲学的聚焦点是以人的现实生活为内容的具体社会历史性存在。通过对异化劳动、雇佣劳动、黑格尔劳动理论及国民经济学劳动理论肯定性与批判性的分析，最终找到通向劳动解放与自由的道路，以其理论独到的批判意识与批判精神加深对当代劳动者生存处境的反思。通过对国内外关于马克思劳动批判理论的研究现状的考察，加强对其理论的整体性、比较性与时代性的阐发。运用思想史研究与文本研究相结合的方法、跨学科综合分析的方法及理论分析与现实问题相结合的方法，对马克思劳动批判理论进行多维度的解读与系统性的研究。

第一章：马克思劳动批判理论出场的存在境遇。这就需要回到马克思所生活的时代，探讨马克思劳动批判理论出场的现实境遇与理论境遇。由于资本逻辑成为现代社会的基本法则，雇佣劳动成为劳动者的普遍命运，现实境遇更多地表现为资本逻辑对雇佣劳动的钳制，导致劳动者生存的异化困境，而理论境遇更多地表现为对现实生存困境的粉饰与维护，现实境遇与理论境遇之间就形成了"既相佐又相悖"的关系。马克思正是对异化困境的遮蔽者与粉饰者进行一一批判，才有其劳动批判理论的逻辑展开，从而也就指认了马克思劳动批判的真正对象为雇佣劳动的异化本质。

第二章：阐释马克思劳动批判理论的基本内容。通过前文的分析，我们发现国民经济学的劳动理论和黑格尔的劳动理论成为马克思劳动批判理论生成的文本批判对象。而我们也知道马克思真正想要批判的是雇佣劳动的异化本质。因此，马克思劳动批判理论的基本内容就包括对异化劳动的批判、对雇佣劳动的批判、对国民经济学劳动理论的批判、对黑格尔劳动理论的批判。异化劳动的批判与雇佣劳动的批判是对资本主义劳动形式内在本质的批判，这一批判过程也是通过对国民经济学劳动理论和黑格尔劳动理论的批判得以完成的。因此我们沿用"异化劳动的批判—雇佣劳动的批判—国民经济学的劳动理论的批判—黑格尔的劳动理论的批判"的顺序，也是为了遵循马克思劳动批判理论的内在演进逻辑。对异化劳动的批判主要集中于现实生活中的劳动者与劳动产品的异化、劳动者与劳动行为的异化；逻辑推演上的劳动者与人的类本质的异化、人与人之间的异化。私有制是异化劳动的根据与原因，随着分工的出现及其不断的深化，劳动异化产生并不断加深，分工与私有制共谋而成为异化劳动产生的原因。而抽象劳动与具体劳动的分离，促使劳动者与劳动对象之间的人与物的关系掩盖了人与人之间的对抗关系，使得资本对劳动的剥削画上了一层浓妆。从本质上看，异化劳动是雇佣劳动的内在规定，私有制是雇佣劳动产生的根源，消除私有制才能实现对雇佣劳动的扬弃。国民经济学的劳动概念有其自身产生与发展的演进历程，我们选取亚当·斯密与大卫·李嘉图作为国民经济学的代表人物展开对马克思劳动批判理论的探讨，分别就马克思对其二者劳动论题的批判要点的指认，找到超越国民经济学劳动概念的要点。对国民经济学劳动概念的超越是在两个维度上进行的，即存在论维度及政治经济学维度。这两个维度的确立也是就其批判过程设定的。劳动是黑格尔思想转变与体系建构的关键性概念，是自我意识演进的中介性概念。黑格尔的劳动概念已成为人的解放的方式，是抽象化的劳动并指向人的自由。而对黑格尔劳动概念的追溯是为马克思批判理论的生成服务的，劳动概念在黑格尔体系之中的奠基性的关键点也就成为马克思对其批判的切入点。黑格尔劳动理论的生成是建立在资本原则的基础之上的，马克思批判了其抽象思辨的辩证法逻辑体系所生成的抽象的精神性劳动，在科学的历史观与方法论的基础之上，以费尔巴哈的感性原则与黑格尔的对象性概念相结合创立了感性对象性活动的概念，实现了存在论上的变革，进而以此为基础，阐明了资本与劳动的真实的辩证对抗关系。

第三章：马克思劳动批判理论的价值旨趣。马克思对资本主义雇佣劳动异化本质的揭示，旨在实现人的自由与解放，人的自由与解放就成为马克思劳动批判理论的终极价值旨趣。自由劳动、劳动解放及人的解放架构起马克思劳动批判理论的价值旨趣的内在结构，自由劳动是劳动解放的表现形态，劳动解放是人的解放的前提，劳动解放最终指向的是人的解放。

第四章：马克思劳动批判理论的机理分析。在对马克思劳动批判的基本内容进行分析之后，我们继续考察其理论的内在机理，透视其本质规定性、运演体系、基本特征，从整体上对马克思劳动批判理论进行结构分析与把握，认识到劳动批判的真正对象是资本主义性质的劳动概念及其资本原则的发展限度问题。以此为基础，一方面运用马克思劳动批判理论对当代的劳动处境进行批判分析，另一方面对马克思劳动批判理论进行延伸与拓展，增添时代内容，散发时代光芒。这两方面凸显了马克思劳动批判理论的当代意义与价值。

第五章：马克思劳动批判理论的当代意义。马克思对劳动异化困境的揭示与批判，对人的解放的始终追寻，能对新时代中国特色社会主义的发展给予指引与启示。我们对马克思劳动批判理论当代意义的探讨，既要关涉理论本身在当代中国出场的现实性与真实性，又要在此基础上，解读新时代中国特色社会主义有关政策与思想。"以人民为中心"的发展思想是马克思劳动批判理论在当代的发展形态，对其二者关联性的研究使得人的本质力量在历史与现实的相互耦合之中得以不断生成。同时，以马克思劳动批判理论为基础构建当代劳动发展新境遇，倡导尊重劳动的社会价值理念与劳动批判的精神，促进劳动成果共享，使得人的解放的历程不断延伸与拓展。

第一章　马克思劳动批判理论出场的背景

一种真正思想的产生不是任意的，它所探讨的是现实的存在，是此岸世界，是昭示未来的现实境遇，换句话说，一种真正的思想必是对时代困境和存在境遇的深刻回响和深度解答。真正有生命力的哲学和思想是时代精神的体现，真正有生命力的思想的形成不能离开和超越它所处的时代（这里只单纯强调思想是时代的产物，我们并不否认思想对时代发展的反作用。黑格尔曾在《法哲学原理》"序言"中指出，哲学对时代精神具有强烈的社会批判和引领功能，如果哲学没有引领功能，哲学和思想的价值也有待考量）。因此，我们要理解和解读马克思劳动批判理论，就需回到马克思所生活的时代，考察其理论生发的现实境遇和理论境遇。而马克思劳动批判理论出场的现实境遇与理论境遇之间存在着既"相佐又相悖"的关系，相佐的关系体现在理论对现实的回应和解答，粉饰和维护；相悖的关系体现在理论与现实的不吻合，不匹配，这种不匹配体现在相互依存与共生的资本与劳动，最终却更多地表现为横行的资本逻辑对雇佣劳动的钳制，而这正是马克思所要批判和超越的境况。从现实与理论"相佐与相悖"的境遇中我们能探寻和指认马克思所要批判的对象，因而批判和超越对象是马克思劳动批判理论的逻辑展开。

第一节　马克思劳动批判理论出场的现实背景

资本与劳动这一对相生相克的概念，其相互作用的演进史标示的正是马克思劳动批判理论所昭示的时代境况。随着资本主义经济的迅速发展，物质生产的极大丰富，资本主义社会关系发生深刻的变革，劳动与资本已由形式隶属转变为实际隶属，资本财富不断积累、资本力量不断壮大的同时，工人的贫困也在不断积累，反抗力量也在不断聚合，资本逻辑成为人类命运的主宰，雇佣劳动成为大众生存的普遍命运，这也就是马克思劳动批判理论生发的现实背景。

一、资本逻辑成为人类命运的主导力量

马克思所生活的时代是资本主义取得全球胜利的时代，这个时代是信仰竞争与利润的年代，是资本逻辑横行的年代。何谓资本与资本逻辑？资本是一个复杂的范畴，不是一个简单的定义就能解释的。汤姆·博托莫尔主编的《马克思主义思想辞典》中"资本"条目指出：与通常认为的指示个人拥有的作为财富的资产，可为拥有者带来收益的资产的理解相反，马克思的资本概念更多地指以物的形式出现的社会关系。马克思写道："资本不是物，而是一定的、社会的、属于一定历史社会形态的生产关系，它体现在一个物上，并赋予这个物以独特的社会性质。"[1]可见，资本是一个具有历史性与社会性的范畴。资本虽先于资本主义而出现，但只有到了资本主义时代，资本才取得绝对的统治地位，因此我们可以说资本是资本主义时代特有的现象，不能离开资本主义的生产关系来理解资本。

从中世纪自然经济解体开始到资本主义取得绝对统治权，这之间经历了漫长的过程。在西欧的封建社会中，土地是封建主政治权力的基础与象征，每个封建领主都拥有依附其身的下层农民。西欧封建领主制下的农民也称为农奴，因为其不仅在经济上遭受封建主的控制，而且没有人身自由。农奴们的生活很艰辛，封建领主的土地与庄园不仅是一个自给自足的经济体，更是封建领主统治农奴的政治基础。随着生产力的提高与贸易的扩展，特别是手工业在西欧封建社会的发展，开始逐渐打破封建社会自给自足的经济状态。在封建领主的庄园中出现了一大批较为早期的手工业者，产品的种类也开始丰富起来，这不断地刺激着消费与生产。这些手工业者离开封建领主而聚集并建立自己的手工作坊，早期的城市也在手工作坊的聚集

---

[1] 《马克思恩格斯全集》（第46卷），人民出版社，2003，第922页。

点逐渐发展起来。城市逐渐获得了独立的政治地位,手工业者逐渐取得了独立的政治权利,商品经济与货币贸易在这种情况的推动下发展起来,并不断地推向全球。

　　资本主义经济随着世界贸易的扩展而不断地发展起来,在16世纪之后逐渐兴盛。地理大发现推动了世界航海的发展、贸易的增长,宗教改革与文艺复兴为资本主义发展提供了思想上的准备。发达的商品生产和流通是资本产生的历史前提,如果我们撇开商品使用价值的交换而单纯考察商品的流通过程的话,会发现货币是这一过程的最终产物,也是资本最初的运演形式。随着工业革命的完成,资产阶级取得统治权,实际上就是资本逻辑成为现代社会主导逻辑的开始。以机器为主体的大工厂代替了以手工劳动为主体的作坊,这是工业革命的主要特征,不仅促进了生产力的大变革,而且也促使社会生产关系裂变与巨变①。随之,现代社会的一切都被纳入资本逻辑的体系中。作为马克思时代最为发达的国家——英国,在16世纪到18世纪经历了长达200多年的资本原始积累的发展,在这一过程中,广大人民群众被剥夺生活与生产资料,遭受着最残酷的剥夺。以自身劳动与劳动条件相结合的个体私有制被以剥削他人的资本主义私有制所取代,这一转变使社会发生了巨变,劳动在进一步社会化的同时,土地等生产资料进一步转化为剥削生产者的私有物,这一剥夺的前提就是资本的不断集中。资本主义经济的发展产生了大批的自由劳动者与巨额的货币资本,特别是随着从手工工场到机器大工业的转变,科技进步催生了珍妮纺纱机、水力纺纱机、骡机、粗纺机、动力织机等先进机器,进一步加深了资本的全面统治地位,加重了对劳动者的统治权。劳动者不需要进行专门的培训就能胜任工作,甚至出现了童工、女工。以机器为主体的工厂制度代替了手工工场,成为社会的主要生产形式,机器大工业的出现与发展成为资本逻辑全面统治的开始,工业资本使得资本主义生产方式成为主导形式。在社会化大生产的条件下,任何一个企业与生产部门都离不开其他的企业与生产部门。这种经济机制不断拓展,导致世界经济共同体的初成,世界上的每个国家都与其他国家联系在一起,每一个国家的经济活动都可能牵动其他

---

① 郑宇:《马克思自由和解放思想研究》,复旦大学出版社,2018,第27页。

国家的神经。资本主义制度日益国际化，各国人民日益被卷入世界的市场网络之中。资本取得全球性的胜利，使得以资本为原则所架构的社会中，信仰经济发展，推崇竞争，资产阶级的理性与价值都被提到了最高的地位，形成了资本的时代。资本的时代也就是资本逻辑成为人类真实命运主宰的时代，资本的时代也是资本主义基本矛盾不断激化的时代，资本的时代也就是工人阶级队伍不断壮大、工人运动不断兴起与发展的时代。资本逻辑成为现代世界的存在之道，是当今时代的历史背景，也为马克思劳动批判理论的形成创造了社会历史条件。

二、雇佣劳动成为劳动者的宿命

在《巴黎手稿》中，马克思指认国民经济学家将资本作为积蓄的劳动，虽然是站在批判国民经济学的立场上，但也道出资本与劳动千丝万缕的联系。恩格斯也曾指出，资本与劳动是同一个东西。资本与劳动本就密不可分，它们相互依存，共生发展，形成对立统一的关系。它们的统一体现在：在生产资料私有制的前提条件下，劳动与资本对抗着，矛盾着，但是也彼此依赖着，任何一方的出场都依赖于对方，"如果资本不雇用工人，工人就会灭亡。如果资本不剥削劳动力，资本就会灭亡，而要剥削劳动力，资本就得购买劳动力"[1]。资本主义生产的前提是：一方是资本，另一方是作为自由个体出现的劳动力，资本之所以是资本，是用雇佣劳动来定义的，资本的存在也是以雇佣劳动为前提的。而要揭示现代社会劳动的本质也离不开资本。劳动与资本的相互关系在劳动者与资本家之间的共生关系中体现出来，劳动者在劳动过程中再生产自身劳动力的同时，也生产与之相对立的资本；资本家利用所控资本同样生产与自身相对立的活的劳动力。每一方都在再生产自身的同时生产异己的另一方，也正是在这种相互对立的关系中，劳动者与资本家相互产生。这里所说的不是一般劳动，而是作为被资本雇佣的具体对象性的劳动。同时，劳动与资本依赖对方而得以存在，又依赖对方而得以延续。一方面，资本逻辑为劳动活动实现提供了存在空

---

[1] 《马克思恩格斯文集》（第1卷），人民出版社，2009，第728页。

间和自由向度。资本逻辑在不断扩充市场的前提条件下，打破了狭隘的地域限制，为人们的自由流动提供可供选择的空间。由于交往的普遍扩大，人们之间联系加强，加快人们结成普遍利益共同体的脚步。另一方面，资本逻辑不断造就新的生产力和先进的科技，为人的自由而全面的发展提供了物质基础。资本逻辑本身就蕴含着积极和进步的力量，也在不断创造着新的文明因素，自身中就包含着超越性和批判性。它们的对立体现在：资本逻辑的唯一价值旨趣就是实现资本的增殖，通过剥夺劳动者的无偿劳动来侵占剩余价值，是资本的主要存在形态。这种生存模式就决定了资本毫无节制、永无止境地掠取剩余价值的天性。在以资本为主导的现代社会，资本成为人们奋斗的目标和生活的意义，人、自然、社会都成为资本的附庸，资本是评判价值的根据，人之生存的合法性和合理性都需与资本进行对照。强资本和弱劳动是资本逻辑的一体两面，造成资本与劳动之间深刻的利益对立。在这种情况下，劳动者的地位、尊严和利益都受到践踏，劳资对立局面因此形成。

可以说，资本与劳动的矛盾运动就构成了人类现代史发展的主线，正如恩格斯所说，"资本与劳动的相互关系，是我们全部现代社会体系所围绕旋转的轴心"[①]，一切矛盾的解决都应从资本与劳动的相互关系中寻找答案。雇佣劳动与资本这两个关键词呈现了资本主义社会批判理论的一般框架。一方面，资本是现代社会的主导原则和现代社会为之旋转的核心概念，对资本和资本逻辑的认知也就把握了现代社会的脉搏。另一方面，资本之为资本的存在是与雇佣劳动相依相生的，是以雇佣劳动为前提和基础的，没有对劳动本质的探寻，对资本以及资本逻辑的认知也会模糊。在《资本论》中，资本是一种能带来剩余价值的价值，无限制地追逐资本增殖是资本的本能。资本的本性促使其对利润的贪欲与疯狂，就像人类需要氧气一样，资本需要不断地实现利润增殖才能存活。为了利润的增长，它就敢冒任何的风险，无论这些风险可能会践踏法律，还是会破坏规章制度。如果动乱频仍、纷争不断可以带来资本增殖，资本必定会去鼓励。资本主义初

---

① 《马克思恩格斯文集》（第3卷），人民出版社，2009，第79页。

创时期贩卖奴隶制度就可以作为例证[①]。资本增殖本身本无可厚非，我们要批判的是它是以无偿侵占劳动者的剩余劳动为基本存在方式。资本是死劳动，像吸血鬼一样吮吸活劳动的生命，积累起过去的、对象化的劳动成为资本，积累起来的劳动不是为活劳动充当再生产的手段，而是积累起来的劳动充当增殖和交换的手段。以致这种吮吸活劳动的行为成为一种不可剥夺的权力和力量，强制生产出为资本逻辑服务的人的异化的存在体系，充当资本增殖的养料。其实对资本来说，对雇佣劳动的追逐和依赖并不具有必然性，只是在特定的历史条件下，唯有雇佣劳动才能满足和实现资本逻辑增殖最大化的目的。

前文分析了资本与劳动的辩证统一关系，其内在的对立统一恰恰是我们分析马克思劳动批判理论的基本构成要素。随着资本逻辑成为人类命运的主宰，雇佣劳动也随之成为劳动者的宿命，它们共同成为马克思劳动批判理论的现实背景。这样，在资本主义生产关系当中就存在着占有大量生产资料的资本所有者以及几乎一无所有的雇佣劳动者，也就因此构成了资产阶级与无产阶级的对立。作为资本附庸的雇佣劳动者留存的只有自身的劳动力，不得不靠出卖劳动力来勉强存活。雇佣劳动就成为劳动者的主导劳动形态，随着资本逻辑在当代世界中的地位加深，雇佣劳动对人的钳制也在逐渐加重，劳动者在雇佣体制下过的是非人的生活，承受着随时可能崩塌的生存样态。雇佣劳动者在资本逻辑统摄下的生活状态被恩格斯真实地记录了下来：工人阶级的生活状况是目前社会中存在的最露骨与最悲惨的灾祸的集中表现：普通工人的住宅叫作"小宅子""乌鸦窝"，是一些糟糕得不能再糟糕的房屋；普通工人生活的街道社区是臭气熏天，坑坑洼洼，连最基本的排水沟都没有，有的只是死水沟；绝大多数工人都"穿得很坏"，"粗布（fustian）甚至成了工人服装这个名词的同义语"[②]；普通工人们的"饮食状况也和衣着一样，工人所得到的都是有产阶级认为太坏的东西"[③]。困苦与艰难伴随着雇佣劳动者，其最终的命运只能沦为资本增殖的工具与手段。对于资产阶级来说，不管他们口头上如何表示与承诺，只要他们可

---

① 《马克思恩格斯选集》（第2卷），人民出版社，1995，第266页。
② 《马克思恩格斯选集》（第2卷），人民出版社，1957，第349页。
③ 《马克思恩格斯选集》（第2卷），人民出版社，1957，第351页。

以通过自身所拥有的资本对劳动产品进行控制并且能得到相应的利润回报,劳动力本身就有利用价值,而当这种买卖不再带来资本增殖时,资本家会毫不犹豫地放弃之,不管工人们的死活。而雇佣劳动者为之进行劳作的资本所有者却将这一切当作理所应当甚至视而不见。对于雇佣劳动者们现实存在的贫困现状,资产阶级可以做到视而不见。在他们的眼中,自己是世界上最强大的阶级,他们带来了生产力的巨大增长。对于资本主义发展过程中所带来的工人阶级的普遍贫困,他们认为是理所当然存在的附属产品。恩格斯在《英国工人阶级状况》中就曾尖锐指出:正是这些有产的资本家阶级才最应该为劳动者贫困的生活状况负责任。

　　资本自从降临现代社会就取得了全面统霸的地位,在无限增殖的贪婪欲望的驱使下,它摧毁了田园牧歌式的生活样态,终结了自然和谐的人际交往,代之以冰冷无情的金钱关系。与之相对,劳动者成为资本统治下的牺牲品,成为最悲惨的存在,只能在异化的牢笼中挣扎和偷生,"原来的货币占有者作为资本家,昂首前行;劳动力占有者作为他的工人,尾随于后。一个笑容满面,雄心勃勃;一个战战兢兢,畏缩不前,像在市场上出卖了自己的皮一样,只有一个前途——让人家来鞣"[①]。对广大劳动人民生存境遇的深刻关切构成了马克思劳动批判理论的阶级基础,因此,资本逻辑在现代社会的统治及所导致的工人的雇佣劳动的悲惨境遇,就成为马克思劳动批判理论所生发的现实境遇。

第二节　马克思劳动批判理论出场的理论背景

　　任何一种理论的产生都有其理论资源作为积淀,马克思的劳动批判理论也不例外。马克思对包括魁奈、威廉·配第、大卫·李嘉图及亚当·斯密等在内的 17 世纪政治经济学家的文章与著作进行了深入细致的分析与研究,同时对古典哲学,包括黑格尔、费尔巴哈等著作进行细致的分析和思考,当然也包括当时的诸多社会主义思潮。经过梳理之后,马克思看到

[①]《马克思恩格斯选集》(第 5 卷),人民出版社,2009,第 205 页。

随着资本逻辑对社会生活的统治地位的建立，资本意识形态顺理成章成为资本逻辑的精神层面的建构工具，所谓在经济领域占据统治地位的资本必然要在精神思想领域建立自身的统治与支配地位。破除资本意识形态对劳动异化困境的遮蔽和粉饰，就成为马克思劳动批判理论的切入点和突破口，从而也就能够指认劳动批判的对象。

一、资本意识形态的历史生成

资本意识形态[①]指称资本主义产生和发展过程中反映其阶级利益和要求并为之进行辩护理论架构，形成精神层面支撑的理论逻辑体系，既包括资产阶级政治经济学层面的资本理论，也包括古典哲学层面为资本逻辑服务的理论与思想。在卷帙浩繁的理论著作中，资产阶级政治经济学成为资本逻辑的守护神，伴随着资本主义的腾飞和发展，资产阶级政治经济学的资本理论也随之不断走向庸俗化和片面化，将资本逻辑不断推向神坛，资本永恒化和天然化，成为人类社会颠扑不破的真理逻辑。

重商主义的资本理论。重商主义产生于封建主义即将瓦解、资本主义正在进行原始积累的阶段，因此重商主义成为资本主义初创时期经济理论的典型代表。重商主义承担的时代使命和理论任务就在于为资本逻辑确立最初的逻辑架构。在重商主义理论中，货币是财富的唯一形式，从而商品流通和贸易就成为必然运行的客观规律，对货币的追求与商品的顺畅流通就成为重商主义的信仰，重商主义因而得名。重商主义运用经验主义的方法将货币当作财富的唯一源泉，眼光只在商品流通领域中逗留，从而遮蔽了它的视线，把劳动遗忘在了贸易流通的洪流之中。作为交换媒介和手段的货币只是财富的形式代表，并不是财富的唯一源泉，重商主义迎合了资本主义初期贸易迅速发展的历史大势，但也暴露了其历史局限性。

重农主义的资本理论。把关注点和研究视角从商品流通领域转到生产领域是由重农学派完成的，他们把农业生产看作创造财富的唯一源泉，"法

[①] 这里仅仅对资本意识形态理论进行概要梳理，这种梳理指向的是整体性的理论，对异化劳动的遮蔽也是概要性的阐释，而对之细致深入的分析将放到本书的后续章节中进行。

兰西一切财富的来源,就是土地的耕种"①。把农业生产作为财富来源看成是资本主义社会的一种自然形式,看成是不以人的意志为转移的规律。相对于重商主义来说,重农主义有很大的历史进步性。但是,他们的局限性也恰恰在只把农业劳动看成创造财富的唯一源泉,把工业劳动看成非生产性的劳动,看成农业劳动的附属,看不到工业生产所具有的历史先进性。

古典政治经济学的资本理论。从17世纪中叶到19世纪20年代,古典政治经济学兴起并发展,研究资产阶级生产关系的内部关联,对资本主义生产的基本要素如利润、地租等作了分析,这里主要就古典政治经济学的先驱及起到重要转折影响的资本理论进行概要描述。政治经济学劳动价值论的始祖——威廉·配第较早地研究了资本主义生产方式的规律,提出了商品的价值是由生产商品所付出的劳动量所决定的观点。配第认为,所有的物品都是由土地和劳动这两种自然单位来评定价值的,但相对于土地和劳动两种标准来评定价值,他更倾向于"金银货币创造价值"的观点。比威廉·配第更进一步,亚当·斯密认为商品的价值就应该由劳动来衡量,并且是衡量一切商品交换价值的真实尺度。斯密区分了生产性劳动和非生产性劳动,所谓生产性劳动就是能够为资本主义生产创造利润的劳动活动,除此之外的劳动活动都是非生产性劳动。斯密还提出了三种收入构成商品的观点,即工资、利润和地租是一切收入的三个根本源泉。斯密同时也看到了劳苦工人的悲惨命运,认为在资本主义的分工体制下,工人成为机器的附庸,工人们的辛苦劳作并没有改变自身的贫困状态。斯密认为工人阶级的困苦状态可以通过政府有效改革和加强干预来进行调整,提高工人的工资,就能保障工人们的生活。由于受到阶级和时代局限性的影响,斯密的理论也就成为维护资产阶级利益的工具,他本人也就成为资产阶级的代言人。作为西方古典政治经济学的集大成者——大卫·李嘉图的资本理论摒弃了斯密劳动价值论的不彻底性,坚持劳动创造价值的观点。李嘉图指出价值来源于生产商品的社会必要劳动量,但是他的理论依然存在内在缺陷:既然劳动量决定价值,那么工人就会得到全部劳动所得,而不是只勉强维持生存的工资,资本家所分得的利润也就无从谈起。其实,商品在进

---

① [法]布阿吉尔贝尔:《布阿吉尔贝尔选集》,伍纯武、梁守锵译,商务印书馆,2009,第204页。

行交换的过程中，真正作为交换尺度的是劳动，而不是作为交换媒介的货币。除此之外，李嘉图混淆了劳动和劳动力，实际与资本进行交换的是劳动力而并非劳动，这就掩盖了资本对工人的剩余劳动的侵占。

庸俗经济学的资本理论。所谓庸俗经济学，顾名思义，指那些"无条件"与"无前提"为资本家利益辩护，从而表现出庸俗化的经济学说。将经济学冠以庸俗一词，始于马克思，他对包括西尼耳、萨伊、马尔萨斯等人的经济理论学说都进行了批判和论证，否定了他们对资本主义的合理性和合法性的无理辩护。西尼耳认为，资本所有者为了获得生产资料，不得不放弃部分享受和满足个人生活，这种牺牲也就是"节欲"。他无限放大"节欲"的作用，将之作为为生产活动提供有利条件的有效手段。因而，工人与资本家共同参与商品的生产，也就必然共同参与劳动产品的分配。萨伊指出资本、劳动和自然力共同构成价值的源泉。因此，资本和劳动自然平等地参与价值的分配，资本家、土地所有者和工人都相应分得各自利润，这种所谓要素价值论肯定了资本参与分配的合理性。马尔萨斯十分关注人口增长和资本逻辑的关系，他把农业看成是生产性劳动，把工商业视为非生产性的劳动，而把资本的积累归结为节俭的产物。

通过对资产阶级政治经济学的概要梳理，我们可以得出这样的结论：资产阶级经济学家采取非历史甚至是反历史的态度来看待资本主义，把资本主义看作是永恒不变的，美化资本与劳动的关系。国民经济学家将劳动与资本原初的统一看作是工人与资本家始终的统一关系。马克思指出，国民经济学家认定的劳动与资本的统一看作是原始的天堂般的，现世根本不可能存在的境况，而对劳动与资本之间的对立关系却看成是偶然的；特别是庸俗经济学，把对资本主义的美化和神化推向极致，使之成为厚重的意识形态迷梦，麻痹人们的思想，左右人们的判断，为资本逻辑披上合法和合理的外衣，使人们丧失对资本逻辑的批判意识和反思能力，沉沦在资本营造的假象和深渊中而无法自拔。国民经济学向庸俗经济学的转变，恰好说明了科学的研究与论证逐渐让位于资本主义制度辩护者的私心与野心。

资本逻辑与传统理性形而上学的合谋，使资本逻辑剥削本质的掩盖性更强，并为之加注了合理的砝码。而在近代启蒙精神的影响下，理性精神发挥到极致。特别是发端于18世纪末至19世纪上半叶的作为德国资本主义发展独特产物的古典哲学，更是把理性精神推向巅峰，以致作为古典哲学集大成的黑格尔哲学便代表着整个哲学形而上学传统，是形而上学之总体。因此，古典哲学正是工业革命时期欧洲哲学的主角，成为德国资产阶级利益和愿望的理论代言人。作为古典哲学的开路人，康德设定了先验理性，并指出我们对自然界的认识是有其自身的边界的，只有在超越感性的物自体当中才能获得真正的价值与意义，这样康德就将人类的活动区分为认识现象世界的活动和超越感性世界的活动。只有超越感性世界的活动才是人们所追求的道德实践的范围，才能达到自由。而现象世界的活动都属于技术实践，而技术实践的目的是外在的，只有超越感性经验，以理性自觉为法则的道德实践才是真正的实践，但康德并未指出劳动属于何种意义上的实践。实践理性是康德试图突破形而上学主客二分而提出的新的研究理路。事实上，康德的实践理性是一种纯粹意志，是人类意志的自我规定，黑格尔沿着康德所提出的这一路向，并把二律背反的矛盾推向顶端。康德哲学无法走出现代形而上学的困境，而黑格尔以实体性调和康德所发展的主体性，实现了思想的客观性。反观人类哲学思想史，黑格尔第一次将劳动概念提升到哲学的高度，从劳动作为人的主体本质这一层面出发考察其对人类社会以及历史所产生的影响。劳动不仅是满足需要的手段和媒介，更是人的基本存在方式，也是人之为人的基本确证方式。在《精神现象学》中，黑格尔从感性确定性出发，考察了精神从纯粹意识、自我意识到理性的诸多发展形态，最终在绝对认识中发现了自身，发现了实体即主体。黑格尔唯一承认的劳动是精神劳动，认定劳动是意识上升到自我意识的关键环节，是主奴关系转变的可能性因素。奴隶在对象化的劳作中外化自身，在外化过程中发现自身的本质力量，主人由于把物的独立性让予奴隶，因此就放弃了意识独立发展的条件。一旦独立的自我意识形成之后，紧接着就要扬弃自我意识的对象。在自我意识不断的生成和发展中，异化终究是会被扬弃的，借助劳动辩证法，黑格尔把现象的异化作用看成是理性精神自我发展的必要环节，相融于绝对精神的运动之中，这也就是黑格尔哲学对资本逻辑剥削性的最大遮蔽。可以说，黑格尔敏锐地捕捉到资本主义社会存在的各种矛盾和分歧，看到了劳动者的困苦处境，但由于他把整个历史都看成是精神的自我发展过程，因此他已把劳动者的异化困境消融到绝对精神发展的过程之中，最终将消除矛盾的希望寄托于伦理国家，因为他认为"国家是绝对自在自为的理性东西"[①]。

费尔巴哈从唯物主义哲学立场出发，批判宗教神学和黑格尔的纯粹思辨哲学，确立了感性直观。这种感性直观使劳动获得了感性实体的本质特征，使人获得了直观认知能力。但我们说费尔巴哈最终依然深陷形而上学的流毒之中，未能正确找到通往现实世界的道路，直观的对象性无法击穿意识的内在本性，一开始充满着现实的全部丰富内容的感性直观不得不成为抽象的东西，"费尔巴哈哲学的终局乃归之于黑格尔哲学的一个支脉"[②]，变相成为资本逻辑推行的理论支撑。费尔巴哈理论的终局恰恰从侧面反映了传统理性形而上学运演的强大的生命力及传统理性形而上学对资本逻辑剥削本质遮蔽性之强。

二、资本意识形态对劳动异化的粉饰与遮蔽

随着资本成为人类命运的主宰逻辑，雇佣劳动成为劳动者的宿命，各种粉饰资本主义制度与资本主义生产方式的话语体系也随即出现。资本意识形态作为资本主义物质力量在精神领域的支配力量不断发挥作用，既论证了资本逻辑的合法性，又遮蔽了劳动异化的本质。而对其进行遮蔽与粉饰的资本意识形态的代表也就是前文所列的国民经济学的资本理论及古典哲学的理论思想。

国民经济学将资本主义社会论证为人类永恒、原始的与天堂般的社会形态，而对于资本主义制度本身内部的矛盾与冲突却视而不见，或者说将之作为资本主义发展过程中的必然产物，这就导致了对资本主义社会现实矛盾的遮蔽，对资本主义经济发展的信仰，对资本现实合理性的辩护。国民经济学家总是从虚构的或是天堂般的原始状态出发。之所以称之为虚构的和天堂般的状态，是因为这种状态在现实的经济生活中根本不可能存在，

---

① [德]黑格尔：《法哲学原理：或自然法和国家学纲要》，范扬、张企泰译，商务印书馆，1961，第253页。
② 吴晓明：《形而上学的没落——马克思与费尔巴哈关系的当代解读》，北京师范大学出版社，2017，第4页。

只是出于幻想而得。这种非历史性和主观性的研究方法不能解决任何实际的问题，它往往将应加以阐释和推论的前提当作理所当然，从而假定为一种历史事实，这个需要阐释的前提就是私有制。

第一，将私有制作为前提与基础。国民经济学，按照字面意思来说，是研究国民财富性质的科学，即一国之内国民财富不断增长应是国民经济学的立论目标。而只要私有制存在，"国民经济学是研究国民财富增长的科学"就永远是一个伪命题，它不能为国民谋得财富，反而是不断加剧贫穷。这样一种科学就应该称之为私经济学，其所导向的一切社会关系都是为了私有制而存在。马克思在《巴黎手稿》中曾指出，国民经济学从私有财产本身出发，却没有向我们说明其因何为私有财产以及它的内在属性，而是将之固定化为一般的、抽象的理论公式，作为指导实践的规律与准则[①]。与马克思从当前的经济事实出发相反，国民经济学从虚构的原始状态出发，这个原始状态的前提与基础就是私有制。从本质上看，国民经济学是一门私经济学，如果私有财产消失的话，国民经济学也就不复存在。在以私有制为前提的商业活动中，每个人都希望并设法贱买贵卖，商业交易活动中人与人之间的利益关系是对立的，这种商业活动本身是"无人性的和充满敌意的"。重商主义丝毫不掩饰商业行为的不道德性；而斯密却为这种欺诈的商业活动寻找道德的外衣，好像人类的道德准则都是能从商业中得出一样，商业活动不仅不是敌对的活动，反而成为人们之间团结相好的连接纽带[②]。这种为虚伪的面目所蒙上的友善的面纱是国民经济学家所引以为豪的事情。而离我们的时代越近，其对私有制的遮蔽就越强，而反抗和批判的力量就会越大。早期的政治经济学家还不能完整把握资本生产运行的内在机制，只能就眼前的经济生活片段得出相应的结论。随着资本主义生产关系的完整展现，其中内含的各种矛盾不断凸显，而他们对其进行的遮蔽只能是自欺欺人。他们将理论前提束之高阁的做法只能带来更大的批判力量。可见，国民经济学家们不是以纯粹的人道和普遍的利益为出发点，而是以私有制为前提，这也是导致国民经济学说的二律背反现象的原因。而面对现实的矛盾，国民经济学否认自身的前提，或者直接以一种人道主义

[①] 《马克思恩格斯全集》（第3卷），人民出版社，2002，第266页。
[②] 《马克思恩格斯全集》（第3卷），人民出版社，2002，第447~448页。

精神指引的方式得出自身前提的初识性，以便达到掩盖的目的。

第二，资本与劳动的天然统一性。在私有制的前提条件下，资本与劳动就形成了天然的统一。按照国民经济学的理论，"资本=积蓄的劳动=劳动"。资本家因为财产所有权而获得支配劳动力的权力。由于李嘉图讲劳动而不讲劳动能力，资本也就被理解为纯粹物质的东西，是劳动过程的生产要素，而这样的生产过程不会使资本成为独立的力量与工人相对立。李嘉图最强调的一个论点是工人取得产品价值中的一个比例份额，劳动（而不是劳动力）的价值决定这个份额。劳动的价值是一个固定的量，工人在产品中所占的份额也因此固定下来而不是相反。国民经济学家得出一系列"资本与劳动统一"的伪论证，马克思在《巴黎手稿》[增补]中对此进行了完整的总结[①]。而异化劳动与私有财产的关系的真正指认也就揭穿了资本与劳动相统一的虚假性和虚伪性。私有财产关系中的劳动指的是人作为单纯的劳动人的抽象的现实的非存在，而在作为资本的私有财产关系中一切自然和社会的规定性全部消失。工人成为活的和贫困的资本，资本只要不劳动就会失去自身的生存条件。劳动者只有被当作资本存在时，他才能成为真正的劳动者，而资本只有被作用于劳动者身上时，才能真正成为资本。劳动与资本自身的对立的关系表明：当它们的对立达到顶点的时候，也就是私有财产关系的尽头，劳动的必然发展是获得本身构成工业的自由的资本。

第三，整个社会将会达到共富的状态。按照国民经济学的理论，资本就其产生来说是个人劳动积累起来的实物，是对利润的追逐，由资本与劳动的统一性，我们可以得到资本家、工人及土地所有制共分劳动所得的结论，资本所有者在这一过程之中获得利润，土地所有者获得地租，劳动者获得工资，三者按照其贡献率来分配分成比例。在这一理论体系之中，资本家、工人与土地所有者实现了共分，共享，最终也会达到共富。而马克思沿着国民经济学的路径分析了其理论之中最富裕状态：社会财富会日益增进，大量的劳动积累起来，而工人手中的劳动产品反而越来越少，越来越成为异己的财富与自身相对；资本的不断积累扩大了分工，分工增加了

[①] 在此，马克思总结了国民经济学家设定资本与劳动相统一的七种方式。具体可参见《马克思恩格斯全集》第3卷，2002年，第346页。

工人的人数，而工人却越来越依赖于一定的片面的机器的劳动。同时随着单靠劳动为生的人数的增加，工人之间的竞争加剧；在财富不断增长的社会中，只有少数最富有的人才能依靠利息而求得生存，其余大部分人会将资本投入商业，这就加剧了资本家之间的竞争，大资本家兼并小资本家，大量的小资本家破产，沦为一无所有的无产阶级，只能依赖资本家生活，承受被剥削之苦；工人工资的提高以资本的积累为前提，资本的大量积累促进生产规模的扩大，劳动者人数大量增加。生产的堆积又会导致生产过剩，造成大量工人的失业。即使是国民经济学理论中最富裕的社会状态，最终带来的结果依然是工人阶级日益贫困的生活，这种共富的社会状态就是假象，真正富裕的只有资本所有者，而广大的工人阶级只能遭受痛苦。

第四，资本主义生产形式是绝对的与永恒的形式。政治经济学家不是从历史的、暂时的、相对的，而是从绝对的和永恒的角度来看资本与劳动（资本主义生产形式的主要构成要素），没有把资本看成是一种社会关系的体现，只是看成生产所积累起来的劳动，这就是把资本主义的灵魂与其物质实体紧密结合在一起。以致在任何情况下，他总是将资本的属性与特征归结到物的属性上去。斯密认为资本增殖的本性不是先天的，资本本身并不原初具备对他人劳动的支配权，只有当资本被当作前提之后，才表现出对他人劳动的支配权。因此，按照斯密的看法，劳动本来应该得到它自己的产品作为回报，工资就恰恰等于产品，因而劳动就不是雇佣劳动，资本也不是资本。在斯密看来，生产劳动就是生产商品的劳动，生产者利用自身的劳动将工资所包含的价值量加到劳动资料上，提供一个等价物来代替已经消耗的价值。这其实已经超越了基本的社会形式来界定劳动与资本，只有将资本主义生产形式当成生产的绝对的和永恒的形式来看，才会将其混淆，得出只要是生产某种东西取得劳动成果的都是生产劳动的结论。

而这种虚构的原始状态与现实的经济生活状态相背离，国民经济学理论与实践相斥，从而形成了多重的二律背反现象。马克思在笔记本Ⅰ中总结了国民经济学理论体系中的理论与现实的二律背反：理论上，劳动是财富的源泉，劳动的全部产品应该属于工人。实际上，工人只得到产品中最少、只能维持自身再生产的部分；理论上，资本是积累的劳动，一切东西都可用劳动来购买。实际上，工人远不能购买所有东西，甚至还要出卖自身的人性；理论上，劳动是增大价值的唯一源泉，劳动也就是人的财产；实际上，土地占有者和资本家却占有劳动产品的大部分；理论上，劳动是唯一不变的物价；实际上，劳动价格的变化更具偶然性和波动性；理论上，工人阶级的利益与整个社会的利益相同；实际上，整个社会的利益恰好与工人阶级的利益相反。实际上，社会却总是与工人的利益相对立。这五重二律背反现象恰好证明工人在生产过程中所遭受的压迫，国民经济学本身就是一门充满悖论的"科学"。国民经济学家论证了劳动与财富的关系，并建构了古典政治经济学的理论体系，而马克思指出了私有财产和异化劳动的关系，并建构了政治经济学的批判理论体系。国民经济学家那里的劳动与财富的正向关系被马克思指认为私有财产和异化劳动的反向关系，这一不可调和的矛盾恰好是马克思劳动批判的焦点。

  黑格尔哲学作为德国古典哲学的集大成者，其劳动理论及异化的分析构成马克思劳动批判理论的重要理论资源。与国民经济学一样，黑格尔的劳动概念依然扮演着为资本主义服务的角色，形成对劳动异化困境的遮蔽，虽然这种遮蔽具有较强的隐蔽性，但越是隐蔽越能证明对其批判的难度之大，马克思劳动理论建构的意义之深。由于黑格尔的哲学从自我意识出发，其唯心主义的立场和本质显露无遗，理念作为其运演背后的秘密和动力使其思辨体系得以成立，整个黑格尔哲学可以看成是抽象的王国。

  第一，劳动概念本身的批判性与革命性的消解。在黑格尔的哲学体系中，劳动概念表现出双重的性质：既具有解放性质（形式上的解放）与否定性质，又具有保守性与抽象性。这两重性质的相互交织、相互作用构成整个黑格尔体系演进的关键概念。马克思肯定了其具有否定性的劳动活动，批判了其保守的性质。劳动概念的保守性质与精神性质消解了其本身的批判性与革命性的一面。而劳动概念本身的非批判性质是生发于黑格尔的思辨哲学体系之中的。在黑格尔那里，人的真正的本质是精神，由此导出主体就是意识（自我意识），对象就是意识本身。主体与客体的相互作用、相互对抗，主体的异化的否定性最终都会湮没于封闭的思辨体系中。黑格尔的劳动概念虽然是人的自我生产的活动，确认了人的本质，促使人的本质觉醒。但是，这种确证只是形式上的，是抽象的，外化的扬弃只能沦为自我意识外化的自身确证。无论是在耶拿时期、《精神现象学》时期还是在《法哲学原理》时期，黑格尔的劳动概念都显示出其自身的双重性质，但劳动概念的解放性质与否定性质最终都沦为保守性的思辨体系的附庸，服从于其抽象的思辨体系，因此，黑格尔劳动概念本身的解放性质其实是虚假的。而其劳动概念的真正本质是其精神本质，精神是无对象性存在的主体，外化在黑格尔那里就是抽象的精神主体的外化，而在马克思那里却是人的本质力量的对象性的外化。马克思批判了黑格尔的劳动活动的否定性只能停留于抽象范围，不能化为实际的实践活动，也就是不能真正消除现实的异化境遇。

　　第二，对现实劳动异化的消解。黑格尔的整个体系是从感性确定性开始，以绝对精神结束。黑格尔语境中探讨的对象不是现实的对象，而是意识的对象，因此，对异化的消解也只能通过意识过程来完成，其扬弃异化的同时也就消解了对象性本身，人就成为非对象性的存在物。这种异化的扬弃是在自身哲学体系之中完成的，具有抽象性与虚假性。对私有财产的思想上的扬弃也是在道德观念中的扬弃，在现实中并没有真正触动对象，但却以为克服了对象。现实的异化就成为自我意识的异化的现象。全部外化的消除，不过是抽象的思维的生产史。对异己对象本质力量的占有变成只是在意识中在抽象中发生的占有，一切异化与矛盾都会在其下一阶段与环节之中被扬弃掉。这样一来就无法探究劳动内在包含的现实的对抗关系，而正是其内在包含的矛盾才能促使真正的现实的革命的发生，马克思认为现实的重新占有只有通过对象性世界的异化的彻底根除来实现。特别是在法哲学中，马克思与黑格尔都着眼于市民社会的劳动，但马克思却从中解读出了异化劳动，而黑格尔却只看到满足个人需要的积极劳动。黑格尔虽然看到了市民社会之中的特殊利益与普遍利益的分离，看到了市民社会的劳动体系所导致的贫富的巨大差距，看到了获得利润的资本的需要的无限性，但是黑格尔却认为这种混乱的局面只有通过国家才能调和，而没有深入探究恶的根源，只是对现实的异化匆匆一瞥，而归复到其思辨的体系之中，以其国家的逻辑向度实现对市民社会的扬弃，实现对异化的扬弃。

　　异化在黑格尔体系之中的消解也就在其理论层面达到了对其现实异化的遮蔽，而留存的是现实生活之中真实的苦难及异化劳动真实的再现。逻辑思辨的思维生产史终究不能为现实的困难提供出路，作为现代形而上学完成形态的黑格尔哲学只能为现代资本世界的核心（抽象劳动）提供理论架构与支撑。这种对现实异化的遮蔽是比较隐蔽的，但对其的批判才能更突显马克思劳动批判的原则高度，黑格尔的抽象精神性的劳动理论也就成为马克思劳动批判的箭靶子。

上文对遮蔽劳动异化困境的意识形态进行简要概览，而我们的批判对象的指认就需要从其中找寻。经过比对我们认定：国民经济学的劳动理论和黑格尔的劳动理论是马克思劳动批判理论的主要批判对象。首先，国民经济学以劳动为中心展开自己的理论，将劳动作为价值的真实尺度，作为国民财富的源泉，建立起劳动价值论。而国民经济学以劳动概念为中心的理论体系，却扮演了为资本主义的合法性和永恒性提供理论支撑的角色，以资本主义的立场来评述和论证劳动概念，一旦涉及资本主义的历史命运，国民经济学的公正性就荡然无存，成为为资本主义遮风挡雨的保护伞，遮蔽了劳动异化的困境；其次，黑格尔哲学以劳动作为转折和发展的关键概念，如前所述，成为推动绝对精神演进的中介，黑格尔因此建立起绝对精神演进的理论体系。资本原则与现代形而上学共谋而成为现代社会的理论支撑。作为现代性批判的马克思劳动批判理论需要对现代世界的两大支柱，即资本原则与现代形而上学进行彻底的批判。"马克思的学说，就其作为现代性批判而言，既是对资本的批判，又是对现代形而上学的批判；而这种双重批判，正是在劳动的主题上决定性地并且意味深长地汇合起来了。"[①] 以劳动为基点颠覆与批判现代经济发展及这种发展所需的理论架构，成为马克思劳动批判理论的对象及题中应有之义。而由此展开对马克思劳动批判理论的研究，就需要从其批判对象入手，探讨其理论本身的基本构成及主要内容。

[①] 王文臣：《论马克思哲学的劳动概念与历史唯物主义》，上海社会科学院出版社，2013，第 2 页。

第二章 马克思劳动批判理论的基本内容

马克思劳动批判理论的基本内容主要为揭示资本主义劳动生产关系的内在本质性（雇佣劳动形态的劳动异化本质），以及为这种内在本质进行遮蔽的资本意识形态的揭露。因此对异化劳动的批判、对雇佣劳动的批判、对国民经济学的劳动理论的批判、对黑格尔劳动理论的批判，就构成马克思劳动批判理论的基本构成维度，异化劳动、雇佣劳动、国民经济学的劳动理论、黑格尔的劳动理论就成为马克思劳动批判的基本对象。

第一节 异化劳动的批判思想

异化劳动作为资本主义雇佣劳动的内在本质，首先成为我们探讨的对象，本节从异化劳动的内涵与表现、来历与根源、批判与扬弃这三个方面对其进行研究。在资本主义生产条件下，劳动者在生产中与劳动活动相异化，无权支配劳动的产品，导致劳动者与体现生命活动的类本质相异化，劳动活动仅仅成为谋生的手段。人与人的本质的异化也就推导出人与人之间关系的异化，异化劳动也就向社会关系的异化性上延伸。我们从私有财产、分工及劳动的二重性这三个方面，阐释异化劳动的产生与延续的根源。并以此为据，探讨扬弃异化劳动的路径，使得劳动活动重新复归人的本质。

一、异化劳动的内涵与表现

"异化概念起始于17世纪—18世纪唯物主义哲学家的著作以及社会契

约理论家的著作"①,是在研究国家与财产等政治与社会问题的基础上产生的。费希特曾用异化概念表示我与非我的关系,黑格尔哲学中关于异化的成果代表着马克思之前的最高峰。马克思在博士论文中就使用过异化概念,在那里更多的是对异化形式上的探讨,是无神论对宗教的反叛意义上的,是原子自我异化的表现。马克思在《巴黎手稿》中对异化进行了集中的研判,创造了"异化劳动"的概念。"异化劳动"概念的创建是在吸收黑格尔哲学的辩证法与费尔巴哈唯物主义思想的基础之上形成的,一方面以大量的社会存在的事实为依据,另一方面又对这些现象与事实进行了逻辑推导。

马克思从国民经济学的各个前提出发指出,国民经济学家只是从这些事实出发而不向我们说明这些事实,总是置身于虚构的原始状态之中,把应当加以说明的事实假定为具有历史形式的事实,这样并不能解决任何问题。而马克思看到了社会已经分化为有产的资产阶级和没有财产的工人阶级,站到了无产阶级的立场上,指认这一经济事实所导致的劳动异化:工人生产的劳动产品越多,其自身也就越贫穷,其所得到的分配份额就越少;自身的劳动活动反而创造了自身的贫困,正如马克思所说,"物的世界的增值同人的世界的贬值成正比"②,并提出了著名的异化劳动理论。异化劳动中的劳动概念,"一方面是社会的物质生产活动,是整个人类历史的基础,另一方面又是人的自觉的活动,是人的本质的体现方式"③。异化劳动中的异化概念不是抽象的哲学范畴,它指向的是劳动的异化,体现为现实生活中的劳动者与劳动产品的异化,劳动者与劳动行为的异化;逻辑上推演上的劳动者与人的类本质的异化,人与人之间的异化。

第一,劳动者与劳动产品的异化。如果从当前的经济事实出发,首先得出的异化形式就是劳动者与劳动产品的异化关系。劳动者与劳动产品的异化,也就是劳动者自己创造的劳动产品却成为异己的力量与自身相对立,劳动对象化的过程却表现为对象化的不断丧失,劳动的现实化表现为劳动者的非现实化。这种非现实化已达到饿死的地步,对象的丧失竟达到了剥

---

① [苏]伊·谢·纳尔斯基:《异化与劳动》,冯申译,湖南人民出版社,1983,第2页。
② 《马克思恩格斯全集》(第3卷),人民出版社,2002,第267页。
③ 刘秀萍:《马克思"巴黎手稿"再研究》,中国人民大学出版社,2013,第82页。

夺劳动者必要的生活资料的地步，以致劳动本身也成为劳动者只有付出巨大的代价才能够占有的对象。随着劳动者生产的产品不断增多，他所能够掌控的劳动产品就越少，就越受到资本的统治。劳动者与劳动产品的异化关系会随着劳动者劳动而不断加剧与深化，表现出劳动者劳动强度与异化程度的正相关关系。作为人的本质体现的劳动却反过来成为牵制劳动者的异化力量，劳动者将自己的生命活动投入对象，得到的却是对生命的消耗。

劳动者与劳动产品的异化关系还表现在劳动者对感性的外部世界与自然界的关系上。一方面，自然界与感性的外部世界为劳动者提供劳动材料，使劳动者得以进行劳动生产；另一方面，它又为劳动者提供维持劳动者肉体生存的生活资料。因此，自然界与感性的外部世界就成为劳动者的劳动得以实现的条件。而当劳动者的劳动成为异己的劳动时，也就意味着自然界与感性的外部世界成为与劳动者相异的对象，劳动者越是通过自身的劳动占有外部的感性世界，感性的世界就越是不成为劳动的对象，不成为劳动的生活资料。劳动者在自身的劳动中生产了奴役自己的劳动产品。劳动资料与生活资料成为奴役自己的主人，这种奴役状态达到顶点就是，人们只有成为雇佣劳动者才能维持自身肉体的生存，作为自身肉体主体的就是雇佣劳动者。

国民经济学家由于不考察劳动者与劳动产品之间的直接关系，而只考察生产对象与生产本身的关系，从而得出有产者的生产对象和生产本身的关系不过是工人对他的生产对象的关系的结论，而无法发现劳动本质的异化问题。劳动者与劳动产品的异化关系本是整个异化劳动过程的结果，而且是最易得出的异化的表现形式，而由劳动者与劳动产品的异化关系也就自然得出劳动者劳动过程本身的异化表现形式。

第二，劳动者与劳动行为的异化。劳动者与劳动行为的异化也就是劳动本身的异化。劳动者正是因为在生产行为之中产生了异化，才会导致劳动者的劳动产品产生了异化。劳动产品不过是劳动生产行为的结果[①]。在劳动对象的异化形态中我们可以总结出劳动行为的异化，劳动异化的表现为：劳动成为外在于劳动的东西，疏离于劳动者的本质。劳动者在劳动当

---

① 《马克思恩格斯全集》（第3卷），人民出版社，2002，第270页。

中感到强迫与压抑，感到疏离与折磨。劳动者在劳动当中不能获得正面导向的指引，而是受到负面效应的影响，不是感到充实与满足，而是感到空虚与无奈。本来劳动者进行劳动活动是为了自身的生存与发展，而异化的劳动却使得劳动活动背离自己的初衷，往敌对与异己的方向狂奔；劳动对于劳动者来说成为一种自我牺牲与自我折磨的劳动。劳动者之所以还会继续进行这种折磨的劳动是因为谋生的需求，一旦肉体的强制停止，人们就会像逃避瘟疫一样逃避劳动。劳动活动本身成为劳动者自身的丧失。表面上，他在为自己劳动，而实际上他在为别人劳动，劳动者的劳动活动就不是其自身自主的行为活动。这种劳动的异化结果产生了一种悖论：当劳动者动用人的机能时，觉得自己就是动物，只有当劳动者在运用动物机能（例如，吃、喝、生，抑或居住和修饰等，这些机能固然也是人的机能，而马克思解释道，当这些机能被抽象化为最后的和唯一的目的时，那它们也就是动物的机能了）时，才觉得自己有自由的活动。

　　第三，劳动者与人的类本质的异化。马克思明确表明异化的第三种表现形式是在前两种形式的基础之上推导出来的。人是类存在物，一方面是因为人将自身的类与其他物的类当作自身的对象，另一方面是因为人将自身作为普遍的因而是自由的存在物来对待。人作为类存在物进行类生活，也就是依靠无机界来进行生活。从理论上讲，包括植物、动物、石头等在内的整个自然界都是人的精神的无机界，人必须对这些事物进行加工与改造，使之成为人的生活的一部分。人正是在与自然界的持续不断的能量与活动的交换过程中才把人的普遍性表现出来。人的类生活本身是人的生命的体现，是人活动的目的，而异化的劳动使得人的类生活成为手段而不是目的，使得人本身的劳动活动的本能与自己相异化。本来代表着人的自由的有意识的活动却变成了维持肉体生存需要的手段。

　　人作为类存在物，是因为人的有意识的生命活动将人与动物区别开来。动物也进行生产，但是动物只生产自己及其幼崽直接需要的东西，而人除了为自己生产以外，更多地是为别人而生产；动物的生产是片面的与狭隘的，而人的生产是全面的与不断扩展的；动物只生产肉体直接需要的东西，而人在大多数情况下不会受到肉体生存需要的支配与控制；动物只能生产其本身，而人则能生产整个世界；动物的产品直接属于自身，而人则能够对其产品进行安排与分配，换句话说，人能够按照自身的自由意志来支配劳动产品；动物只能按照它所归之于种的标准来进行生产，而人则懂得按照任何一个种的标准来进行劳作，也就是人懂得按照美的规律来进行生产。正是在改造对象世界的活动之中，人才证明其为类存在物，自然界也才表现为它的现实。

而异化劳动将这种关系颠倒过来，将人的自主的劳动活动变成了手段，人的生命活动不再是其意识的对象。因此，人就与人的类本质相斥，人就与人的类本质相异化。人所具有的关于类的意识由于异化而将类生活变成了他的手段。

第四，人与人之间的异化。马克思在"劳动者与人的类本质相异化的关系"中自然推导出人与人之间的异化关系。一般说来，我们只有从人同他人的关系中探查人同自身的关系才能形成对其本身而言的现实性的关系。因此，当人同自身相对立的时候，他也就同他人相对立。人对自身的劳动产品的关系可以理解为人同他人的劳动对象的关系。在对象化的作用过程中，人的类本质得以在人与人的关系之中显现，人的类本质的异化也就演化为人与人之间关系的异化。那么，这个对于我来说异己的劳动产品应该属于谁呢？人自身的异己的劳动活动应该属于谁呢？马克思经过论证，得出劳动为之服务的异己的存在物只能是人自身的结论。而这个人却是有别于劳动者，同劳动者相对立的他人。通过异化劳动，劳动者生产出了对劳动生疏的、站在劳动之外的人（资本家）对这个劳动的关系。因此，我们也就得出了私有财产是异化劳动的产物与必然后果的结论。

马克思对异化劳动这四个规定性的论证与推导，是以现实的经济事实为出发点的。私有制下的劳动的异化性质，是马克思为解答现代社会劳动者贫困境遇的根源所找到的答案，理应成为马克思劳动批判的主要内容。而纵观"异化劳动"理论的逻辑框架，其真实的逻辑顺序应该为：在资本主义的生产条件下，劳动者在生产中与自身的劳动活动相异化，他不能自由且自主地支配自身的劳动活动，而只能跟它保持外在的关系，由此劳动者也就无权支配自身劳动的产品。这也就自然导致劳动者与自身的表征自由自觉的生命活动的类本质的异化，即劳动者与人的类本质的异化。人与人的本质的异化，也就推出人与人之间关系的异化。当从劳动者与劳动产品的异化关系推导到人与人之间的异化关系时，异化劳动的异化性就不单单表现为上述的四个方面，这种异化性更深地扩展为整个社会劳动关系的异化性上，"劳动的异化必将扩展为一系列社会关系的'相互异化'和分离"[①]，这些相互排斥的关系将贯穿生产、分配、交换与消费的全过程，这就实现了从劳动异化向社会关系异化的扩展。

马克思在《巴黎手稿》中对异化劳动的集中阐释，并不代表着异化劳动的完整的思想逻辑，对于异化劳动的阐发与批判贯穿马克思劳动批判的全过程之中，异化劳动的揭示与反剥削、反压迫是紧密关联在一起的，对于异化劳动具体形式的研究不是通过对异化范畴的抽象演绎得来的，而是对现实的劳动异化的真实处境的揭发。马克思从不满足对于异化劳动进行现象的描述，而是深入挖掘异化现象背后真实的资本与劳动的矛盾对抗关系，挖掘导致这种异化困境的根源并找到解决它的路径。《巴黎手稿》清晰地指认了异化劳动的内涵与表现形式，探寻了异化劳动的根源与扬弃的路径，但是在后续的文本当中，对于异化劳动的探求并没有结束。在《德意志意识形态》中，马克思指出当分工一出现，人们的社会活动就被固定下来，社会活动能聚的产物就成为统治我们、支配我们，与我们自身的愿望相悖的东西。这里已经从历史进程发展的角度来看待异化劳动，异化劳动在现实之中更多地以剥削与压迫的方式表现出来，劳动的异化获得一般的历史唯物主义的说明。在《1857—1858年经济学手稿》中，马克思分析了异化的实践的真正结构，通过对象性的实践活动，人的意愿与需求被客体化，同时自然界的原料状态成为社会环境的对象，形成了"第二自然界"。人的合乎目的的活动体现为对象性的结果，实践的主体的能力也在外移，实践过程就包括了客体的对象化与主体的对象化。对象化是实践过程的必然产物，并不一定带有异化的性质，只有在生产资料私有制的条件下才形成异化性的实践，资本主义的生产方式就成为异化的温床。"实践之异化地体现为对象性成果，这是劳动过程本身的异化。第二自然界作为人的实践活动的产品以直接形式与人相对立，这就是劳动的商品性产品的异化，而人的本质的异化了的外化，首先表现为工人个性的贫乏，而这种贫乏也是

---

① 刘秀萍：《马克思"巴黎手稿"再研究》，中国人民大学出版社，2013，第118页。

与资本主义生产方式的当事人彼此之间的相互异化有联系的。"[①]在《资本论》中马克思揭示了劳动异化的根源,认为资本主义的生产剥削与劳动的异化有着最本质的关联。

二、异化劳动的来历与根源

黑格尔错把人当成非对象性的唯灵论的存在物,因此对象化本身就被当成人的异化,而实际上只有在资本主义的生产条件下,主体才被对象所奴役,才真正表现出异化,马克思反对将对象化与异化等同起来。马克思揭示对象化向异化转变,即异化劳动产生的根源,是通过对私有财产在这一过程中的作用来进行分析的。劳动的对象化变为劳动的异化,劳动者变为异化的无产者,正是私有财产在其中发挥经济作用的结果。那么,异化劳动的真正根源是什么呢?

讨论点（一）：私有财产与异化劳动的关系

马克思曾在《巴黎手稿》中讨论过私有财产与异化劳动之间的关系[②],在马克思的论述中蕴含着异化劳动与私有财产的双重作用的关系：一方面,私有财产是异化劳动的结果与产物;另一方面,私有财产是异化劳动的根据与原因。可见,深入挖掘私有财产与异化劳动的关系,也就能寻得异化劳动的来历与根源。就像宗教当中神与人类理智迷误的关系一样,人类理智的迷误导致神灵的产生,而后神灵却转变为人类理智迷误的原因。私有财产在这里就相当于神灵,异化劳动就相当于人类理智的迷误。最初的劳动异化引起了私有财产的产生,而随着工业生产的发展,私有财产越来越成为劳动异化扩大的结果。而这一本质是不易被发现的,只有当私有财产发展到最高阶段的时候,私有财产与异化劳动的关系才会表征出来。私有财产既是异化劳动的产物,同时又是异化劳动得以实现的基础与手段。破除人类理智迷误（异化劳动）的入口就是神,即私有财产。而马克思在《巴黎手稿》当中着重讲述的也是私有财产是异化劳动的结果这一方面。

第一,私有财产是异化劳动的结果与产物。在现实的实践生活中,异

---

① [苏]伊·谢·纳尔斯基:《异化与劳动》,冯申译,湖南人民出版社,1983,第104页。
② 《马克思恩格斯全集》（第3卷）,人民出版社,2002,第277页。

化只有通过同他人实践关系才能表现出来。人对自身的异化关系只有通过对他人的关系才能成为对象性与现实性的关系。人与自身劳动产品的对象性的关系，就是对一个异己的对象的关系，它之所以与异己的对象发生敌对的关系，是因为有一个敌对的对象的主人的存在。人与自身劳动不自在的关系的产生，就是因为这种劳动活动已经成为服务于其他人、受其他人支配的活动。通过异化劳动，人不仅生产出与之异己的对象和行为的关系，更生产出"他人对他的生产和他的产品的关系，以及他对这些他人的关系"[1]。换句话说，异化劳动生产出了一个站在劳动之外的人对劳动的关系。这个站在劳动之外的人就是资本家，而站在劳动之外的人对劳动者的生产及其产品的关系就是私有财产的关系。私有财产是劳动者对自身的异化关系的产物与结果，因此，私有财产是异化劳动的结果与产物。这一方面其实解决了私有财产的起源问题，因为异化劳动是在资本主义发展阶段产生的，是具有一定的历史性的概念，因而作为异化劳动结果的私有财产只有在资本主义高度发达的阶段才能更充分地暴露出来，而暴露的就是人与社会财产的真实关系，而这也是私有财产的普遍本质。在资本主义的条件下，劳动归属于别人，劳动产品成为外化的私有财产，外化就转化为异化，外化也转化为占有。劳动者的劳动不属于劳动者自己，也就必然会被非劳动者占有，非劳动者也就占有了非自身的劳动活动。劳动者与非劳动者两方做的都是损害对方的事情，在劳动者那里表现为敌对的东西，在非劳动者那里也表现为异己的活动，而不是彼此确证对方。这就说明劳动者与非劳动者的关系只是利益的关系，而不是人与人之间的关系。通过劳动的异化，劳动产品归资本家所有，劳动的社会性质得以完成。私有财产使得人与真正的人相背离，使得人的财产与真正的人的财产相背离，这种相背离的本性可以总结为剥削与统治。

在私有制的作用之下，人的劳动是作为私有财产而存在的，对于劳动者来说，劳动活动就失去了人的活动的意义。劳动者与自身的劳动活动表现出异化性质，劳动活动成为了劳动者的外在的抽象性的存在。作为异化劳动拥有者的劳动者在现实的生活中已经表现为无。如果作为劳动的私有

---

[1] 《马克思恩格斯全集》(第3卷)，人民出版社，2002，第276页。

财产表明劳动者是作为一种主观的异化劳动而存在的话,那么作为资本的私有财产指明资本家是作为一种客观性的资本而存在。资本家的活动对象就是一般的抽象性的劳动,这种抽象性的劳动是与人的生命活动没有关联的异化劳动。作为资本的私有财产也就丧失了自然的与社会的特质,成为最普遍的形式与力量,对人实行统治。从劳动与资本的相互关系来看,它们各自同自身对立而又相互对立,劳动与资本失去各自的独立性,每一方之中都包含着对方。在私有制的条件下,劳动与资本不断相互作用,在消灭对方的基础之上达到对私有财产的消灭。作为私有财产主体本质与客体本质的劳动与资本,在生产活动之中相互作用,这种作用的结果就是异化生存困境的形成。那么,这就说明私有财产本身就是异化劳动的产物。

第二,私有财产是异化劳动的根据与原因。在社会主义的前提条件下,随着社会生产的发展,人们的需要也会不断增长并且不断精致化,从而在人的需要的促进下也会随之产生与之相应的新的生产方式与生产对象来满足人们新的需要。人的需要的增长是符合人的本质力量的,是人的本质的新的充实,因而随之带来的新的生产方式与生产对象也就应该是满足人的需要的手段。而在私有制的前提条件下,却呈现出一幅相反的矛盾的画面,一方面,随着生产的发展,满足人们生活与生产需要的材料在不断扩大,不断增多;另一方面,由异化的生产关系中产生出抽象与简单的需求,这种需求的增长反而是一种倒退,物质生产的发展反而消解了人们多样的需求。这是私有财产的作用下所产生的异化的图景:一方面是人的需要在支配他人的、异己的力量的作用下的不断增加;另一方面是人的需要的单一化、抽象化,以致货币成为人们最终的唯一的需要。每个人都力图创造一种支配他人的力量,这种力量能满足其利己的需要。对象世界的不断扩展,带来的是异化的存在物世界也在不断扩展,每一个劳动产品都成为敌对的力量的体现。而对货币的需要成为国民经济学的唯一真正的需要,不仅如此,国民经济学用货币与财富取代人的生命与人性,将货币作为人生产与生活的一切。货币本身作为一种购买能力,能做到它想办到的一切事情。货币的购买能力俨然已经成为支配与统治世界的力量。但马克思却反驳道,货币已成为奴役人的工具,成为湮没人性的手段。对货币的过分追求反而使得人们放弃了自身的生存需要。作为人的本质体现出来的任何一种存在都成为不合理的存在，人的任何一种感觉都不再以人的方式展现，而是以一种非人的方式，抑或以动物的方式体现出来。在私有制的作用下人的真正的需要逐渐退化，代之以粗陋的需要，只是最必需的与最悲惨的肉体生活的需要，人无论是在生活方面还是在享受方面都没有其他的需要。因此，贫乏无味的生活就成为普遍的标准，劳动者因此也就成为没有感觉的存在物，劳动者的劳动活动也就成为最抽象的机械的运动，与生命体现的劳动活动相对，这就产生了异化劳动。总结起来就是，私有财产的存在导致了人的需要变为粗陋的异己的需要，与之关联就产生了生产方式与生产对象的改变，从而也就造成了劳动者异化的生产状态的形成。因此，私有财产就是异化劳动的根据与原因。

讨论点（二）：分工与异化劳动的关系

学术界有一种关于异化劳动起源问题的说法："异化——这是客观的社会过程，它植根于对抗性分工的历史中，表现为物化劳动对活劳动、社会关系对人的变形统治。资本主义是令人厌恶的异化过程的温床。"①这种看法将异化劳动的根源归于对抗性分工，是否能够成立，需要我们从马克思的文本出发来进行分析。关于分工与异化劳动的关系问题，马克思分别在《巴黎手稿》与《德意志意识形态》中有过阐释。在《巴黎手稿》中，马克思从劳动异化的范围探讨分工。劳动活动是人的生命外化的表现，分工就是"人的活动作为真正类活动或作为类存在物的人的活动的异化的、外化的设定"②。马克思将分工设定为作为人的真正类活动的异化的形式，当劳动被认定为私有财产的本质时，分工也就自然成为财富生产的动力。同时，在《巴黎手稿》中，马克思反思了国民经济学家对于分工的论述。分工是人的本质力量的外化的表现，是私有财产的形式。国民经济学关于分工的论述表明其是以社会特殊的利益为基点的，马克思因而强调的是私有财产对于分工的意义。在《德意志意识形态》中，分工与私有制作为同义语而出现。真正的分工是从物质劳动与精神劳动的分离开始的。除此之外，分工使得社会生活之中的诸多环节的分离成为现实。之所以将分工与所有制相关联，看成是一样的，是因为分工同时带来了分配的不平等。无

---

① [苏]伊·谢·纳尔斯基：《异化与劳动》，冯申译，湖南人民出版社，1983，第145页。
② 《马克思恩格斯全集》（第3卷），人民出版社，2002，第353页。

论是从分配的数量上还是从质量上考量，由于分工的不同，分配就不同。分工与私有制作为同义语，一个是就活动本身而言，一个是就活动的产品而言①。只要分工不是出于自愿，还有个人利益与公共利益之间的对立，就说明分工还处于自发形成的阶段。那么，人的劳动活动对其自身来说就还是对立的劳动能力，与人的自由与自主的力量相对，人的劳动活动成为一种异己的力量。可见，在自然形成的分工中，人的劳动是他自身的本质力量的对象化，但同时劳动与资本已经开始分离，伴随着异化的现象已经存在，但是劳动与资本还是处于互相推动与互相促进的作用之中。在真正的分工出现之后，出现了不平等的分配，也就自然产生了私有制。分工与私有制是同一过程的不同的表现形式。因而劳动者的劳动失去了作为自身活动的自主性，转而替他人活动，劳动者的劳动产品成为异己的力量。从这个意义上来讲，随着分工的出现及其不断深化，劳动异化产生并不断加深，分工与私有制共谋而成为异化劳动产生的原因。

讨论点（三）：劳动本身的二重性与异化劳动的关系

这里面谈到的劳动的异化已不仅仅是异化劳动本身、异化劳动本身的发展阶段及其派生形式，而是指与异化劳动有因果关系的剥削与压迫。而此时的探讨范围就从《巴黎手稿》上升到《资本论》，因为在《资本论》中马克思揭示了资本剥削的秘密，是对《巴黎手稿》中异化劳动的本质的阐释。劳动异化就起源于劳动本身的二重性，即抽象劳动与具体劳动的对立关系，抽象劳动对具体劳动的支配与统治。马克思从分析劳动过程入手，论述资本家用货币购买劳动力与生产资料，劳动力与生产资料结合在一起进行生产，劳动对象与劳动资料都已不是劳动者自身设定的，而是外在于自身的人所设定的。那么，这种生产所产生的结果必然是积累起来的死劳动形成对活劳动的支配。劳动者自身劳动力的耗费与其得到的补偿相差甚远，资本家正是通过提前预付工资的形式掩盖了劳动者劳动力的真实耗费，从而使得资本对劳动的剥削转化为对等的交易。人类抽象的劳动耗费形成商品的价值，而生产特殊的有一定目的的劳动的耗费生产使用价值，抽象劳动与具体劳动的这种分离，使劳动者与劳动对象之间的人与物的关系掩

---

① 《马克思恩格斯文集》（第 1 卷），人民出版社，2009，第 536 页。

盖了人与人之间的对抗关系，从而为剥削的资本对劳动的统治关系画上了一层浓妆。其背后真实的关系恰恰是劳动的异化。消极意义的抽象劳动使得劳动者只能通过出卖自身的劳动来养活自己，却并不能以自身的劳动来表现自己的生命，正如洛维特所说："当劳动只是防止赤裸裸的生存的损失时，他的整个生命也就被颠倒为生命的手段。"[①] 从这个层面来说，异化劳动的四种表现形式就可以解读为：劳动者与劳动产品的异化其实是积累起来的抽象劳动的成果对具体劳动对象化的否定；劳动者与劳动行为的异化其实就是抽象劳动支配与统治具体的感性活动的异化过程；劳动者与人的类本质的异化其实就是抽象劳动对具体的感性活动的异化程度已经加深到精神异化的阶段；人与人之间的异化是抽象劳动对具体劳动统治与支配所造成的异化的社会关系，即资本主义的社会关系。

三、异化劳动的批判与扬弃

通过上文的分析，我们已经知晓了异化劳动产生的根源，异化劳动的表现形式。而马克思对于异化劳动的阐释并不只是为了揭示资本对劳动的剥削，更是想以此为基础探寻破除异化的路径，马克思对异化劳动的批判与扬弃是紧密结合在一起的。

第一，马克思劳动异化批判的进阶桥梁。反观马克思对异化劳动的批判，其批判跨越了层层中介，包括费尔巴哈哲学、国民经济学、赫斯哲学与黑格尔哲学。对其进行分层剖析，才能透视马克思思想进化的理路。

马克思明确指出费尔巴哈哲学的伟大功绩，指认思辨哲学不过是人的本质异化的存在方式，是通过思维加以阐释的宗教，从而确立了真正的唯物主义和实在哲学，将基于自身的肯定东西与称之为否定之否定对立起来，确立了要从感性确定的东西出发。黑格尔从逻辑上抽象的与普遍的东西出发，而费尔巴哈扬弃了无限的东西，设定了现实的、感性的、实在的东西。否定之否定之中所包含的标识自我肯定和确证的因素被看作需要得到证明的肯定，因而只有以自身为根据的感性确定性的肯定才是正确的。黑格尔

---

① [德] 卡尔·洛维特：《从黑格尔到尼采》，李秋零译，生活·读书·新知三联书店，2006，第125页。

将人的各种属性与人本身分离开来，也就把人的抽象的性质绝对化了。由于黑格尔唯心主义与阶级妥协的局限性，在黑格尔的学说中存在对抗面的调和，这实际上是对异化的调和。而黑格尔哲学中可被继承的批判因素和方法也被费尔巴哈一并抛弃，费尔巴哈没有注意到黑格尔哲学中的合理因素，并在理解人与社会的关系时犯了同黑格尔一样的错误。费尔巴哈将人作为出发点，但是这个人所生活于其中的世界他并没有关注，因此这个人始终还是宗教哲学中的抽象的人。什么使这个人成为人，构成这个人的独立的基础是什么，费尔巴哈并不能对其进行解释。而费尔巴哈在这方面的弱点主要在于其只是把黑格尔的辩证法看作是纯粹和抽象的认识论方法，他不能参透社会生活与实践和哲学问题之间的真正的关联。马克思将类概念引入异化劳动理论之中，把自由自觉的活动作为人的类本质以相异于工人的不幸与非人的生活状态。从而在关涉人类生存的根本意义上表达人的本真状态，这也是对异化状态下工人困苦生活的批判性否定。

《来自瑞士的二十一印张》中的论文《行动的哲学》与《论货币的本质》构成赫斯的两大代表作。如果我们将赫斯的文章与《巴黎手稿》进行比对会发现，其异化史观、人的内在本质和共产主义思想等都有某些相似的思想意蕴。国内外学界对于马克思与赫斯的影响关系有过较为深入的探讨，从科尔钮，日本学者山中隆次、畑孝一和广松涉，再到国内的侯才和张一兵教授等，都就赫斯与马克思的关系和影响阐明了自己的观点。科尔钮认为赫斯在费希特和费尔巴哈的影响下形成自身的思想，《行动的哲学》中的实践概念和《论货币的本质》中的异化概念对马克思产生了影响，并从《行动的哲学》到《论货币的本质》实现了对费希特的依赖性减弱，对费尔巴哈的依赖性更强的转变。山中隆次和畑孝一否认科尔钮的结论，指认赫斯对马克思的《巴黎手稿》没有什么实质性的影响，赫斯和马克思之间存在着巨大差异。而广松涉则夸大了赫斯与马克思之间的影响关系，认为《巴黎手稿》就是马克思开始接受赫斯哲学范式的开端，当时的赫斯已经完成了马克思在《巴黎手稿》中所实现的思想转变。日本学者良知力对广松涉夸大赫斯的影响进行了反驳。侯才教授从"费尔巴哈之于赫斯的影响"的角度来考察赫斯的思想，认为赫斯对费尔巴哈的思想经过了"转向—接纳—批判"的历程，而《论货币的本质》在论述主题和某些观点上都与《巴黎手稿》有相似的地方。张一兵教授认为《论货币的本质》和经济异化的思想影响了马克思。赫斯以国民经济学为背景，认为人的本质是一种交往关系，并进一步从交往关系角度来论证人的本质的社会实现问题，将共同交往与协作看作人的本质。而通过对赫斯和马克思文本的比对并结合国内外学者就赫斯与马克思影响关系的研究，韩立新教授则认为要客观地看待赫斯与马克思的关系，既不贬低也不要太抬高。笔者赞同韩立新的观点，实事求是地理顺他们之间的关系成为研究"费尔巴哈-赫斯-马克思"之间批判关系的关键。赫斯经历了从费希特转向费尔巴哈的思想历程，在《行动的哲学》中赫斯提到应运用行动来改造旧有的观念，确立人的劳动主体性。而费希特哲学中体现出来的个人主义和无政府主义并不符合赫斯所倡导的个体与类统一的思想。到了《论货币的本质》中，赫斯就从费希特转向了费尔巴哈，吸取了费尔巴哈人的类存在的思想，人也就被看作是在类生活中为了一切人的共同利益而活动的。同时，赫斯想把行动的哲学落到实处，费尔巴哈的宗教批判正好满足了其对社会现实批判的要求，因此费尔巴哈的异化概念就被赫斯运用到对资本主义经济现象的分析上，通过对货币异化的研究揭示人本质的异化。赫斯认为在私有制条件下，作为交换手段的货币超出交换的范围而发生了异化，导致人与人之间的异化关系。赫斯在《论货币的本质》中通过货币这一概念所进行的人的本质异化和经济异化的逻辑论证模式，影响到了《巴黎手稿》中的货币章，推动了马克思转向经济学研究，形成市民社会批判理论。同时，马克思并不局限于此，在劳动和实践的基础上挖掘其背后的生产力根源，以及异化对社会结构和人类社会所带来的影响，在深化经济异化理论的同时创立了唯物史观，这是马克思超越赫斯的地方。赫斯的异化只能局限于交往领域，不能深入生产劳动阶段，而马克思抓住了人的劳动的本质，将其理论拓展到生产关系，超越了赫斯旧哲学的人本主义立场和哲学共产主义，提出了以共产主义的革命消灭私有制，实现人的本质复归的道路。

第二，对私有财产的批判与扬弃。"自我异化的扬弃同自我异化走的是一条道路"[①]，异化劳动的产生与劳动异化的自我扬弃走的是同一条道路，

[①] 《马克思恩格斯全集》（第 3 卷），人民出版社，2002，第 294 页。

那么，对其的批判与对其的扬弃走的也是同一条道路。对异化劳动的扬弃就需要从其批判的要点入手，超越其理论局限。对于异化劳动理论来说，我们在前文中已经论述了其与私有财产、分工及劳动二重性的关系，归根结底，资本主义是异化劳动产生的温床，私有制是资本主义的基础与根据，那么，对私有财产的批判与扬弃就是对异化劳动的批判与扬弃。

私有财产意味着人本质的丧失，对其批判就是重新复归人的本质。"私有制社会的核心与根本点是人的劳动的异化，也就是现实的、有生命的人的异化。"[①]在私有财产的统治与支配下，人作为对象性的存在物在对象之中不能自主地表现自身的生命，人的生命的外化就代替了人的生命的表现。因此，人也就失去了全部的对象性的世界。人与人之间只能在货币等媒介的作用下才能建立联系，而在每个人自由与自主的活动的基础之上所建立的人与人之间的关系不复存在。对私有财产的扬弃就将使人重新复归人的本质，使得人能够通过自身的实践活动变革人与自然的关系，从而证明自身。

私有财产意味着劳动与资本的对立与对抗，对其批判就是超越谋生劳动。私有制的生活的主题就是劳动与资本的相依相斥。劳动者通过自身的劳动活动建立起与外部世界的联系。对于劳动者来说，劳动对象与他无关，劳动的产品与他无关，外部世界不为其存在，不为其选择与改造。与之相斥的外部世界都与资本家相关联。而对于资本家来说，他与外部世界的关联也不过是劳动者的谋生劳动及其劳动产品。无论是劳动者还是资本家，人与外在世界的关系对于他们来说都是人与物的关系，人与人之间的关系都是以物的方式在运作。在这个意义上看，人自身就成为人的异己的对象。而对私有财产的扬弃就是超越谋生劳动，打破资本与劳动之间的物的关联，重新建立劳动与资本的相依相谐的关系。

在《巴黎手稿》中的"私有财产和共产主义"一章，马克思从资本与劳动的对立关系立论来阐述共产主义。劳动与资本的对立关系已然成为解答劳动异化的现实路径，只要还没有将穷人与富人的对立归结于劳动与资本的对立之上，那么，就不能真正找到破解劳动异化的突破口。马克思在

[①] 刘秀萍：《马克思"巴黎手稿"再研究》，中国人民大学出版社，2013，第153页。

这里借鉴了黑格尔的逻辑哲学,从差别、对立到矛盾的演化,从矛盾开始才真正出现矛盾的扬弃。而从劳动与资本的对立关系入手来分析问题,马克思认为就已经开始进入矛盾扬弃的阶段。从资本与劳动的对立出发找到资本主义社会形态本身的矛盾的根源,这样,共产主义就是将实存的人的对象性活动置于自身的控制之下并与自身同在的实践方式。共产主义不仅仅是对私有财产的剥夺,而是由他生产的对象性的世界的全面重新占有和获得,实存的人就拥有了对象性的现实性,世界因此成为他的世界,他的生产方式不是外在于他而是可以证实和确证他的。工业资本是私有财产的完成了的客观形式。劳资对立达到起点,这种状态就必然会成为全部私有制关系发展的最高阶段,也是其走向灭亡的顶点。可见,当劳动与资本对立达到辩证顶点时,共产主义就应运而生。共产主义是私有制社会中异化劳动矛盾发展的必然产物与结果,是解决劳动异化的手段。

马克思将扬弃劳动异化的落脚点归结于共产主义,因而共产主义不是现成的理想,共产主义是积极扬弃劳动异化的核心,共产主义本身就是一个过程,是融于现代社会发展过程之中的。对于作为积极扬弃异化的共产主义,马克思曾对之有过一段经典论断[①],这里就不再赘言,而从马克思的这段话中我们可知扬弃异化,复归人本质的共产主义的相关意涵:

共产主义是为了人而对人的本质的真正占有,是向合乎人性的人的复归。扬弃了私有财产基础上的人的异化,人的存在就不再是作为抽象的劳动人的存在,而是作为真实的人的存在,人在自身劳动活动与劳动产品中确证自身,人的存在就能体现人的本质。人的劳动活动也就成为自由与自主的活动,这是向合乎人性的道路的复归。

共产主义的复归是在以往发展的全部财富的基础上生成的。共产主义既是对资本主义的反叛,但是同时又必须经历资本主义阶段的发展才能顺利过渡到社会主义甚或共产主义。这里面的全部财富既包括历史运动所带来的经验的现实的存在,同时也包括对这一历史现实运动理解与认知思维意识运动的全部成果。一方面人们要不断进行物质生产,创造物质财富,另一方面还要对物质运动的过程进行认识与反映,从物质层面与精神层面

---

① 《马克思恩格斯全集》(第3卷),人民出版社,2002,第297页。

共同超越劳动异化的困境。

共产主义是完成了的自然主义=人道主义。自然主义突出自然的优先性，强调人是自然的一部分；人道主义强调人是世界的主宰，人是世界的根据。而马克思的共产主义是完成了的自然主义与完成了的人道主义，与费尔巴哈相区别。马克思的自然界是人化自然，存在的自然界是由人的活动塑造的。马克思的自然主义不是片面强调自然，将人在自然界中地位凸现出来，因此是人道主义的自然主义。马克思的人道主义不是片面强调人的主体地位，而是也看到了人是自然的一部分，人的劳动活动必须遵循自然规律，因此是自然主义的人道主义。

共产主义是人的本质方面的全部矛盾的真正的解决。在异化劳动的活动范围之内，人的存在与人的本质相背离。扬弃私有财产，代之以共产主义就是为了使确证自身的对象性的活动成为人走向自由与解放的真正途径，从而消除人与类本质的异化。

摆脱异化劳动就是摆脱私有财产产生的剥削与压迫。而这种摆脱就需要通过对世界进行共产主义的改造，这种改造活动只能通过人们自身的劳动活动来进行。共产主义作为扬弃私有财产的完成形式，是对异化劳动批判与扬弃的产物。共产主义意味着人们之间新的关系的建立和人们新的精神世界的创建。

第二节　雇佣劳动的批判思想

雇佣劳动随着资本主义生产关系不断成熟而实现大规模的发展，进而成为资本主义社会普遍存在的劳动形式。从本质上看，异化劳动是雇佣劳动的内在规定，雇佣劳动的异化性质主要体现在雇佣劳动者与劳动本身的异化与疏离，作为确认人本质的劳动在资本主义生产条件下与人自身相分离。这就需要打破雇佣劳动产生与存在的前提条件，消灭私有制，使劳动者的劳动活动向着劳动解放的方向演进。

一、雇佣劳动的内涵与表现

雇佣劳动形式的出现可以追溯到原始社会末期，它与奴隶劳动制度并存，随着商品交换与财富差别的出现而产生。雇佣劳动大规模的发展是在工业革命带来生产变革，商品经济迅速发展，资本主义生产关系不断成熟的时期。在资本主义社会，雇佣劳动关系成为生产的主导关系，雇佣劳动制度成为资本主义建立的基础与前提，雇佣劳动成为资本主义社会普遍存在的劳动形式。雇佣劳动不是资本主义社会才产生的劳动形式，却是在资本主义社会得到大力发展，并成为具有政治经济学与哲学意蕴的劳动形式。

可以说，马克思对于雇佣劳动的考察贯穿其思想的始终，经历了逐渐深化的过程。在《巴黎手稿》中，马克思在［笔记本Ⅰ］"资本的利润"中引用舒尔茨的《生产运动》的段落出现了雇佣劳动，并在［笔记本Ⅱ］"私有财产的关系"中出现了"雇佣工人"一词。可见，在《巴黎手稿》中，马克思还没有形成对于雇佣劳动概念的完整的指认，但看到了资本家与工人之间的斗争关系，资本家却牢牢占据上风，资本家之间的联合是卓有成效的，工人之间的联合往往是徒劳无功的，还会给自身带来恶果。工人对资本家的天然依赖性决定了工人无法摆脱这种境地。在一定意义上说，马克思在《巴黎手稿》中指出了资本家与工人之间不可调和的矛盾；在《神圣家族》中，马克思已经开始明确使用雇佣劳动概念，此时马克思的革命唯物主义世界观正在进一步形成，而对雇佣劳动的阐释更多地关联无产阶级觉醒的阶级意识，无产阶级由于其在资本主义制度下所遭受的苦难与所处的地位而能够自己解放自己，消灭一切惨绝人寰的生活条件，证明人民才是历史的真正创造者；在《哲学的贫困》中，马克思揭露了雇佣劳动制度的剥削实质，"不管商品相互交换的条件如何有利，只要雇佣劳动和资本的关系继续存在，就永远会有剥削阶级和被剥削阶级存在"[①]；在《雇佣劳动与资本》中，马克思第一次围绕雇佣劳动与资本的关系对雇佣劳动概

---

① 《马克思恩格斯文集》（第1卷），人民出版社，2009，第756页。

念进行了系统而全面的考察。马克思论述了雇佣劳动的产生是一个历史发展的过程，而其产生又离不开资本，资本只有在雇佣劳动制度下才能实现自我增殖，雇佣劳动只有在资本的统治与奴役下才能存在，雇佣工人的命运取决于资本。换句话说，雇佣劳动与资本互为前提，相互产生，相互作用，并且相互制约；在《1857—1858年经济学手稿》中，马克思对雇佣劳动进行了严格意义上的经济学界定，认为这种雇佣劳动关系的产生需要具备四个条件：主观的活劳动能力与客观现实的要素相分离；存在物化劳动能够再生产或保存活劳动能力提供物的条件，为生产剩余劳动提供客观材料；这种生产不能直接占有他人的劳动，而是必须向劳动者购买劳动而换取劳动；物化劳动必须以创造价值作为最终目的，而不能将最终享受使用价值作为终极目标。这里的雇佣劳动不是泛指而是特指资本主义社会制度下的资本家雇佣工人进行剩余价值生产的劳动形式；在《1861—1863年经济学手稿》中，马克思指出工人自身作为商品的劳动需要一整套的历史条件，只有有了这些条件，雇佣劳动才能产生。并且雇佣劳动与资本表现为一种统治的关系，雇佣劳动是资本形成的必要条件，是资本主义生产的必要前提。作为资本主义生产劳动的雇佣劳动不是绝对形式而只是劳动的历史形式。雇佣劳动制度是资本主义的基本生产形式，劳动转化为雇佣劳动就需要资本在其中发挥作用；在《资本论》中，马克思对雇佣劳动进行了系统详尽的分析，阐明了资本主义生产方式的形成过程及其历史发展的趋势，揭示了资本统治与剥削雇佣劳动的秘密，论证它们本身必将生成新的生产关系以代替现实雇佣条件。

马克思以雇佣劳动为基点分析资本主义生产方式与经济关系的规律，看到了资本主义生产所带来的空前的物质财富，也看到了雇佣劳动制度下劳动者的异化困境。纵观文本，我们可以对雇佣劳动概念认知进行两个方面的总结：

第一，雇佣劳动是一个具有历史性的劳动形式。雇佣劳动的历史性体现在：雇佣劳动的产生经历了一个历史发展过程。这一点在马克思的文本当中有多处体现，"劳动并不向来就是雇佣劳动，即自由劳动"[①]。在奴隶

---

① 《马克思恩格斯文集》（第1卷），人民出版社，2009，第716页。

制时代，奴隶连同自身的劳动永久卖给自己的主人，奴隶本身是商品。在农奴制时代，农奴只出卖自身劳动的一部分，土地所有者从他那收取贡赋。而后才出现自由劳动者以出卖自己的劳动为其工资的来源，雇佣劳动者的存在离不开购买者阶级即资本家阶级。可见，雇佣劳动的产生是历史不断演进的结果；雇佣劳动终究会被自由劳动所取代，而不会是一种永恒的劳动形式。从其产生的前提来看，劳动者与劳动资料相分离，从而使得劳动力所有者失去了保障其独立生存的生活资料与生产资料，只能将其自身作为商品，成为资本增殖的源泉，劳动力成为商品就成为雇佣劳动产生的前提。从劳动过程来看，雇佣工人的劳动过程也就成为在资本的支配之下创造剩余价值的过程，以代替个体劳动者借助劳动资料进行独立劳动生产的过程。从劳动结果来看，雇佣工人所生产的产品就成为资本的产物，而不再是劳动者自身劳动本质力量的确证。资本主义社会下的雇佣劳动具有剥削性，当资本对劳动的剥削达到顶点的时候，也就是雇佣劳动制度走向消亡的时候，以物的依赖性为基础的社会将被个人全面发展的社会所替代；雇佣劳动本身就是一个具有社会历史内蕴的概念。在此基础上，认识资本主义生产关系的内在矛盾才能捕捉隐藏其后的人与人之间的关系的物化与异化，才能使得对资本主义的批判走上历史唯物主义的道路。雇佣劳动的历史性不仅体现在其历史发展的历程上，更体现在其本身所凸显的马克思唯物史观的深层内蕴，是一种立足于现实社会关系的劳动哲学批判，从而达到改造世界的目的。从这个层面来看，雇佣劳动与历史唯物主义达到了深度的契合，并以此耦合而达成相互建构的关系。雇佣劳动的历史性就在两个层面上体现出来，一方面表征为其产生、发展及消亡的历史历程，另一方面表征为其本身所显现的唯物史观的内蕴。

　　第二，从本质上看，雇佣劳动就是异化劳动。雇佣劳动是异化劳动的现实表现，而异化劳动是雇佣劳动的本质体现。（1）雇佣工人与劳动资料相异化。私有制的生产前提就是资本家占有生产资料，一无所有的劳动者不得不依靠出卖自身的劳动力来换取生活资料，包括生活资料在内的全部劳动条件就成为资本的帮凶而同劳动本身相对立，成为统治并支配着劳动者个人权利的物品表征。（2）雇佣工人与劳动产品相异化。雇佣劳动的劳动产品不属于雇佣工人，而完全属于提供生产资料的资本家。而雇佣工人得到的只是维持自身生存所需的最低的工资,"工资是原有商品中由资本家用以购买一定量的生产性劳动力的那一部分"①。雇佣工人的劳动产品不仅不能满足劳动者的生活所需,反而成为资本家剥削自己的工具。(3)雇佣工人与其劳动过程也是异化关系。雇佣劳动的劳动过程包括必要劳动过程与剩余劳动过程两部分。而为资本家生产剩余价值的劳动过程不是劳动者自愿而为的,并且剩余劳动过程并不能为劳动者创造任何价值,却是雇佣劳动者必须接受并进行的劳动。劳动者为了生存而劳动,劳动者真正生活的开始只有在其劳动结束时才开始,劳动者在劳动过程之中遭受着资本的钳制、奴役、监督与强迫,"资本是死劳动,它像吸血鬼一样,只有吮吸活劳动才有生命,吮吸的活劳动越多,它的生命就越旺盛"②。(4)资本主义社会中人与人之间关系的异化。在雇佣劳动制度下,资本家与雇佣工人之间的关系是不对等的,相依又相斥。资本家不断迫使劳动者为其创造剩余价值,这是其资本增殖本性决定的。而雇佣工人为了生存又必须依靠资本家,这又会使雇佣劳动者的处境更加艰难。随着生产力的发展,雇佣工人之间、资本家之间都会形成激烈的竞争关系,这就使得整个资本主义社会都处在一种异化的境地。从以上四个方面来看,雇佣劳动本质上就是异化劳动,只要资本主义雇佣劳动制度存在,异化劳动就会一直存在。在资本主义生产体系下,一切创造与发展生产力的工具都会变成剥削与统治劳动者的手段,使得劳动者越发被贬低为经济发展的附庸。劳动条件越发恶劣,劳动者的劳动越发成为折磨,"投入生产的资本即生产资本增加越快,从而产业越繁荣,资产阶级越发财,生意越兴隆,资本家需要的工人也就越多,工人出卖自己的价格也就越高"③。

  异化劳动作为雇佣劳动的内在规定,其对资本主义的批判实现了从现象学层面向本质层面的跃升。雇佣劳动的异化性质主要体现在雇佣工人与劳动的异化与疏离关系上,作为人的本质的劳动活动在资本主义的生产条件下却使得个人与自身的劳动相疏离。马克思主要从资本主义生产关系使得工人无法把控自身的劳动的角度来解构劳动者与自身劳动相疏离所产生

---

① 《马克思恩格斯文集》(第1卷),人民出版社,2009,第731页。
② 《马克思恩格斯全集》(第42卷),人民出版社,2016,第228页。
③ 《马克思恩格斯文集》(第1卷),人民出版社,2009,第728页。

的异化问题。同时，雇佣劳动本身就包含着自由与异化的因素。在雇佣劳动形式中，劳动者拥有劳动力的所有权，这是一个巨大的历史进步；同时，劳动者失去了生产资料与生活资料，从而雇佣劳动更多地表现为异化劳动。雇佣劳动本身的自由与异化的性质是与资本的性质相关的。在马克思的语境当中，对雇佣劳动的自由与异化的矛盾体的解读正是其本身的历史性的外显。

二、雇佣劳动的来历与根源

从马克思的文本出发追溯雇佣劳动产生的根源，我们会发现马克思关于此问题的论述主要集中在《德意志意识形态》《共产党宣言》《雇佣劳动与资本》与《资本论》这几篇文献中。雇佣劳动的产生取决于两个基本的条件，即劳动力成为商品和劳动资料与劳动者分离，而这两个条件的产生的前提就是私有制成为统治与支配的力量，因此，私有制就成为雇佣劳动产生的根源所在。在私有制的统治作用下，资本与雇佣劳动相互产生，相互制约。

（一）从雇佣劳动与资本的关系看雇佣劳动的根源

马克思在《雇佣劳动与资本》中对于两者的关系进行了详尽的阐述，这里面也就道明了资本对于雇佣劳动产生的基础性作用。我们无法回避的一个事实，就是资本时代的到来给世界带来了翻天覆地的变化，资本已然成为现代世界真正的统治力量与原则，支配与照亮着现代社会。在资本的世界中，增殖是其唯一的目的，这也是其生存的本能，竭尽其不变的生产资料部分榨取尽可能多的剩余价值是资本的生存法则。马克思将资本看作是劳动者贫困的根源，在资本原则的统摄下，雇佣工人的劳动就成为一种异化劳动。在《巴黎手稿》中，马克思从哲学层面批判了雇佣制度下工人的异化处境。我们追随着马克思更加关注的雇佣劳动与资本的相互作用关系，对于其相互作用的分析更有利于解析雇佣劳动的来历与根源。

首先，雇佣劳动是资本产生的前提。资本的产生需要除了劳动能力以外一无所有的无产阶级，劳动力成为商品是货币转化为资本的基础与前提。而货币转化为资本之后就成为一种社会力量，它能借交换活的劳动而保存下来并不断增殖。换句话说，过去积累起来的物化的死劳动支配着活劳动，积累起来的劳动才能成为资本①。资本的实质也就表现为劳动者的活劳动成为替积累起来的死劳动充当保存自身并增殖的手段。从中我们就可以看出，资本对雇佣劳动的统治与剥削。劳动者用自身的劳动力换得生活资料，而资本家用其所有的生活资料换得劳动者的劳动能力。这种能力不仅可以补偿劳动者自身所消费的东西，并且还能额外创造更大的价值。劳动者为了生存而把自身的生产力让给了资本家。对于资本家来说，劳动力是生产性的，而对于劳动者来说，其劳动力是非生产性的，它用劳动力换得的生活资料会被消费掉，只有不断与资本家进行交换才能重新获得生活资料。

其次，资本是雇佣劳动产生的前提。资本作为一种独立的社会力量，它的使命就是不断进行价值的增殖，无休止地谋取利润是其运动的目的。马克思分析到，在商品流通领域不可能实现价值的增殖，剩余价值的创造只能在生产领域当中实现。剩余价值来源于劳动者的剩余劳动，而剩余劳动的创造者即雇佣工人也就因此产生。雇佣劳动者由于其使用价值是价值的源泉，也就决定其命运将与资本相关联，正是因为资本对劳动者进行雇佣，才产生了雇佣关系，才产生了雇佣劳动。当资本消亡时，雇佣劳动也就自动取消。

可见，资本没有雇佣劳动就不能称其为资本，雇佣劳动没有资本就不能称其为雇佣劳动。从一定意义上说，资本就是雇佣劳动，雇佣劳动就是资本。资本只有购买劳动力，才能支配与统治劳动，如果买不到劳动力，资本本身就会因此消失。生产资本的快速增长竟成为劳动者生存的必要条件。而资本的增长实际上就是死劳动对活劳动支配能力的增强，就是资产阶级对无产阶级统治力量的增强。雇佣劳动生产着对它起支配作用的、与它敌对的资本，而同时它也从资本那里取得生活资料，以使资本快速增殖为条件。从这个角度看，雇佣劳动与资本就达到了统一，但是这种统一是说其是同一种关系的两个方面，而本质上更多地表现为对立的关系，马克思曾做过一个形象的比喻："一个方面制约着另一个方面，就如同高利贷者

---

① 《马克思恩格斯文集》（第1卷），人民出版社，2009，第726页。

和挥霍者相互制约一样。"[①]

(二)雇佣劳动产生的两个基本前提与条件

我们分析了雇佣劳动在资本的作用之下得以产生,但是具体梳理雇佣劳动的产生过程会发现有两个条件必须得到满足,雇佣劳动才能成其为本身。这两个基本的前提与条件就是劳动力成为商品及劳动资料与劳动者相分离。

首先,劳动力成为商品。资本家如果想要使其资本实现价值增殖,就需要在市场上发现一种不一样的商品,对它的实际使用就是劳动本身的物化,是创造价值的过程,其使用价值就是价值的源泉。这种特殊的商品就是劳动力。只有当生产资料的所有者在市场找到能够自由出卖自身劳动力的工人时,才能为资本产生创造必要条件,资本才会出现,而资本的产生又是雇佣劳动产生的前提与基础。如果劳动力不能成为商品,资本与劳动力就不能进行交换,雇佣劳动的关系就不能产生,所以我们说劳动力成为商品是雇佣劳动产生的前提之一。而劳动力所有者如果将自身的劳动力当作商品出卖就必须具备各种条件,即劳动力所有者必须能够支配自身的劳动力,必须是自身劳动力的自由的所有者。劳动力所有者与资本所有者在市场上以平等的身份出现,不同的是一个是买者,一个是卖者。劳动力所有者必须始终将自身的劳动力只出卖一定时间才能保证其总是将自身的劳动力当作自己的财产,他在让渡自身的劳动力时不放弃对其所有权。劳动力所有者除了自身的劳动力之外,没有可以出卖的劳动物化的商品,不得不将自身活的劳动力当作商品出售。劳动力之所以能够成为商品,不是一蹴而就的,而是以往全部历史发展的必然结果,是打破与消除旧的社会生产关系之后所得的结果。劳动力商品跟其他商品一样,具有使用价值与价值,劳动力商品的价值是由再生产它所耗费的社会必要劳动时间决定的。劳动力的生产是以活的个体的存在或再生产为前提的。生产劳动力商品所需的时间就可以归结为维持其生存的生活资料所需的劳动时间。此外,劳动力商品的生活资料的价值包含着一个历史与道德的因素,因为满足其必不可少的需要的方式是历史的产物。劳动力商品的使用价值与价值的实现

[①] 《马克思恩格斯文集》(第1卷),人民出版社,2009,第728页。

在时间上是分开的。换句话说，它的价值在其进入流通领域时就已经确定了，而它的使用价值只能在生产领域才能得到实现。劳动力的让渡与使用的分离也恰恰是资本雇佣劳动力的原因，这种分离促使资本价值增殖的实现。

其次，劳动资料与劳动者相分离。资本家占有生产资料使得生产资料与劳动者相分离，而资本家占有生产资料是资本主义私有制的必然结果。劳动者除了自身的劳动力外一无所有，如果劳动者拥有生产所需的劳动资料的话，那么，劳动者就可以自行进行生产，而恰恰相反，劳动者没有任何实现其劳动力所需的东西。就像一个皮革匠，没有皮革就不能做皮靴，一个面点师，没有面粉就不能制作面包一样，一个人没有任何的生产资料，就像失去了臂膀一样，失去了劳动的工具与手段。正是劳动条件与劳动本身的分离与对立，构成了资本的存在条件，也使得劳动成为雇佣劳动。资本同劳动力相交换，只有引起雇佣劳动的产生才能增加；雇佣工人只有在使奴役它的力量增强时才能生存。在现实的生产活动中，雇佣工人只能在规定的时间之内生产自身所需的部分生活资料，这部分的价值表现就是资本家付给雇佣工人的工资，但资本家并没有将雇佣工人在剩余劳动内创造的价值分给劳动者，而工资只能维持雇佣工人最低的生活所需。在这种生产模式下，雇佣工人得到的只能勉强满足其生活所需的资料，不能通过自身的劳动活动使其生产与生活得到真正的改善，也就不能通过自身的劳动活动而获得生产资料。反而随着生产资本的增加，劳动者受雇佣的程度会不断加深。资本对于雇佣工人来说就是一种异己力量的存在，雇佣劳动制度本身就是建立在资本家与雇佣工人之间统治与被统治的关系之上的。

（三）私有制才是雇佣劳动产生的真正根源

劳动力成为商品及生产资料与劳动者相分离成为雇佣劳动产生的基础与前提，而这两者的前提是私有制。私有制的产生与社会分工的出现是雇佣劳动产生的根源，正是因为私有制才使得劳动资料与劳动者相分离，正是由于社会分工才使得雇佣工人的劳动活动简单化、机械化，加重了资本对雇佣工人的剥削。

在私有制的统治下资本不断积累，资产阶级不断壮大。资本在少数人手中不断积聚是私有制统治下的一种必然结果，一种自然趋势。作为资本人格化的资本家及在此基础上形成的资本主义的统治阶级即资产阶级，也在这一过程之中不断壮大。资产阶级通过自由竞争来为自己开辟发展的道路，它会将"把一切民族甚至最野蛮的民族都卷到文明中来了"①，"它按照自己的面貌为自己创造出一个世界"②。在这个新世界中，我们每一个人都变得愚蠢而片面，一切对象只有作为资本才是存在的，只有被我们直接占有，被我们完全使用才是我们的，占有一切对象成为生产与生活的手段，我们生活中的吃、喝、住、穿等行为都成为为占有而服务的工具。劳动活动成为为私有制服务的手段，与之相连就催生了雇佣劳动制度。没有资本的占有欲望，没有实现资本增殖的念想，雇佣劳动关系也就不会产生，"资产阶级生存和统治的根本条件，是财富在私人手里的积累，是资本的形成和增殖；资本的条件是雇佣劳动"③。

私有制唤起人的新的需要，但却是扭曲与异化的需要。在私有制的统治范围内，在占有资本的欲望驱使下，每一个人都力图创造一种支配他人与异己本质的力量，以便满足自身的利己的需要。这种支配他人的力量就是千方百计地唤起别人的新的需要，以便形成一种占有与依赖的关系与地位。由于处于依赖的地位上，人们被迫做出牺牲来满足自身的偶然与外在的需要。这种偶然与外在的需要是相对于人的必然与内在的需要而言的。在私有制的前提条件下，我的劳动活动完全是为了得到生活资料，为了继续生存下去。因此，我的劳动活动也就成为生命的外化。而我的需要和个性与我自身不断疏离，以致劳动活动本身成为我痛苦的根源，这种劳动活动就是虚假的、外在的，对我而言是被迫进行的活动。这种异化的劳动活动加在我身上，只是由于外在的与偶然的需要促使的，是异化与扭曲的。随着这种异化与扭曲的需要不断增长，压制人的异化的王国也会不断扩张，因此产生的新的劳动产品成为相互欺骗与掠夺的剥削力量。这种扭曲与异化的需要促使资本对劳动的占有与剥削不断加重，促使雇佣劳动应运而生。

从历史的演进过程看私有制与雇佣劳动的关系。资产阶级社会从封建

---

① 《马克思恩格斯选集》（第1卷），人民出版社，2012，第404页。
② 《马克思恩格斯选集》（第1卷），人民出版社，2012，第404页。
③ 《马克思恩格斯选集》（第1卷），人民出版社，2012，第412页。

社会里产生,不但没有消灭阶级对立,反而使得阶级矛盾更加单一化,即社会日益分裂为资产阶级与无产阶级的对立。这不过是用新的压迫条件与斗争形式代替了旧的。马克思在《共产党宣言》中对于私有制与资产阶级的产生进行过追溯:资产阶级从市民等级中产生,而自由的市民等级是从中世纪的农奴中间最初诞生的。通往美洲与非洲的新航路的发现为新兴的资产阶级开辟了活动场所,资产阶级势力的发展就促使着封建社会内部革命的因素不断增长。这种革命因素促使人与人之间除了赤裸裸的金钱关系以外,再也没有其他关系了。这种剥削与掠夺变得直接起来,随意践踏人们的脸面与尊严,那些在货币交换基础之上的温情脉脉、侠肝义胆,都是假象,其背后的暗箭伤人、欺行霸市,才是真相。仿佛世间的一切都可以用金钱来进行交换,金钱成为人们追求的一切与唯一。人们真正追求的自由、平等、公义与爱都被没有良心的买卖所贩卖。而在《德意志意识形态》中马克思指认,每一个民族的生产力与分工的发展程度决定了各民族之间的相互关系,"各民族之间的相互关系取决于每一个民族的生产力、分工和内部交往的发展程度。这个原理是公认的。然而不仅一个民族与其他民族的关系,而且这个民族本身的整个内部结构也取决于自己的生产以及自己内部和外部的交往的发展程度。一个民族的生产力发展的水平,最明显地表现于该民族分工的发展程度"①。分工的发展导致了商业劳动与工业劳动的分离,从而每一劳动部门中个人的分工也愈来愈细致。城市与乡村的分离只有在私有制的范围内才能存在,是以劳动与交换为基础的所有制的开始,在这里劳动是凌驾于个人之上的力量。在工业发展、竞争不断的社会之中,每一个人生存的一切片面性与制约性都与私有制有关,都与劳动相关。私有制统治下的雇佣劳动制度是大工业发展的必然产物,也成为最终的核心支配力量。分工从其产生之初就伴随着劳动资料(劳动条件、劳动工具等)的分配,同时也伴随着各个私有财产者之间的分配,伴随着劳动力所有者与资本所有者之间的分配,也就伴随着劳动与资本的分离,私有制是从资本积累中发展起来的,这就表明其与劳动相对立。

---

① 《马克思恩格斯文集》(第1卷),人民出版社,2009,第520页。

三、雇佣劳动的批判与扬弃

通过前文的分析，我们已经知晓了雇佣劳动的基本内涵、表现特征与产生根源。而马克思对雇佣劳动的阐释最终的落脚点应该是雇佣劳动的批判与扬弃，从而指出资本主义社会的发展过程本身就是一个自我扬弃的过程，通过对雇佣劳动的批判揭示资本主义本身的历史发展趋势与规律，为无产阶级革命提供精神武器。资本主义建立在对工人的奴役与剥削的基础之上，这就决定了无产阶级革命的必然。可见，马克思对雇佣劳动的批判是包括批判与建构的双重维度的。

第一，对雇佣劳动的批判，揭示资本主义的历史发展趋势与规律。对雇佣劳动的异化本性的批判。资本主义下的雇佣劳动将一个人的自由自觉的劳动活动贬低为谋生存的低级手段与工具，而令人困惑的是一个通过劳动活动创造世界的人只有在不劳动的时候才是自由的。这是资本主义雇佣劳动的异化性质，也是马克思对雇佣劳动的批判。劳动者的劳动及其所创造的劳动产品全部归购买了劳动力的资本家所有，他"把劳动本身当作活的酵母，并入同样属于他的各种形成产品的死的要素"[1]，这整个过程之中的全部产品都归资本家所有，就像是酒窖中所有发酵的产品都归酒窖主所有一样[2]。在资本主义雇佣劳动制度的支配下，就会产生作为生命表现的劳动活动需要通过物化的商品形式才得以存在的悖论。鲜活的劳动者就会成为抽象性的劳动者，商品世界的物的增殖会不断地带来人的世界的贬值。

对雇佣劳动批判的真正指向是资本主义本身。雇佣劳动作为资本主义生产的主要劳动形式，对它的批判不仅仅指向劳动过程的异化性质，更是对资本主义生产方式的批判，这是从资本主义本身的矛盾运动出发对它进行的科学的批判。虽然资本主义的生产方式极大地发展了社会生产力，有其存在的社会历史意义。但资本主义的生产劳动包含着生产的界限，因而引发生产过剩的经济危机。资本主义的社会生产劳动的生产目的只会带来

---

[1] 《资本论》（第1卷），人民出版社，2008，第216页。
[2] 《资本论》（第1卷），人民出版社，2008，第217页。

物质财富的极大丰富，而不会促进人的本身发展。这种生产劳动既是资本主义生产方式的特殊的历史性产物，但同时又为新的生产方式的创造提供了物质基础。

在《1857—1858年经济学手稿》中，马克思立足于广阔的历史视野，分析了以人与物的关系为标准的社会发展的三个阶段：起初的社会形态是以人的依赖关系为基础的，在此阶段，人本身的生产能力还只能在比较有限的范围内发展。第二个社会发展形态是以物的依赖性为基础的，在此阶段，已经形成了普遍的物质交换，人的多方面的需求及能力体系。第二个阶段为第三阶段创造了条件，第三个阶段是人的全面发展及共同的社会生产能力基础之上的社会发展形态①。资本主义的生产方式就归属于第二个发展阶段。以物的依赖性为基础的人的独立性正是资本主义生产方式的基本表现，以此为基础，就形成了广泛的物质交换与人的交往关系，而这为向个人全面发展社会的演进提供了物质前提，同时也说明了资本主义生产方式的历史暂时性。这是对资本主义社会历史发展做出的正确的判断与指认。与资本主义雇佣劳动相对照的劳动形式是自由劳动，是主体在彻底摆脱外在奴役之后所出现的主体性劳动活动。在此基础上，人类社会将会实现"必然王国"向"自由王国"的历史性转变与飞跃。在自由王国里，人的生产能力会得到大发展，这个生产能力对人来说是作为目的的存在。但是，只有经历过必然王国的发展，自由王国才会应运而生，才能真正走向现实。

从历史的观点看，一定的历史理论总是植根于特定社会的经济生活和关系之中，缺乏这一基础的历史理论只能是一种意识形态。在青年黑格尔派看来，人们之间的一切关系都只是意识的产物。这样的一种意识形态束缚着人们的思想，妨碍着人们的脚步，必须真正地摆脱与替换掉这种意识，改为一种批判的意识来看待世界，考量世界。意识领域的改变就要求置换一种对待与处理事物的方式，从而消除束缚人们手脚的限制。而马克思所期望的是找到改变现实生活状况的方法，以求得人的真正的解放，"哲学家

---

① 《马克思恩格斯全集》[第46卷（上册）]，人民出版社，1979，第104页。

们只是用不同的方式解释世界,而问题在于改变世界"[1],对于雇佣劳动的扬弃就是改变世界的开始。

第二,消除私有制,实现对雇佣劳动的扬弃。一种历史生产形式的矛盾的发展(这里尤指雇佣劳动的异化性质的扩展),是其劳动形式本身瓦解与新劳动形式创建的历史发展。对于雇佣劳动的扬弃就要从其根源入手,消灭私有制才能消灭雇佣劳动制度,这一过程就是将人们从被奴役的、被支配的劳动境遇当中解放出来,走上自由的与自主的劳动活动的道路。随着大工业的发展,资产阶级占有劳动产品的基础本身被抽掉,它在不断地生产着自身的掘墓人。伴随着社会革命的到来,资本主义生产劳动中的异化形式也就会消失,从而指正了人类的对象性关系的真正存在,在感性的劳动活动中实现人的主体本质,确认了人的基本存在方式。马克思对于人的存在方式的探究就从劳动入手,进而从劳动产品的价值和使用价值入手,阐释二者的矛盾,得出劳动与资本的矛盾根源,通过对劳动问题的深入探究,找到扬弃人的异化的合理方式,实现人的真正的解放和自由,这一思路总结起来就是:"人的异化的生活方式——现实的人——实践(人的存在方式)——劳动与资本的矛盾与扬弃——人的自由和解放"。在自由劳动的基础上,劳动就不仅仅是谋生的手段,也是生活的第一需要,物奴役主体的现象将会消失,人将获得最终的解放。联合起来的社会化的劳动者,能够自由并合理地调配物质资源,从而使得一切劳动资料成为为其所用的有用之物,在最无愧于人的本质的基础之上来进行物质的变换,而这始终还是一个必然王国,只有当一切被外在目的性所规定的劳动活动彻底消失的地方,自由王国才有可能出现。从这里可以看出,自由王国存在于一切物质生产领域的彼岸。

在《雇佣劳动与资本》中,马克思将资本作为一种社会关系的历史存在物来看待,雇佣劳动与资本的对抗关系作为历史存在物也必然会有其发展的限度,这也就为解除二者的对抗关系提供了思想准备。在《共产党宣言》中,马克思概括了雇佣劳动与资本对抗的发展限度并阐述了解决危机的可能路径。马克思首先指出一切社会的历史都是阶级斗争的历史,而到

---

[1]《马克思恩格斯文集》(第1卷),人民出版社,2009,第506页。

了资本主义社会,阶级矛盾简单化和单一化了,即只有资产阶级和无产阶级的矛盾。现代资产阶级本身是一个历史长期发展的产物,曾发挥过非常革命的作用,资本主义在其夺得统治地位还不到一百年的时间之内,就创造了比它之前的任何时代都要大的生产力①。现代资产阶级连同其所有制关系在创造巨大生产资料的同时,却也创造了其自身所召唤出来的魔鬼——生产过剩的危机。当社会所拥有的生产力已经不能再促进资本主义生产关系的进步,也就是说,资本主义的生产关系已经发展到成为生产力继续发展的阻碍,生产力已经增长到资本主义生产关系无法容纳的地步时,就会使得整个资本主义所有制的地位遭到威胁,使得资本主义社会陷入停滞不前的地步②。当资产阶级的生产关系无法再容纳资本主义社会的生产力的巨大发展时,无产阶级的产生就是必然结果,也是资产阶级自身发展限度的终局。正如马克思所说,资产阶级不仅亲手创造了敌对的与毁灭性的武器,还创造了使用这些武器的人,即无产阶级③。无产阶级是真正革命的阶级,无产者只有消灭全部至今存在的占有方式,摆脱雇佣工人为增殖资本而生活的境况,才能获得社会的生产力。这样,在资产阶级社会中,活劳动不过是增殖已经积累的劳动的手段;而在共产主义社会中,已经积累的劳动是为扩大和丰富劳动者生活的手段。在资产阶级社会中,资本成为剥夺劳动个体独立性的罪魁祸首;在共产主义社会中,任何一个人都有占有社会产品的机会,但是它反对利用这种占有的形式来剥削他人的行为。无产阶级在消灭牵制它的生产关系的同时,也就消灭了阶级对立存在的条件。代替着那存在着阶级与阶级的旧社会的,将是这样一个社会,在这个社会当中,每一个人的自由而全面的发展是一切人自由而全面发展的条件④。可见,扬弃雇佣劳动旧制度的将是能促进每一个人自由而全面发展的劳动新形态与新制度。

---

① 《马克思恩格斯选集》(第1卷),人民出版社,2012,第405页。
② 《马克思恩格斯选集》(第1卷),人民出版社,2012,第406页。
③ 《马克思恩格斯选集》(第1卷),人民出版社,2012,第406页。
④ 《马克思恩格斯选集》(第1卷),人民出版社,2012,第422页。

第三节　国民经济学劳动理论的批判思想

国民经济学的劳动理论因其对于资本主义劳动生产制度的解读与辩护，而成为马克思劳动批判的又一对象，相对于异化劳动与雇佣劳动的批判，对国民经济学劳动理论的批判是从马克思劳动批判理论本身生成的角度进行的解读与阐释。本节通过对国民经济学劳动理论生成的系统阐述，总结与归纳其劳动理论的内在硬核，从而探索马克思对国民经济学的劳动理论批判与超越的路径。

一、国民经济学的劳动理论

国民经济学这一词汇最早出现在 18 世纪的欧洲，意大利人奥特斯首次使用。就其本质来说，国民经济学是一门致富学，虽说在古希腊时期就已涉及商品的价值问题，但此时只是就经济生活的现象所进行的描述，还不能成为完整和科学的经济学观念。国民经济学真正成为思想是以资本主义经济实践的发展为基础的。劳动是国民经济学生产和发展的关键枢纽概念，也是使其理论体系陷于内在矛盾，以致摇摇欲坠的根源，更是马克思批判国民经济学的入口。

劳动作为一般原则性概念出场经历了漫长的过程，近代资本主义生活从重商主义开始，在商业资本占统治地位的情况下，重商主义将社会财富的源泉归之于流通领域的货币。当产业资本随着生产力的发展取代商业资本而占据社会统治地位时，劳动的地位不断凸显，威廉·配第是第一个肯定劳动是社会财富源泉的国民经济学家，开启了对劳动价值理论的最初探索。重农主义进一步将问题研究的视角转向生产领域，而到了亚当·斯密，他将社会财富价值的创造归之于劳动一般，李嘉图作为古典经济学派的集大成者，进一步确认了劳动作为价值的源泉。直到庸俗经济学派的出现，国民经济学俨然成为论证资本主义是最后的、绝对的和永恒的社会形态的工具和武器，国民经济学的劳动概念也在这一演进历程中生成。

（一）国民经济学劳动理论提出的准备阶段

重商主义,是新兴资本主义的最初的经济学说。在资本主义发展初期阶段,商业资本占据主导地位,此时重商主义成为分析经济样式的主要思想。重商主义研究的主要问题集中在如何保持经济的繁荣等具体问题上,它们更多的是从经济生活之中总结经验,注重对经济事件的分析而未能上升到理论层面的高度。因此,我们说重商主义只能成为国民经济学的前史,也必定成为国民经济学劳动概念正式提出的准备阶段。晚期重商主义已将财富的象征从金属货币扩大到物质财富,但是终究不能脱离从流通领域来寻找财富的源泉的局限,都片面地强调商品的自然属性,即使用价值。

重商主义者把金银货币作为财富的唯一象征,只是就商业经济活动的现象进行简单总结和概括,并不能认识到货币背后的交换价值与价值之间的辩证关系,更不能认识到货币只是经济活动交换的手段,并不能代表全部的财富。货币其实只是资本的一种表现形式。但就重商主义开始关注经济领域并对其进行分析来说,其已将人们的视线转向经济生活,为国民经济学劳动概念的提出准备了思想前提。

（二）国民经济学劳动理论的正式提出及发展

重商主义之后,重农主义将理论研究的视角由流通领域转到生产领域。作为重农主义的代表,杜阁将资本理解为积累的价值,这个价值来源于土地收入。只要人们通过自身的辛勤劳作,可以从他每年的土地收入当中获得多于其花费的劳动产品时,他就可以将剩余的部分留存,这部分留存下来的劳动产品就成为资本[①],这种积累起来的资本是农业资本。他们认为只有农业才是生产的真正部门,只有农业才能创造产品,只有投在农业上的资本才是生产资本。马克思肯定重农主义在这一方面上的贡献,魁奈作为重农学派的创始人,第一次将政治经济学的基础建立在资本主义之上。但是,马克思也看到了重农学派的局限性,因此认为其学派在这样做的时候更像是一个土地所有者的租户在发言[②]。在《赋税论》中,配第初步提出了商品的交换价值是由劳动决定的思想。两种商品之所以能够进行交换

[①] 杜阁:《关于财富的形成和分配的考察》,南开大学经济系经济学说史教研组译,商务印书馆,2009,第 54 页。

[②] 《马克思恩格斯选集》（第 4 卷）,人民出版社,1995,第 631 页。

是因为生产它们耗费了等量的劳动,因此这种商品的价值就相等。但此时,配第还不能明确指认和区分价值、交换价值和价格三者之间的关系。此外他还论述了商品价值与劳动生产率之间的关系,即商品价值与劳动生产率成反比。在配第那里还谈不上对劳动价值理论的系统阐述,其理论体系还存在明显的混乱:把作为交换价值源泉的劳动与作为使用价值的劳动混为一谈,不能区分抽象劳动与具体劳动;以商品中包含的劳动的比较量决定商品的价值,而不是以社会必要劳动时间进行比较;把货币作为价值的真正的表现形式,而没有看到货币只是一般价值形式的最后阶段的产物。

斯密超越农业部门的狭隘局限,把工业和手工业都作为财富的创造者,任何一个生产部门的劳动都被看成是财富的源泉,可以说,斯密的劳动概念理论既总结了此前国民经济学的劳动理论,又进一步提升和确证了劳动理论,也为后来的研究者提供了充足的理论素材和空间。斯密的劳动概念理论创建,主要为以下几个方面:

第一,劳动被指认为财富的唯一真实源泉,并以劳动为起点创建了完整的古典政治经济学体系。在亚当·斯密的《国民财富的性质和原因的研究》序论中,他明确指出国民财富的源泉是劳动,一国的国民每年所进行的劳动活动就成为这一国一切生产与生活所需的产品的源泉,"构成这种必需品和便利品的,或是本国劳动的直接产物,或是用这类从外国购进来的物品"[①]。一国国民生活所需的全部必需品和便利品全部来自劳动,这就从本质上指认了在社会财富的来源问题上,斯密已将问题的视角由商业资本和流通领域彻底转向产业资本和生产领域。斯密对财富来源的劳动指认具有划时代的意义。在此基础上,斯密展开论述了包括劳动工资、利润和地租在内的完整的政治经济学体系,其理论体系恰好适应了英国资产阶级发展的需要。

第二,劳动成为衡量一切商品交换价值的真实尺度,并且构成一国全部劳动年产物的商品价格由三部分组成:工资+地租+利润。斯密指出世间的一切财富都是用劳动购买的。一个物品的交换价值都必须恰好等于其拥

---

① [英]亚当·斯密:《国民财富的性质和原因的研究》(上卷),郭大力、王亚南译,商务印书馆,2005,第1页。

有者所消耗的劳动的价值，等于其本身的劳动支配权①。劳动就成为一切商品交换价值的真实尺度，这种真实性就体现在其作为商品价值尺度的普遍性与正确性上。也就是说，只有用劳动作为标准才能衡量与比较一切地方的任何商品的价值。将劳动作为衡量一切商品交换价值的尺度就意味着国民经济学已经从经济现象上升到一般问题的研究，标志着国民经济学已经成为一门科学，交换价值的尺度经历了特殊物品—货币—劳动的演变。并且，斯密指出一国劳动产物的商品价格是由工资、利润和地租共同构成的，这三者也就因此成为一切交换价值的根本来源。社会中存在的一切其他的收入形式都应该归结于这三者的其中之一②。这是古典政治经济学对分配问题的基本观点和理论。这一理论是将劳动、土地和资本看作创造价值的生产要素，它论证了资本主义生产的合理性和合法性，掩盖了其剥削的本质。

第三，劳动包括生产性劳动和非生产性劳动两个部分。亚当·斯密指出生产性劳动与非生产性劳动的区分主要在于能否能够增加生产物品的劳动价值，如果可以生产价值，就被称为生产性劳动，反之，则被称为非生产性劳动。斯密以制造业工人的劳动与家仆的劳动作为对比来说明，制造业工人能将维持自身生活所需的价值与提供雇主利润的价值通过自身的劳动加到原材料之上，不会随生随灭；相反，家仆的劳动却不能增加任何价值，随生随灭，像律师、牧师、医师、演员和歌手等职业也是。因此，雇佣工人是致富的做法，而雇佣家仆则是致贫的祸根。投入生产性劳动与非生产性劳动的基金比例的不同，也会导致一个国家中人们的勤劳与懒惰的性格差异。斯密对生产性劳动与非生产性劳动的划分，无意间透露其对有形商品制造业的重视，将劳动与物质规定性联系在一起，虽然非生产性劳动也有自身的价值，但是只有生产性劳动才能增加国民财富。换句话说，只有为资本家生产利润的劳动才是生产性的劳动，其他一切劳动即使对社会有益，也是非生产性劳动。这种划分还是有其进步性的：它将重农主义

---

① [英]亚当·斯密：《国民财富的性质和原因的研究》（上卷），郭大力、王亚南译，商务印书馆，2005，第27页。

② [英]亚当·斯密：《国民财富的性质和原因的研究》（上卷），郭大力、王亚南译，商务印书馆，2005，第47页。

的狭隘的农业劳动扩展到从各行各业的具体劳动抽象出的"劳动一般",为马克思展开对其理论批判提供了理论支撑。

大卫·李嘉图作为古典政治经济学派的集大成者,其著作《政治经济学及赋税原理》在批判继承和发展亚当·斯密的劳动价值论的基础之上完成,并成为古典政治经济学的巅峰之作。李嘉图的全部理论都是以提高资本利润和促进生产力发展为宗旨的,并将阶级对立看作社会发展的自然规律,因此达到了政治经济学的理论极限。李嘉图的劳动概念理论的创建,主要为以下几个方面:

第一,进一步确证了劳动是创造价值的唯一源泉,对劳动时间决定价值做了深入分析,在这一基础上着重研究了分配论。李嘉图认为劳动价值论是分析资本主义分配关系的基础,对商品价值的研究是考察分配的锁钥,因此价值理论就成为其理论体系的基础。李嘉图承袭了斯密的劳动决定价值的观点,同时,李嘉图批评了斯密在劳动价值论方面的不彻底性,并将其进一步确认为:"投在商品内的劳动量,支配商品的交换价值;劳动量增加,商品价值大,劳动量减少,商品价值低减。"[1]李嘉图纠正了斯密关于使用价值与交换价值的错误认识,认为使用价值与交换价值具有千丝万缕的联系,使用价值是交换价值的前提,实际上成为交换价值的物质承担者。这就明确指认出一个物品的效用并不能成为交换价值的真正尺度,但是如果没有使用价值,交换价值就没有存在的意义。也就是说,一个没有使用价值的商品,无论它多么稀少与珍贵,只要它不能满足我们的需要与欲望,都不会有交换价值。李嘉图的一个主要功绩就在于把自身的研究范围限定在生产商品的价值上,并认为商品的价值是由生产时所耗费的劳动时间决定的。如前所述,斯密在论述商品价值决定时出现了悖论,价值既决定于所耗费的劳动又决定于所购买的劳动,提出了两种不同的价值的标准尺度。斯密认为在资本主义生产方式下,商品的交换价值包括三个部分,即工资、地租和利润。李嘉图明确指出:"决定诸商品相对价值的,是劳动所能生产的商品量的大小,不是报酬劳动的商品量的大小。"[2]生产商品所耗费的劳动量可作为标准指示他物的价值,而所购得的劳动却是变动不居的,因而

---

[1] [英]大卫·李嘉图:《政治经济学及赋税原理》,郭大力、王亚南译,译林出版社,2011,第2页。
[2] [英]大卫·李嘉图:《政治经济学及赋税原理》,郭大力、王亚南译,译林出版社,2011,第4页。

不能测定他物的价值,"可是这两种劳动量,事实上并不相等。前者往往能够指示他物价值的变动,是一个不变的标准;后者却是可变的,不能测定他物价值的变动"①。李嘉图对斯密双重标准尺度的评判是正确的,但是他却不能指认斯密的错误根源。斯密和李嘉图都不能明白区分劳动和劳动力,不了解劳动价值等量的商品可以购买和支配一个能创造价值的活劳动。李嘉图认为商品先形成价值,然后才能进行分配,因此收入在各个阶级中的分配不会影响商品的价值,价值是首位的,而收入只是价值的派生物。商品价值无论怎样分配都不会影响劳动时间决定价值的原理。因此,我们说李嘉图对"劳动时间决定价值"原理做了最深入的分析。

第二,区分了简单劳动与复杂劳动、直接劳动与间接劳动、个别劳动和必要劳动。李嘉图区分了简单劳动和复杂劳动,复杂劳动是多量和多倍的简单劳动。简单劳动与复杂劳动主要是在量上的区别,这一差别的存在不会影响劳动时间决定商品的价值,商品的价值既包括生产该商品所直接耗费的劳动所创造的价值,也包括生产资料转移的价值,这也就是李嘉图所说的直接劳动和间接劳动。直接投在商品生产中的劳动就是直接劳动,投在生产工具、原料和机器等生产资料上的劳动就是间接劳动。在同一劳动过程中新创造的价值和转移的旧价值其实是同时进行的,这种直接劳动与间接劳动的区分反而将之看成是两种行为,因此是其局限性所在。李嘉图区分了个别劳动和必要劳动。所谓必要劳动就是在最不利条件下所必需耗费的劳动量,不仅包括制造商品本身所耗费的劳动,连生产资料的耗费也包括在内。决定商品价值的劳动是必要劳动,"生产商品的必要劳动的节省,必致减少商品的相对价值"②,而不是每个生产者所实际耗费的劳动,但是他并没有明确提出社会必要劳动时间的概念。商品价值的大小与生产商品所耗费的劳动时间成正比,与劳动生产率成反比。

李嘉图和斯密都混淆了商品的价值和交换价值,不了解同一生产过程中新价值的创造与旧价值的转移是如何完成的。这也就不可避免在理论发展的后期产生困境,形成了众所周知的"李嘉图难题",它包括两个难题:

第一个难题是资本与劳动的交换与价值规律之间的悖论,即如果承认

---

① [英]大卫·李嘉图:《政治经济学及赋税原理》,郭大力、王亚南译,译林出版社,2011,第3页。
② [英]大卫·李嘉图:《政治经济学及赋税原理》,郭大力、王亚南译,译林出版社,2011,第9页。

资本家以自己的生产资料雇佣工人生产产品，工人由此获得工资，工资是其劳动的货币表现的话，在价值规律的作用下，资本家的利润就不能产生；如果承认雇佣劳动中劳动者出卖的活劳动大于工资中包含的劳动的话，利润也就产生了，但是又违背了等价交换的价值规律。

第二个难题是无论资本的有机构成（不变资本，可变资本）如何，等量资本都会获得相等的利润，即由于资本有机构成的不同，对于两个数量相等的资本来说，无酬劳动的占有量不同，剩余劳动的占有量就不同。在价值规律的作用下，这两个资本是不能获得相同的利润的。如果要使两个等量资本获得等量利润，就需要使有机构成低的商品按照低于价值的价格来出售，而有机构成高的商品需要按照高于价值的价格出售，这又破坏了价值规律。

马克思在古典政治经济学劳动价值论的基础之上，科学而完满地解决了李嘉图的两大难题。要解决第一个难题，就要首先承认资本确实实现了增殖并进而找到增殖的秘密，而要解决第二个难题，就需知道剩余价值来源于可变资本的增殖，而国民经济学家往往将不变资本和可变资本当成全部预付的资本，剩余价值就成了全部预付的产物，剩余价值就成为利润。利润率会随着资本在各部门的转移而趋于平衡，达到平均利润，而价值就转化为生产价格并按照市场价格来进行交换。市场价格的波动受供求关系的影响，这并不违反价值规律。而要解决这两个难题是站在资产阶级立场上的李嘉图学派万万不能做到的，这也就导致了古典政治经济学本身陷入了困境。

（三）国民经济学劳动理论的庸俗化

正如顾海良教授曾指出的："19世纪30年代以后，西方主流经济学家留存的不偏不倚的学术研究逐渐地让位于豢养的文丐们的争斗，公正无私的科学探讨让位于辩护士的坏心恶意，李嘉图学派不再可能发展劳动价值论，只可能曲解、庸俗劳动价值论。"[①]与国民经济学相比，庸俗经济学家将资本主义制度看成是社会制度的最后的和绝对的形式。马克思就曾指出：应将庸俗经济学家与"我们所批判的经济学研究者"区别开来，他们只是

[①] [英]大卫·李嘉图：《政治经济学及赋税原理》，郭大力、王亚南译，译林出版社，2011，第15页。

用政治经济学的语言翻译了资本家的诉求,他们的论述不是客观的,而是具有辩护性的和有偏倚的。例如西尼尔的"最后一小时"、萨伊的资本要素论、马尔萨斯的人口论,特别是詹姆斯·穆勒对李嘉图的劳动价值论的庸俗化和麦克库洛赫对穆勒的再庸俗化,使李嘉图在这些庸俗化中走向衰败和解体。

回顾国民经济学劳动概念的理论生成历程,我们会发现,劳动概念经由重商主义、重农主义、斯密和李嘉图的发展,已被确认为价值创造的唯一源泉,为马克思批判和改造劳动价值论提供了理论资源。而国民经济学的理论局限性甚至庸俗经济学的故意曲解,都成为马克思劳动批判理论形成和发展的阶梯。马克思在《莱茵报》和《德法年鉴》时期开始关注国民经济学,面对令人困惑的物质利益问题,马克思由政治领域走向经济领域,开始了吸取、批判和超越国民经济学劳动理论的历程。

二、国民经济学劳动理论的批判

通过对马克思文本的系统梳理,我们发现,马克思对国民经济学劳动概念的批判存在两个维度的阐释,即存在论层面的批判与政治经济学层面的批判,这两个层面相互对照,共同构成马克思对国民经济学劳动概念的批判内容。

(一)马克思对国民经济学劳动理论存在论层面的批判

第一,马克思对国民经济学劳动理论存在论层面的批判。在《巴黎手稿》中,马克思以"私有财产和劳动的关系"为着眼点,分别展开论述了"私有财产与异化劳动""私有财产的关系""私有财产和劳动""私有财产和共产主义""私有财产和需要"等板块和片段,对恩格斯所指认的"资本与劳动的对抗关系"进行拆分式解读和复刻式的再现。并以"私有财产和劳动"为主线,鲜明地指出国民经济学劳动概念所隐藏的矛盾和悖论,并为其破除悖论提供了可能性路径。

马克思根据斯密理论的展开逻辑对工资、资本的利润和地租一一进行了批判,总结出国民经济学的劳动概念主要包含着这样几重性质与要义:

(1)其是"有害的、招致灾难的"[①]。马克思从国民经济学的阐述中得出劳动本身如果就其增加社会财富而言,就是有害的和招致灾难的,这种性质是针对劳动者本身来说的。(2)其是片面的和抽象的。这种片面性和抽象性体现在:国民经济学将劳动者本身看成是靠抽象劳动为生的人,当作工人来考察。这样,国民经济学就不考察不劳动时的工人,也就是不把工人当作人来看。国民经济学抽象地将劳动作为物,那么劳动就是商品,就要受到供求关系的影响。可是按照国民经济学的基本原理,劳动不是商品,它并不是自由交换的产物。这种矛盾的产生都来源于其抽象与片面的劳动性质。(3)其是谋生的活动。马克思明确指认在国民经济学的体系中,劳动仅仅以谋生活动的形态出现[②]。这就说明在国民经济学家看来,工人只被当成劳动的工具,跟能够进行劳作的牲畜无异,只需提供其维持肉体生存需要的物品即可。(4)资本是积蓄的劳动,资本对劳动进行统治。在资本家看来,工人的劳动是创造财富的源泉,而资本又是对劳动及其产品的支配权力,资本是积累的劳动似乎就成为顺理成章的事情。而实际上,作为劳动生产者的工人只得到很少的劳动产品,这里又出现了矛盾,其产生的本质就在于资本与劳动真实关系的误读。资本应是活劳动的积累,而不是劳动的积蓄。国民经济学理论中资本与劳动的天然统一关系,其实是资本对劳动进行统治的理论庇佑。马克思对国民经济学劳动概念性质归纳的四个要点,在国民经济学的原著中却呈现出另一种图景:分工是社会劳动生产力提高的根源;分工的产生在于人们的交换倾向,因为利己心,人们都需要满足自身;劳动是商品交换的真实尺度,劳动的价格由工资、利润和地租组成;劳动与资本的天然和谐与统一;由劳资统一而得来的社会各阶级的共同富裕。两副面孔的真实对照,就映射出国民经济学劳动概念二律背反现象的形成机理,这也是马克思对国民经济学劳动概念批判的主要基点所在。

我们不应该置身于虚构的原始状态之中,而应该从国民经济学悬置的私有财产出发,指明国民经济学从私有财产的本质中产生出来的一般的和抽象的公式如何产生。经过追问我们会得出,劳动才是私有财产的本质,

---

[①] 《马克思恩格斯全集》(第3卷),人民出版社,2002,第231页。
[②] 《马克思恩格斯全集》(第3卷),人民出版社,2002,第232页。

这里的劳动是抽象的、片面的、异化的。作为私有财产本质的劳动不仅可以创造社会的财富，还同时生产了劳动者的持续贫困。因此问题的关键，即国民经济学劳动概念的二律背反现象的根源，就在于财产私有制的存在，在私有制的界限范围内，劳动与资本的对立是不可能消除的。只有超越这个界限，即消灭私有制，才能彻底消除国民经济学劳动概念的二律背反现象。

国民经济学从私有财产的事实出发，没有跟我们说明劳动与资本的分离以及分离的原因。而其错误的根源就在于对作为私有财产本质的劳动概念的理解上。从国民经济学提出"资本是积蓄的劳动"可以推出劳动与资本的天然同一；国民经济学提出分工源于人们的自然交换，实际上他们是在使用价值即物的有用性的层面来理解的劳动一般。在此种论域中，劳动者所最终支配的产品数量就归结为最低工资，利润与地租也就天然地获得了存在合理性。而马克思对国民经济学劳动概念存在论层面的批判，就在于从劳动概念本身入手破除劳动概念的存在根基。马克思指出国民经济学的劳动概念应该是抽象劳动或者说是异化劳动。分工的产生本身不是自然交换的倾向，而是生产力的发展导致私有财产的出现，劳动与资本的分离所致，而这却是国民经济学未经批判的前提。以私有财产为前提的分工不过就是异化劳动的社会性的体现。劳动者的抽象劳动通过交换转化为价值，这里的抽象劳动就不再仅仅反映财富增长的自然属性，而是劳动概念本身历史性与社会性的体现，即反映出资本对劳动的强制与占有，资本家与劳动者的对立关系。国民经济学无法从社会历史性的角度来理解和考察劳动概念，也就必然导致其理论的二律背反，可见，劳动概念成为国民经济学理论之倾覆而马克思的政治经济学革命得以展开的秘密所在。

（二）马克思对国民经济学劳动理论政治经济学层面的批判

亚当·斯密和大卫·李嘉图被马克思称为古典政治经济学最优秀的代表。斯密是英国古典政治经济学理论体系的建立者，李嘉图是英国古典政治经济学的完成者，他们以劳动为基点所建立的劳动价值及相关理论成为资本主义经济运转的"圣经"，也为后来的研究者提供了发挥的空间与素材。因此，以斯密和李嘉图的劳动理论为研究的焦点和批判的对象是恰当的。首先，对斯密的劳动概念的批判主要集中在以下几点：

第一，四种相斥的价值观点互相对抗瓦解其理论根基。第一种观点认为价值由生产商品耗费的劳动来决定。第二种观点认为价值是由购买到的劳动所决定的，即商品的价值决定于劳动的价值。斯密在两种商品价值决定关系中摇摆不定，经常将商品价值决定于劳动时间还是决定于劳动价值的规定混淆起来。甚至认为商品价值决定于劳动时间的规定现实性只作用于资本主义社会以前的社会形态，而到了资本和雇佣劳动的高级关系中就转变为商品价值决定于劳动价值的荒谬结论。之所以会产生这种相斥的观点，是因为斯密认为从决定商品交换的规律中很难得出资本与劳动平等地相交换的结论，商品价值决定于劳动时间的尺度失效了。与现实相对照，资本与劳动的交换关系往往与这一规律相对立。斯密清楚地知道，生产和维持劳动能力所耗费的劳动时间与劳动能力本身所提供的劳动不甚相同，但是只要资本直接与劳动相交换而不是与劳动力相交换，这种矛盾就是无法消除的。如果从观点本身来看，劳动的价值与其他商品的价值一样，都是在不断变化的，这里将价值本身作为标准和尺度来考察商品的价值，因而产生了循环论证，观点本身就是不成立的。第三种观点认为商品的价值是由三种收入（工资、利润和地租）决定和构成的。这种观点在第二种观点的基础之上错上加错，使斯密越来越远离理论的现实性和真理性。无论是工资、利润还是地租，只有成为一部分物化在商品中的劳动的根据，才能成为所有者的收入的源泉。马克思在《剩余价值理论》中明确指认：价值的分配或是价值的占有不能成为占有的价值的源泉，否则又会陷入循环论证之中。可以说，工资、利润和地租这三者没有一个真正参与价值的创造。斯密被竞争所体现的表面现象所迷惑，而忽略了对象的内在关联，表现出头足倒置的情况。斯密把价值分解为工资、利润和地租，而后又把它们说成是商品价格的构成要素，这就是以外部表现掩盖了内部联系。第四种观点是将价值与交换价值、价值与生产价格相互混淆，甚至认为商品的生产价格与价值是同一的。斯密放弃了关于价值的正确观点，转而导向由竞争现象所引起的观点，因为在现实的竞争环境中，不是价值而是市场价格成为运作者和调节者。在竞争中，生产价格又表现为由工资、利润和地租三者既定的平均率决定的某种东西。这样，斯密也就离开了价值，而把工资、利润和地租独立作为生产价格的要素。这正是对商品价值形式忽视的表现。而对把资本主义生产方式作为永恒和绝对的形式的国民经济学来说，忽略劳动商品的价值形式是必然的。斯密将构成价值实体的内在价值尺度与把货币作为外在的价值尺度相混淆，以此想找到一种不变的价值商品作为后一种外在尺度的不变尺度，这是一个"化圆为方"的无解难题。

四种价值观点相互对抗，相互抵消，究竟什么才是衡量商品价值的内在尺度就已经浑浊不清了。本来正确指认劳动为唯一价值尺度的斯密却在自己的论证中不断瓦解自身的理论根基，陷入无法脱身的理论矛盾和深渊之中，导致理论自身的崩溃。

第二，混淆剩余价值与利润而导致其理论本身走向庸俗化。在斯密看来，剩余价值仅仅是在新生产过程中工人加到生产材料上的新劳动创造的，不过是劳动资料的所有者在同活劳动交换过程中占有的必要劳动的一部分。斯密将剩余价值理解为一般范畴，而没有将其认定为特殊和专门的范畴，与利润和地租等所具有的特殊形式区分开来，这就导致了后来混淆剩余价值与利润的现象的出现。斯密曾指出物化劳动对活劳动的无偿占有是随着资本主义生产而出现的，这是斯密胜过李嘉图的地方。但是，斯密后来总不能彻底摆脱掉自己在研究中所驳倒的结论。斯密实际上是在阐释剩余价值，但是由于他没有用特定范畴来标示剩余价值，因此就直接将剩余价值与利润混淆起来。这也是所有经济学家们容易犯的一个错误，他们总是就利润或地租等特殊的形式来进行分析与考察，而不直接分析单纯的剩余价值形式。斯密的混乱发生在其把利润和地租看作是工人加到材料上的劳动中的扣除部分。斯密不把余额与产生其的资本结合起来，而将其认定为超出预付工资和加工材料的资本总额之上的余额，从而资本家的利润就必须同预付的资本形成一定的比例，这是从资本家的兴趣来说明的利润，因此是荒谬的和庸俗的。之所以会产生这种情况，是因为斯密现成地抓取经验材料，而缺少对经济关系形式差别的必要的理论认识，因此得出工资产生于劳动，利润和地租则是由资本和土地产生的庸俗的观点。

剩余价值与利润混淆的严重后果就是模糊了剩余价值的真正来源，以现实所呈现的经济关系来掩饰其内部的真实关系，完美地掩盖了资本对劳动的牵制和剥削。马克思明确地指出剩余价值与利润的区别，剖析了剩余价值的起源。对斯密剩余价值与利润概念混淆的批判成为马克思创建其自身的剩余价值理论的前奏曲。

其次，马克思对李嘉图劳动理论的批判主要集中在以下几点：

第一，李嘉图并没有解决斯密劳动价值论的漏洞，反而暴露出自身理论的弱点。马克思在《哲学的贫困》中曾高度赞扬李嘉图劳动价值理论的历史贡献，指出与蒲鲁东把构成价值当作出发点不同，李嘉图以具有内在联系有机整体的资本主义生产方式为问题的出发点，明确地指认和贯彻了商品价值决定于劳动时间这一规定。李嘉图指认了斯密劳动价值论的错误与漏洞，揭露了斯密既把生产商品所需的必要劳动时间当作尺度，又将劳动价值当作尺度的二元论缺陷，粉碎了商品价值决定于工资的虚伪假说，消除了斯密用工资、利润与地租的自然价格的相加数来决定商品自然价格的混乱局面。关于第一个错误，李嘉图只是提出来而并没有彻底解决。李嘉图满足于确定用于生产某种商品的劳动量与这种商品所能购买的劳动量不相等的这一事实，至于活劳动与物化劳动这两种劳动形式，价值规律为什么只对物化劳动适用而对活劳动是失效的，劳动与劳动所交换的商品为什么不能按照劳动的相对量来进行交换，为什么与等价交换的原则相悖，为什么购买来的劳动不能说明商品的价值，李嘉图并没有解答。马克思指出李嘉图之所以不能解决斯密的难题，是因为他把劳动本身与商品对立起来了，把一定量的物化劳动与一定量的直接劳动对立起来了。只要我们谈到的是物化劳动，劳动的价值与劳动的量就是相同的，而一旦谈到物化劳动与活劳动的交换，这种说法就会发生改变：两个商品按照它们所包含的等量物化劳动进行交换，劳动时间是它们价值的尺度，因此，价值的大小同它们所能换得的其他商品中所包含的物化劳动量成比例。在李嘉图看来，劳动量完全不受劳动是物化劳动还是活劳动的劳动形式差别的影响。但是，如果这种差别在规定商品价值没有意义的话，为什么物化劳动与活劳动进行交换的时候这种差别就起了决定性作用？李嘉图并不能很好地解决这个难题。关于第二个错误，商品的价格由工资决定，如果用一种抽象的方式来表达就是价值是由价值决定的，这里出现了同义反复。李嘉图指出了斯密的这一错误：在资本主义生产条件下，交换价值被分解为三种收入，但是，并不能因此就说交换价值是由这三种收入所决定的。已经生产出来的价值不能变更其自身的价值量。

在李嘉图的理论视域下，他所关注的已经不是分工与交换前提下劳动的对等交换问题，而是如何提高资本主义生产方式的劳动生产率。但是李嘉图不能彻底摆脱斯密的理论困境，原因就在于其所讲的劳动价值只是劳动这种商品的交换价值，而不能提高到劳动力商品的使用价值与价值的理论层面上来。

第二，李嘉图劳动理论的局限性体现在：

不懂得区分劳动二重性。对于李嘉图来说，确定价值量是其决定性的理论任务，马克思也认为李嘉图对于价值量的分析是最好的。但是对于价值本身，古典政治经济学家虽然有时从量的角度有时从质的角度来考察劳动，但是没有明确和有意识地将体现价值的劳动和体现商品使用价值的劳动区分开来。而劳动的纯粹量的差别是以它们质上的统一为前提的，它们本身是以抽象人类劳动为基础的。之所以说商品中的劳动量是衡量它们价值量差别的内在尺度，是因为劳动是不同商品的统一实体，它们价值的内在基础，李嘉图正确指出了这一点，但是他却忘记去研究劳动在什么形式规定性上才是价值的内在基础，没有研究作为商品统一体的劳动赖以体现的特殊形式。不仅如此，在李嘉图那里，经常会出现体现在使用价值上的劳动与体现为交换价值上的劳动的混淆，虽然后一种形式的劳动只是以抽象的形式表现的前一种形式的劳动。

混淆劳动与劳动力。李嘉图体系没有明确区分劳动和劳动力，而是认为工人就是直接出卖自己劳动的人。持有这一观点就无法解决既然商品的价值决定于生产该商品所耗费的劳动时间，为什么资本家与雇佣工人之间的交换就不能遵循价值规律，为什么工人以工资形式取得的物化劳动小于他付出的直接的劳动量。实际上，在马克思看来，作为一定的活劳动价值所体现的工资，一般而言，都会小于同量的活劳动所生产的产品的价值，或者是小于同量的活劳动本身所包含的价值量[①]。

李嘉图简单地将劳动看作一种商品，将工资看作劳动的价格。这种价格与供求关系联系起来就是货币工资，与价值规律联系起来就是实际工资，从而忽略了工资不是劳动的价格，劳动并不能以价格和价值进行衡量，不

---

① 《马克思恩格斯全集》（第45卷），人民出版社，2003，第24页。

能正确区分劳动与劳动力，甚至混淆劳动与劳动力，这是马克思之前的古典政治经济学的理论误区。

忽略和模糊剩余价值的起源。李嘉图对于剩余价值的起源没有进行明确的说明，甚至忽略和模糊了剩余价值的起源问题。李嘉图从资本主义生产的现实出发，指出劳动的价值小于劳动所创造的产品的价值，而产品的价值超过工资的余额就是剩余价值，李嘉图把这种剩余价值错误地理解为利润。李嘉图对于产品的价值大于工资价值的事实究竟是怎样产生的并不清楚，由于不了解为什么整个工作日产生的价值会大于工作日中工资所需要的部分，因此李嘉图就假定整个工作日的量是固定的，他只用生产必要生活资料的社会劳动的生产率的提高或者降低来说明剩余价值的增加或者减少，也就是说，他只知道相对剩余价值，而不了解绝对剩余价值的生产。这就说明李嘉图把剩余价值看作资本主义生产固有的东西，而资本主义生产在他看来也是自然的生产形式，他就自然不会考虑剩余价值的起源问题。李嘉图学派具有了正确的资产阶级经济学家们的本能，深知研究这一爆炸性问题的危险性。李嘉图将产业利润看成是剩余价值的最一般形式，把这种状态看成是一种既成的事实，并从这一事实出发，至于这个事实如何产生他就不去考虑了。

否认全面生产过剩的经济危机。李嘉图否认了生产过剩在商品市场普遍存在的事实。李嘉图从"买=卖"和"供给=需求"的关系线出发来论证经济危机不可能存在。李嘉图以买者与卖者之间的关系平衡为基础，商品就变成了简单的产品，商品之间的交换关系就变成了简单的使用价值的物物交换，货币前后一贯地被看成是产品交换的媒介，而不是必然表现为一般社会劳动的商品的存在形式。马克思指出，这是以否定资本主义生产的前提条件，即产品转化为商品，商品分为商品和货币这种二重性，因而出现的在商品交换中的分离，从而消除商品对雇佣劳动的关系，进而否定了市场危机的发生。而资本家出卖商品的目的，就是为了使其商品资本转化为货币资本，从而得到利润。在资本主义生产中，每一个出卖都是为了把商品变成货币。以卖与买之间的平衡关系为基础的论证只看到了它们的统一关系，而没有看到它们的分离关系。以买来规定卖、以卖来规定买，其实就是认为供给=需求，但是马克思指出供给与需求也是彼此分离的，不是完全统一的。当考虑需求与供给的关系时就应该将生产与消费的关系包括进来,如果李嘉图认为需求的界限是生产,生产只受资本的限制,那么,资本主义生产就是以资本自身为尺度。问题的关键在于资本本身是否是消费的界限呢?资本主义生产的特点就在于其不考虑现有的消费限制,生产只受资本自身的限制。李嘉图是将生产与资本的自行增殖看成是一回事,因此他只注意生产的发展而不管需求。从需求与供给的关系来看生产是否过剩的问题,就演变为资本在生产过程中的自行增殖是否直接决定资本在流通中的价值实现。很显然这个答案是否定的,李嘉图也曾意识到只有通过交换才能实现价值,但他认为生产由此遇到的限制只是偶然的,资本的本质可以克服这种限制。马克思指出李嘉图这种阐释多么荒谬。归根结底,李嘉图学派这种错误的产生是因为资产阶级把生产看成一般生产,"正像一个信仰某一宗教的人把这种宗教看成一般宗教,认为除此之外都是邪教"[①]。

无论是斯密还是李嘉图,他们对劳动概念的考察更多的是关于现象的规律,而非现实的规律。如果说以斯密与李嘉图为代表的国民经济学是对感性现象进行知性把握的话,而马克思以现实为对象上升到理性分析(这里不是说,斯密与李嘉图不进行理性分析,而是说他们就现象而论现象,将现象化为本质,进而化为永恒的自然规律)[②],这一点贯穿马克思对国民经济学劳动概念批判的始终。马克思以劳动概念为基点展开的政治经济学批判也就因此包含两重向度,即社会历史向度与经济学向度。例如,与李嘉图专注于价值量的分析不同,马克思不停留于对量的考察上,而是要揭示价值的本质,指明价值背后的资本与劳动的真实关系。马克思在对斯密与李嘉图劳动概念的批判论述中,已将自身的理论提升到社会关系层面的高度,从而也将批判深化到资本主义内在矛盾的历史发展之中。在这里

---

① 《马克思恩格斯全集》(第34卷),人民出版社,2008,第599页。
② 广松涉在《资本论的哲学》中区分了两种立场:从学理的立场和从当事者的立场。从当事者的立场指的是研究者自觉将自身的意识与当事者保持一致;而从学理的立场指的是研究者从实际行动中抽离,自觉将意识与当事者分开来。这样的话,国民经济学的研究就是从当事者的立场出发,而马克思则采取学理的立场。从学理的立场出发就会使研究者的视角与当事者的视角分离,使得研究以当事者为基础而又不局限于当事者的日常思维。这种立场的不同就会导致资本主义的社会存在从"不证自明的前提"转换到"研究的对象"。

体现的是：以斯密与李嘉图为代表的国民经济学为马克思提供了批判资本主义内在矛盾的思路，在此基础上马克思得以生发出立足于经济现实的批判逻辑路径。总之，劳动者的劳动不是为了自身而劳动[1]，劳动者自身生产了自身的贫困与潦倒。马克思批判国民经济学的劳动理论也是为了申明劳动者的悲惨命运，超越其理论而寻求劳动者的劳动幸福。

三、超越国民经济学：劳动批判的进阶

马克思颠覆了国民经济学的存在论根基，就需要重新建立存在论基础。这个存在论根基需要保持马克思全部劳动学说的原则高度，并且能够阻止各种样式的重返原路的退化行为。在《巴黎手稿》中，马克思通过对劳动关系真实异化状态的探讨和研究，已经找到异化的根源在于国民经济学预设的前提——私有制的天然合理性。而要超越劳动异化就需对国民经济学的预设前提进行瓦解与重构。从劳动与资本的对立出发，也就是从能动的和内在的关系和矛盾上来理解的对立，也就是无产和有产的对立，就要扬弃现实的私有财产，扬弃劳动与资本的真实对立关系，就需要共产主义的行动，共产主义就是私有财产的普遍化和完成，是无产和有产对立的消除之后的目的所在，马克思完成了对资本私有制前提的颠覆与超越。

在《德意志意识形态》中，马克思从人的现实生活的物质生产出发，对劳动的资本私有制前提展开深入批判，即一个前提与三个事实的鲜明指认，其构成了马克思超越古典政治经济学的理论基础，为重建历史提供了现实主体与现实前提。一个前提指的是"有生命的个人的存在"[2]。与动物被动地适应自然并直接向自然界索取所需生存资料的方式不同，人能够根据自己的需要主动地改造自然，创造属于自己特有的生产生活资料。"个人怎样表现自己的生命，他们自己就是怎样。"[3]与之相连，马克思对现实的人的生存史的阐释以三个事实为基本内容。第一个事实是人们进行生产

---

[1] 味吉尔的《警言诗》："你们，鸟儿们，作巢不是为了你自己；你们，畜毛不是为了你们自己；你们，蜜蜂们，酿蜜不是为了你们自己；你们，犍牛们，拉犁不是为了你们自己。"马克思引用了味吉尔的诗表达劳动者的悲惨处境。

[2] 《马克思恩格斯文集》（第1卷），人民出版社，2009，第519页。

[3] 《马克思恩格斯文集》（第1卷），人民出版社，2009，第520页。

的劳动活动是其能够创造历史的前提[①]，第二个事实是满足需要的活动以及引起满足需要的工具，同时又会引起新的需要的产生[②]。第三个事实是每日都在重新生产自身的人们同时也在生产着人们自身，即人本身的增殖。这里面就体现出了婚姻中夫妻之间的关系、父母与子女的关系等在内的家庭关系[③]。从"一切历史的第一个前提"到"第一个历史活动"，再到最初的"唯一的社会关系"，人类历史的这三个基本事实表明一切历史活动不是所谓词句的概念历史，而是与人的现实生活息息相关的生活史和生产史。这"一个前提和三个事实"的历史结构就架构起全新历史观的基本内容和因素，它们全部聚焦于一个基本的问题，即人类的生产生活和实现方式。

重塑新的历史观不仅仅涉及人与自然的关系，更多地指向的是人与人的社会关系。而无论是自然关系还是社会关系都必须讨论作为其手段和中介的生产劳动，所谓的人类历史也就是人类生产和生活的劳动史，此时的劳动概念已不再单单是财富的象征，更是人类历史开启的根本因素。在这一基础建立之后，与之相关的对分工、所有制等基本概念的探讨都将成为开启劳动批判的理论基础和准备。

马克思初步指认了由私有制而带来的资本与劳动的异化关系，而对私有制的彻底颠覆和超越就需要在新开拓的历史观视域中进行历史追溯和分析。马克思在《德意志意识形态》中提出了"分工=私有制"的命题，与斯密所谓的分工是劳动生产力增进的原因的观点相反，马克思认为一个民族的生产力的发展会引起分工的发展。随着生产力的发展，生产力与生产状况之间会不断产生矛盾，分工使物质活动与精神活动、享受与劳动、生产与消费等的对立得以形成。与分工同时产生的还有分配，也就是劳动产品的分配问题，因而产生了所有制问题。按照现代经济学所下的定义，所有制就是对他人劳动力的支配权力。一个是就活动本身而言，另一个是就活动之后的产品而言，在这个意义上，"分工=私有制"。分工越发达，积累也就越增加，资本与劳动之间的分裂程度也就越深，而作为资本主义的劳动概念只有在分工之中才能产生。一方面，分工与私有制是资本主义劳

[①] 《马克思恩格斯文集》（第1卷），人民出版社，2009，第531页。
[②] 《马克思恩格斯选集》（第1卷），人民出版社，2012，第159页。
[③] 《马克思恩格斯文集》（第1卷），人民出版社，2009，第532页。

动概念产生的根源；另一方面，作为历史范畴的资本主义劳动概念又不断地挑战和超越分工和私有制的限度。分工的不同发展阶段也就会出现不同的所有制形式，所有制的形式就经历了"部落所有制""国家所有制""封建的所有制"的演化。所有制演进历程说明，在前国家阶段的经济活动的基础是共产制，这就一定会动摇"天然合理"的私有制的根基，论述资本主义私有制之前的所有制形式，以史实来否定私有制的天然合理性和合法性。

在全新存在论视域之下马克思突破国民经济学劳动理论的局限，开启了资本对劳动剥削的秘密揭示的历程，而这一任务基本是在《资本论》及其手稿当中完成的。

在资本原则的统治下，雇佣劳动者的劳动成为异化劳动，雇佣工人的感性活动也就成为资本价值增殖的秘密所在。与其说劳动批判的是异化劳动，不如说批判的是资本原则。马克思在《〈黑格尔法哲学批判〉导言》中已经明确指认只要资本原则未被推翻，对于社会现实的一切批判都不能真正实现。劳动与资本的对立就成为马克思劳动批判理论确立的起点。直到《资本论》之前，马克思有一个问题还一直未加澄清：在资本主义生产关系下，雇佣劳动者生产自身的贫困的过程是怎样的？马克思曾明确指认，在资本主义生产关系下，"劳动力的使用就是劳动本身"[1]。劳动力的卖者为劳动力的买者劳动，可能性的工人因此转化为发挥作用的劳动力，这里要考察的是专属于人的劳动，这种劳动是人在一个不属于其自身的世界中的自我异化活动。国民经济学家越是将所有价值追溯到劳动活动，就越是导向一种批判，批判的矛头指向的就是资本原则下的雇佣劳动。在资本主义制度下，劳动者只是作为商品而存在。马克思指认资本主义生产关系下劳动的内涵，是为了具体考察劳动者深陷贫困境地的生产过程。而在这一过程的开端，首先要解决的问题是：作为钳制劳动者的资本原则是怎样产生的？资本的产生既不能脱离流通领域，但又不能只从流通领域入手分析，这就如马克思所言，资本的产生只能既在流通领域又不在流通领域中产

---

[1] 《资本论》（第1卷），人民出版社，2008，第207页。

生①。这样就得到一个双重的结果，也产生了一个矛盾：资本的生成应该以商品的等价物交换为起点，货币所有者必须按照等价交换的原则来购买和出卖商品，而在过程终了的时候却得到一个大于其投入的价值，马克思把它称之为问题的"罗陀斯"。这也是困扰国民经济学，并导致国民经济学劳动理论走向瓦解的根源。国民经济学不探讨资本的起源问题，而将之作为永恒的与自然的。马克思指出货币转化为资本不发生在购买与出卖行为之中，而只能从所购得的商品当中入手。因为商品包含着使用价值与价值，价值代表着商品只能进行等价的交换，所以这种变化只能发生在使用价值身上，从对这种商品的消费当中得来。那么关键性的环节就是货币所有者要在商品市场上找到一种商品，其使用价值本身就是价值的源泉，从而对它的实际消费就是劳动的对象化的生产过程，也就是价值的创造的过程。这种独特的商品就是劳动力，因而劳动力成为商品就成为资本形成的前提。也就是说，只有生产资料的所有者在市场上找到能够自由出卖自身劳动力的劳动者，才能进行生产，才能进入产生资本的进程之中②。将劳动与劳动力概念区分开，也就从根本上解决了国民经济学劳动价值论上的悖论。国民经济学已经认识到商品的价值由生产商品必需的劳动来决定，可当把这一观点运用到劳动这一商品上时，就陷入了循环论证，劳动决定劳动的价值。国民经济学没有继续深入下去，而是停留于商品交换的层面，认为劳动商品的价值等于生产费用，依然处于无解的状态之中。马克思将劳动与劳动力进行严格区分，从而直接引出劳动价值论与剩余价值论的内在关联，是从商品交换现象转化到资本生产的界限突破，也是马克思劳动批判的重要转折点。"天赋人权的真正伊甸园"③被打破，却暴露了利欲熏心的资本原则的真正面目，资本逻辑下的自由、平等、所有权与边沁的意识形态本性被揭穿。在《巴黎手稿》中，马克思更多地从哲学的视角以异化劳动理论来批判劳动本体与工人主体的分离，而在《资本论》中，劳动力从人本体中分离作为商品出卖，是从经济学的视角进一步证明工人主体性的丧失。从此，货币转化为资本，戏法变成了。

---

① 《资本论》（第 1 卷），人民出版社，2008，第 193 页。
② 《资本论》（第 1 卷），人民出版社，2008，第 198 页。
③ 《资本论》（第 1 卷），人民出版社，2008，第 204 页。

在揭示资本的生成之后，我们就需要进入生产领域来进一步探寻劳动者贫困的根源。劳动力商品跟普通的商品一样也具有使用价值与价值的二重属性。在马克思之前，国民经济学提出了劳动创造价值的理论，但是他们混淆了创造价值的劳动与创造使用价值的劳动，因而无法解决生产商品的劳动各不相同但却可以交换的问题。马克思批判地继承了古典政治经济学的劳动创造价值的理论，第一次将生产商品的劳动区分为创造价值的抽象劳动与创造使用价值的具体劳动，劳动创造价值从而被精确到抽象劳动创造价值的界限范围内，从而根本上解决了价值的本质问题，国民经济学的劳动概念因此也就被区分为具体劳动与无差别的抽象劳动。马克思对劳动二重性的分析其实就是对国民经济学二律背反的详细解答。在国民经济学家那里有一个使其陷入二律背反的难题，即工人自身劳动所创造的财富应该全部归劳动者所有，但是事实却相反，劳动者只得到必须的部分，这里面的原因在国民经济学家的理论当中是不可能得到解决的。而马克思将资本主义的生产劳动区分为劳动过程与价值增殖的过程，这种对劳动过程的拆分恰恰正是解开劳动者贫困根源的切入点。工人的抽象劳动在创造与自身劳动力相当的价值之后，还要为资本家创造剩余价值。而价值增殖的过程也就是马克思所说的超过了一个定点之后而又增长的部分[①]，正是价值增殖过程这一环节解决了国民经济学家们不得其解的秘密。

早在《巴黎手稿》中，马克思就提出国民经济学以其为前提的劳动是抽象的一般劳动，而不是反映劳动者真实状况的感性活动。制造某种使用价值的有目的的劳动活动，表现为人与自然之间物质转换的过程，这一劳动过程不因人类生产形式的变化而变化，是人类生活的一切社会形式所共有的。这种劳动反映了人类生存的基本样态，如果以这种劳动为参照物和考察的焦点是无法探寻劳动者贫困的根源的，不能解开劳动者异化困境之谜。国民经济学就是以此种劳动为基点展开讨论，才使其理论陷入二律背反。如果不把劳动理论停留于一般性上考察，这种研究应该如何进行呢？要彻底解决这个问题，就需要深入社会历史发展之中，深入人与人之间的关系之中。脱离社会历史关系就会使问题走向简单化，而真正要探寻的东

---

① 《资本论》（第1卷），人民出版社，2008，第227页。

西就在这种简单化中被遮蔽。当作为劳动活动结果的商品被生产出来之后，劳动者自身的对象化劳动也被包含在商品之中，形成大于自身价值的增殖价值。这也就是劳动力商品在被资本家购买并消费之后，转化与让渡成为抽象劳动。当人们去讨论等价交换的抽象劳动时，活劳动所创造的剩余价值自然而然就被遮蔽掉。一般性的劳动就相当于抽象劳动，而实现价值增殖的劳动就相当于具体劳动，这也就是马克思所说的把大部分劳动归结为抽象劳动会带来的后果，恰恰是后者才能解开劳动者的贫困之谜。考察价值增殖的劳动过程，关键是抓住劳动的量而不仅仅是质，因为劳动的量关涉劳动者创造价值的活劳动。国民经济学家把劳动与资本统一假定为一种天堂般的原始状态，将劳动直接等同于死劳动，从而使得"付出劳动=得到应得的工资"成为理所应当的事实，而恰恰是国民经济学忽略的活劳动才是其隐藏的秘密所在。"斯密教条"混淆了产品的价值与劳动者新创造的价值之间的区别，而马克思在劳动二重性理论的基础上，对产品价值和产品价值中新创造的价值部分作了严格区分，将资本根据在剩余价值（m）生产中所起的不同作用区分为不变资本（c）与可变资本（v）。全部预付资本（C）与不变资本和可变资本的关系就应该是：C=c+v。在生产过程结束后得到的商品价值 C′=c+v+m，原来 C 变为 C′，两者之间的差额就是剩余价值（m）。那么，剩余价值是如何产生的呢？国民经济学家普遍忽视与模糊剩余价值的起源。如果说各生产要素的价值总和等于所有预付资本的价值总和，那么，超出各生产要素的价值而产生的余额就是劳动产品的增殖额，这实际上是同义反复，马克思认为这就需要考察产品形成过程中消耗各生产要素的价值。马克思指出在生产过程中被使用的不变资本只是部分地将自己的价值转给劳动对象，而剩余的部分仍留存于其原来的形式当中，这部分不起任何作用的资本在年终时就应抽掉，即使算上也应在预付资本与产品价值两边都加上，这样互相抵消，对剩余价值的产生不起任何作用。可见，不变资本的价值只是再现在产品中，因此：

C′=（c+v）+m，

应改写为 C′=v+m，c=0

因此，C=0+v，C′=v+m，C′−C=m。

如果 m=0 的话，就是说劳动力只是生产了自己的等价物，那么 C=c+v，C′=c+v+0，C′=C。

可见，v+m=v+⊿v（v 的增值额）

而现实却被这样的事实掩盖了：因为没有区分不变资本与可变资本，可变资本的增加在结果上看就是全部预付资本增加。"c=0"在剩余价值理论中成为关键一环，为了对这一过程进行纯粹的分析，必须将再现资本的部分去掉。它表明生产资料只是提供一种物质，使得形成价值的力得以固定在上面，而这种物质的性质是如何并没有关系。m 是剩余价值的绝对量，而"c=0"的假定，让我们用"m/v"更加清晰地指认剩余价值的相对量，即劳动力受资本剥削的程度。这也能从另一个层面反映出资本的本性，即用自身不变的生产资料不停息地吮吸剩余劳动来实现资本的增殖[1]。可变资本就是在生产中能够转化劳动力并能实现价值增殖的资本，就是国民经济学家们所忽略的活劳动的资本形态。c 和（v+m）的关系就恰恰揭示出剩余价值的来源，也找到了资本钳制劳动的根源以及劳动者贫困的根源。国民经济学以社会一般劳动来取代具体劳动与抽象劳动的区分，更准确地说，根本无法区分具体劳动与抽象劳动恰恰使得劳动过程与价值增殖过程的对立被掩盖。资本家生产的目的绝不仅仅是追求使用价值这么简单，如果只停留在这一层面的追求，人类历史任何阶段的劳动活动也就没有任何质的差别，就会回到刚才所说的国民经济学家们所陷入的困境当中。可以说，只要资本原则存在，那么创造社会财富的劳动活动就依然处于异化状态。作为对抽象劳动的否定性表达，社会历史性的劳动概念被指认出来，马克思超出一般性劳动概念以社会历史的方法来进行分析，正是彰显了历史唯物主义的立场。此时，我们就可以回答国民经济学的二律背反现象，其根源就在于以私有制为前提的资本对劳动的统治与占有关系。而与社会历史性的劳动相对的资本也是具有社会历史性的。当资本剥削的秘密被揭示，也就意味着国民经济学以之为前提的永恒性与自然性的资本主义制度认知的破灭。

---

[1] 《资本论》（第 1 卷），人民出版社，2008，第 269 页。

第四节　黑格尔劳动理论的批判思想

黑格尔的劳动理论与国民经济学的劳动理论同是马克思劳动批判理论生成层面的批判对象，相对于国民经济学的劳动理论，黑格尔的劳动理论对资本主义劳动生产关系的辩护更具有隐蔽性。而对其进行的批判与超越也就将马克思劳动批判的高度上升为具有革命性的理论变革。本节从黑格尔的劳动理论的生成过程出发，探究其劳动理论对资本主义劳动关系的剥削性的遮蔽点，从而破除其遮蔽点，还原资本与劳动真正的辩证对抗关系。

一、黑格尔的劳动理论

黑格尔曾言，任何一种新思想或者是新的精神的产生都是文化形态的全新变革，都需要经历艰苦卓绝的路程才能到达真理的彼岸[①]。作为"思维的生产史"的黑格尔哲学体系的基础和核心的劳动概念也不是一开始就有的，也是随着黑格尔哲学的发展而逐步形成的。黑格尔的哲学致力于把整个世界都纳入意识之中，以劳动为转折点和突破口来分析市民社会，在精神演进中实现主客体的统一，建立自己的思辨体系，形成自身的形而上学体系，以实现对真理的追求，对自由的渴求。因而以劳动概念为基点来审查黑格尔的哲学体系，更能使我们参悟其思辨体系的基础和前提。

（一）黑格尔劳动理论的逐步生成

"黑格尔生活在资产阶级最后的伟大的悲剧的时代的开端"[②]，处在充满矛盾和悖论的资产阶级社会，作为关切时代的思想家感受着压抑和痛苦，摆脱压迫、争取自由是他迫切的要求。当黑格尔构建以绝对精神为最高知识的唯心思辨体系时，他也在感叹如何解决社会贫富差距日益加大的问题。卡尔·洛维特在《从黑格尔到尼采》中指出，黑格尔曾至少有三次对于劳

[①] 黑格尔：《精神现象学》（第1卷），贺麟、王太庆等译，上海人民出版社，2013，第58页。
[②] [匈]卢卡奇：《青年黑格尔》，王玖兴译，商务印书馆，1963，第142页。

动论题的探讨，分别为耶拿讲演、《精神现象学》和《法哲学原理》[①]。因此，按照黑格尔思辨体系的产生和发展逻辑，我们可以把其对劳动概念的阐释粗略分为三个阶段：耶拿讲演时期；《精神现象学》时期；《法哲学原理》时期。我们按照这一阶段划分对其进行分析。

1. 耶拿讲演时期

耶拿时期处于黑格尔思想发展的早期阶段。据考证，黑格尔在耶拿时期对劳动理论进行论述的著作主要包括：写于1803—1804年的《伦理体系》第三部和写于1803—1806年的《耶拿实在哲学》两卷本[②]。在耶拿时期，黑格尔对劳动理论进行了初步判定和阐释，在这些不准备发表的原初草稿中对于劳动本质的认识，部分以概念的形式在后来的著作中出现。由于占有资料有限，碍于黑格尔耶拿时期的讲演草稿大部分都是残篇，我们并不能很好体悟黑格尔耶拿时期的劳动概念，但是我们可以初步判定黑格尔是在精神概念下来解读自我存在与异己存在的运动过程的，因此，此时的劳动概念更多地表现出充满本体论意义的精神性和抽象性。在耶拿时期，黑格尔的劳动概念具有以下显著的特征：劳动概念的否定性与肯定性共存。劳动的否定性带有相对于自然的否定性活动的意蕴，是一种具有精神特质的理性活动。这里的否定不是解构性质的，而是带有重塑性质的否定，是带有肯定性的否定，通过肯定性的否定来调解自我与异己存在之间的关系。劳动（意识的现实存在的外在表现）的否定性与肯定性是内在统一的，是对立面互相扬弃的存在，黑格尔在这里把劳动设定为实现主体与客体统一，扬弃外在客观性的内在推动力，"劳动是对象的消灭"，"劳动是有目的地消灭客体"，更进一步说，劳动不是"消灭一般的客体"，而是改造它使之成

---

① 参见［德］卡尔·洛维特：《从黑格尔到尼采》，李秋零译，生活·读书·新知三联书店，2006。

② 1803—1804年的黑格尔讲演手稿是由霍夫迈斯特编辑整理的，作为《耶拿实在哲学》第1卷在1932年出版。经过杜辛和基穆尔更为细致地整理和考证，莱茵-威斯特法伦科学院于1975年出版历史考订版《黑格尔全集》第6卷：《耶拿体系草稿Ⅰ》。耶拿时期被冠以体系之名的黑格尔著作至少有五种，除了《耶拿体系草稿Ⅰ》外，还包括1802—1803年的《伦理体系》，1804—1805年的《逻辑学与形而上学及自然哲学》即《耶拿体系草稿Ⅱ》，全集第7卷，曾被霍夫迈斯特称为《耶拿实在哲学》第2卷的1805—1806年的《自然哲学与精神哲学》，即《耶拿体系草稿Ⅲ》，全集第8卷，1807年出版的《精神现象学》。（出自《黑格尔全集第6卷——耶拿体系草稿Ⅰ》，郭大为、梁志学译，商务印书馆，2017，第5页。）

为另一个客体①。劳动概念的普遍性与特殊性共存。作为满足个人需要的劳动成为使主体的特殊性活动转变为改造客体的普遍性活动。劳动的特殊性与普遍性的必然转化，是因为在黑格尔看来，只有在精神的内在普遍性的前提下，人的外在特殊性才能够被认识。最终，劳动所获得的特殊技能也就成为普遍的财富。劳动普遍性和抽象性不断使劳动本身走向单一性、专门化。劳动的单一性会增大产品的数量，同时也使劳动的价值不断贬值。可见，黑格尔看到了单一性指向抽象性的劳动的异化。我们可以说黑格尔看到了资本主义机器生产的进步性和社会性，也看到了随之而来的异化和不良后果。劳动概念的中介性与实存性共存。劳动是需要与满足之前的中介性和调和性的活动，一方面，劳动充当自然和主体之间的中介，黑格尔将劳动的中介性视为人与动物的区别，与动物单纯直接的欲望满足行为不同，人必须通过劳动对客体自然进行改造以达到主体物质需要的满足；另一方面，机器与工具的中介性使劳动成为间接的行为。机器和工具是人在劳动过程中使用的，作为劳动者与被加工者之间一种实在的和理性的中间环节。在机器活动当中，人完全扬弃其自身的劳动形式，使机器为之劳动。但是我们说，这里面也包含着异己的因素，人对机器利用得越多，反而越会成为机器的附庸，人本身的劳动本质就越被压制②。在黑格尔看来，主体反而丧失了劳动否定性的活力，劳动越多利用机器，劳动本身的价值就越小。而人只有自己创造自身和自身所处的世界，以自身劳动的中介性来实现自身的实存性，劳动是人由自在到自为的关键所在。劳动使人成为间接性和中介性的存在，而这种中介性反而体现了人的实存性。劳动不仅是满足人需要的中介，更为根本的意义是劳动已成为人的存在的根本确证。

2. 《精神现象学》时期

马克思称之为"黑格尔哲学的真正诞生地和秘密开始"③的《精神现象学》，标志着黑格尔哲学之路的开启，毋庸置疑，这本书也成为黑格尔哲

---

① 黑格尔：《伦理体系》，见拉松本：《黑格尔政治和法哲学论文集》，莱比锡1923年版，第420页。转引自：贺麟《黑格尔哲学讲演集》，上海人民出版社，2010，第42页。

② 《黑格尔全集第6卷——耶拿体系草稿Ⅰ》，郭大为、梁志学译，商务印书馆，2017，第260页。

③ 《1844年经济学哲学手稿》，人民出版社，2014，第94页。

学体系最核心的部分之一。在"序言"中，黑格尔指出，《精神现象学》的目的就是从意识发展到科学（哲学），主体性是其出发点，与斯宾诺莎以来的哲学相对，提出实体即主体①。意识的发展就是一个循环往复、曲折的圆圈运动，其发展推进的核心乃是精神的异化活动。在这一意识发展史中，劳动概念出现在"自我意识"篇章的"主人与奴隶"部分以及"理性"篇章的"理性的自我意识通过其自身的活动而实现"部分。

意识从"感性确定性"②开始，反过来又反对这种最初形式，并与之决裂而演化进更高一个层次，即知觉。又经过知觉和知性之后，发展到自我意识时，其自身的确定性与真理性得到真正的统一，因为此时确定性本身就是其自身的对象，自我意识就是对意识本身的意识，自我意识的真理性就在于是否符合自身，符合自身就具有了真理性，也就具有了确定性。意识通过自身反思就成为自我意识，主体的欲望对象的自身反思就成了生命，对象的自身本质就是生命。欲望表现为生命，生命表现为类。这不是单个的而是种类的生命的运动，是人与人关系的生命，是两个自我意识之间的生命，即类意识，我们因而到达自我意识本身的经验阶段，这个最初经验的体现就是主奴关系。

主奴关系的指认：自我意识的运动及其斗争

类意识的产生已经标识着一种现实的经验关系的开启，两个自我意识之间的关系最开始就表现为独立与依赖的关系，即主人与奴隶的关系。与为经济条件的斗争相反，主奴关系是为达到平等的互相承认，以至实现自我意识的自由而斗争。自我意识的活动体现为一个圆圈式的运动：自在自为的自我意识丧失了自身，出现了另外一个自我意识，通过扬弃另外一个自我意识，发现对方没有真实的存在，对方就是自身；它必须扬弃另外一个自我意识以便确立自身的存在，由此它便扬弃自己本身；通过扬弃，自

---

① 实体即主体，主体是 Subjekt，实体是 Substanz，主体不是人的主观想象，不是现象界的表面活动，人的主体性就是世界的实体，在马克思的实践本体论中，人的主体性活动就是自然界的本体。（邓晓芒：《精神现象学句读》，人民出版社，2014，第 153～154 页。）

② 感性确定性出现在"意识"篇章中，作为最初的、真实的、完整的、抽象的存在，它的真理性在于它的存在性。有的学者认为这并非黑格尔的真正开端，感性确定性只是黑格尔为了阐明精神的开端而做的事后预设，真正的开端是原初理念自然，是一个虚空的，非现实的想象的世界。通过自我意识这一世界的开展，整个世界得以从虚无中创造出来，在创造自我的过程中创造了世界。

我意识得以返回自身，自己在对方中的存在也被扬弃，对方获得自由。自我意识是中项，自身分化为两个极端，两个极端相互对立着，由于双方的"非等同性"，导致"一方只是被承认者，而另一方只是承认者"①，这也就必然导致自我意识的斗争。

它们必定要进入这场斗争，每一个自为存在的自我意识真理性的获得需要通过与他者的生死斗争来得到确证，自我和他在扬弃了自身陌生的、本身的自然定在。主奴关系由生死斗争得到确证，但不是一种绝对对立的关系。经过生死斗争的主奴关系扬弃了本质性的环节，留下僵死的统一性，主人和奴隶构成了一个固定的社会关系，即奴隶社会。主人和奴隶之间的斗争扬弃和保存下被扬弃者，它们的否定还是抽象的否定，其中一个是独立的形态，对它来说，自为存在是本质，另外一个则是依赖的形态，前者就是主人，后者就是奴隶。

劳动概念的出场：主奴关系辩证运动的展开

在主奴关系真正确立之后，主人与奴隶之间的辩证运动得以展开，从不同的主体进行立论会有不同的结论。劳动概念在主奴关系的运动中出场，劳动使得主人与奴隶之间的关系实现逆转，奴隶成为人之存在。但是奴隶自为存在的生成不是一蹴而就的，而是经历了统治、恐惧和劳动（教养或赋形）三个阶段。

如果从主人立场来立论的话，主人与奴隶之间的关系可以表达为"统治"。主人对奴隶的统治体现在：主人是支配存在的力量。主人通过独立存在的物（主人的食物或衣物）间接地与奴隶相联系，这些独立存在的物也就成为奴隶无法挣脱的枷锁。奴隶是主人的物性存在。所有存在物都是属于主人的，包括奴隶的生命和奴隶加工的那些物。主人支配物，物支配奴隶，所以主人就支配奴隶，主人也就成为支配存在的力量。奴隶成为主人本质性存在的承认环节。主人通过奴隶间接地与物发生关系，利用奴隶去加工物，主人对物的直接联系就转化为对物的纯粹的否定或者是享受。对主人来说，主人的被承认是通过另外一个意识（奴隶）来实现的。奴隶对物的加工必须秉承主人的意志，听从主人的安排，奴隶因此失去了他存在

---

① 黑格尔：《精神现象学》，贺麟、王玖兴译，上海人民出版社，2017，第183页。

的绝对主宰。而主人的被承认是通过奴隶完成的，主人只有通过奴隶的承认才能成为主人，奴隶本身的行为就是主人自身的行为。如果从奴隶立场来立论的话，主人与奴隶之间的关系可以表达为"恐惧"。对奴隶来说，独立自为存在的主人意识是奴隶性的真理，奴隶对其整个本质感到担忧。死亡已成为奴隶的绝对的主人。每一次奴隶都要去面对一个具体的对象，用自身的劳动来摆脱对自然定在的依附性，按照主人的意志来改造它。经由奴隶的劳动，死亡的恐惧意识具有其积极意义，也成为主奴关系演化的意识前提。如果从主奴关系的立场来立论的话，主人与奴隶之间的关系可以表达为"教养或赋形"。"对于主[或主人]的恐惧是智慧的开始"[①]，在恐惧当中，奴隶还不可能形成自为的意识，无法感知自为的存在，只有通过劳动，这种自为的意识才能最终生成。否定性的中介或赋形的行为（劳动）就是奴隶意识的自为存在，劳动着的意识借此把独立存在直观为自己本身。主奴关系的真正逆转就在于"劳动陶冶事物"。一开始，奴隶的自我是潜在的，不能被直观的，在他自身之外有与之对立的事物，而现在通过劳动，奴隶在自身的劳动产品中意识并且自觉到他的自为存在了，他自身把自己造就成为一种自为存在，自己把自己建立为一个否定物。他有一个自己劳动产生的直观对象，恰好能反映其本身的力量和存在，奴隶本身的独立存在已经被意识到了，这就是劳动本身的教养和赋形的力量。劳动使奴隶自觉到自己的独立性，使之成为人。

劳动不仅使奴隶获得自我意识，看到了人的本质在劳动过程中的生成，而且为奴隶的自由解放指明了精神上的道路。但是，我们不得不说意识发展的全过程的图式，都是在黑格尔的想象中构建出来的，劳动概念被运用到意识的辩证运动中，这里的劳动概念不仅特指创造生产和生活资料的改造活动，更是泛指意识的运动的媒介和关键步骤，意识的否定性和异化运动成为意识发展的根本动力，劳动概念具有更多的抽象性和精神性的特质。

3.《法哲学原理》时期

劳动概念经过耶拿时期与《精神现象学》时期的演变，到《法哲学原

[①] 黑格尔：《精神现象学》，贺麟、王玖兴译，上海人民出版社，2017，第189页。

理》出场时,已由一个精神性和逻辑性的概念转变为更多地指向现实性和伦理性的概念,这种性质的转变是黑格尔精神哲学体系发展的必然结果,这种对现实的关涉依然是服务于精神体系的建构的,满足于抽象精神的信仰的。在《法哲学原理》中,对劳动概念的讨论主要集中于"伦理"中的"市民社会"阶段。

在黑格尔体系中,市民社会分析的逻辑起点就是个人的需要的体系。这里表征的需要的体系不仅仅是逻辑层面的而是具有历史规定性的,通过对个人需要的满足方式的考察,就可以揭示出人的社会存在形式和劳动方式,因而就引出劳动概念,而随着劳动方式的不同也就形成阶层的划分,即"需要(kind of need)——劳动(kind of labor)——阶层(classes)"的结构。这一结构的展开式就是:"主观和个体需要——客观满足和实现——劳动(满足需要的方式)——个体需要通过劳动扬弃个体性和主观性——个体自由的实现。"在对这一展开式的分析中我们可以得出几个论点:劳动成为个体实现自由的中介。与动物纯粹出于自然的需要相比,人是能够自觉意识并创造需要的,这就决定了其需要的内容的无限性和满足方式的创造性。需要的满足取决于劳动和由劳动带来的外在物,而劳动作为满足需要的手段,也就成为个体满足需要的中介,具有中介性,这种中介性既是主观与客观的中介,成为私人利益普遍实现的方式,也是个体走向自由存在的一个中介,指向自由的劳动成为人的解放的方式。黑格尔对指向自由的劳动的理解已从主奴关系社会的斗争视角,转化到市民社会的法权哲学视角。劳动作为满足需要的方式,使特殊性上升到普遍性,使需要与劳动达成统一,并在这种统一中使需要得到普遍实现,创造大量的社会财富。这样,通过合法劳动的方式占有的财产,就具有了正当性。市民社会中的劳动就成为消除两极分化、实现需要普遍实现的中介和手段,劳动就是人的自由存在的环节而言,是人的解放方式和解放的环节。这种解放是形式的,劳动作为满足需要的手段并不能真正把人从对物的依赖性中解放出来,反而更加深对物的依赖和崇拜。可见,劳动在黑格尔哲学体系中只是解放环节,并不能真正从劳动本身中获得自由和解放,这就是其与马克思劳动解放思想的重要区别所在,在黑格尔看来,自由的真正的实现只能在精神领域中去寻找。走向抽象化的劳动。黑格尔一方面看到了抽象劳动导致的人本身的异化,另一方面又对这种异化给予理论上的支撑。由于受到国民经济学的影响,黑格尔在《法哲学》中认同了劳动的抽象性,斯密以个人为起点来构建其自身的经济体系,而黑格尔将这个个人形而上学化为纯粹人格,并以此作为其体系的起点。马克思和黑格尔都聚焦于"劳动",不同的是马克思从市民社会的劳动概念中读出了"异化劳动",而黑格尔却从现实的劳动领域中退出,对于市民社会中的矛盾指望通过逻辑层次更高的"国家"来予以调节。

综上可知,劳动成为黑格尔思想转变和其体系构建的基础性概念,劳动是自我意识转变和发展的中介,也是切中社会现实的中介。劳动概念贯穿于"现象—本质—现实"不停息的圆圈式的逻辑展开运动的全过程。在耶拿讲演时期,黑格尔已经看到了资本主义生产所带来的异化现象,但在《精神现象学》与《法哲学原理》时期却沿着抽象精神的延伸一路向前,抛弃了早前所关涉的否定性的活动,退守到唯心主义的堡垒之中,导致劳动本身不能真正获得解放,只能成为获得自由的一个环节。我们对黑格尔劳动概念的追溯是为马克思劳动批判理论的生成服务的,因为其有重要的意义和价值,体现在:劳动概念在黑格尔体系中的奠基性的关键点成为马克思对其进行批判的切入点。黑格尔与马克思的劳动理论的生成都同样建立在现代资本原则的基础之上,都是对资本主义社会的一种反思,对为资本主义有奠基意义的黑格尔哲学的批判也就是对资本主义的批判和超越。

(二)马克思对黑格尔否定性辩证法的肯定

在探讨马克思对黑格尔的劳动概念的批判之前,我们说马克思在《巴黎手稿》之中对黑格尔的劳动首先进行了赞扬与肯定。在"对黑格尔的辩证法和整个哲学的批判"中,在对黑格尔哲学进行全面批判和超越之前,马克思毫不吝惜地赞扬了黑格尔哲学的积极意义[①]。人要想成为人,成为现实的存在,只有通过对象化的活动,通过劳动才有可能。作为推动原则和创造原则的否定性的辩证法就是黑格尔《精神现象学》的最后的成果,这个成果的伟大之处就在于他把人的自我产生看成是对象化和外化的扬弃,是其自身劳动的结果,并且只有在自身的劳动过程中,才能显示其人

---

① 《马克思恩格斯全集》(第3卷),人民出版社,2002,第320页。

的本质，也就是劳动是人的本质。这一伟大成果也成为马克思突破和超越黑格尔的关键点，并成为马克思创立科学历史观，发动哲学存在论革命的武器。

首先，否定性是具有推动性和创造性的矛盾原动力。作为黑格尔哲学体系基本范畴和概念的否定和否定性，是辩证法的否定，是具有规定性的否定，是包含肯定性的否定，是相对于怀疑主义及一切形式推理（对一切事物都抱有全盘否定的态度，这是一种空洞的否定）而言的。在张世英主编的《黑格尔辞典》中，否定概念解释为："概念运动中后一阶段对前一阶段的排斥、克服，是前后两个阶段的联系环节和发展环节。辩证法的否定不是全盘否定，而是规定的否定，即是在否定中包含肯定，否定的结果不是空的抽象的虚无，而是一个新的、更丰富的内容。因此，通过否定，就形成着前进的，上升的发展过程。"[①]否定的结果不是无，而是指向一个更新的前进的发展过程。否定性就是"概念的内部区分、自身排斥和自身扬弃亦即概念自身内部矛盾发展和对立转化的过程。黑格尔认为这样的'内在否定性是一切活动的最内在的源泉，是辩证法的灵魂'"[②]。内在的否定性是肯定性的否定性，以至达到绝对的否定，也就是否定之否定。从矛盾的产生到矛盾的解决就是一个双重否定"肯定—否定—否定之否定"的前进和上升的圆圈式的过程。从一个直接和肯定的事物出发并进行第一次的否定，在他物中此物陷落。第二次否定就是否定之否定，就是矛盾的扬弃，认识又转身回看自身。否定之否定通过"简单规定—分化—回复自身"的过程实现了认识辩证法肯定与否定的统一。从前面章节对黑格尔逻辑体系理论生成的追溯可知，否定性成为贯穿整个体系的基础概念，成为推动整个体系运演的动力之源。在耶拿时期，否定性体现在劳动是对天然的外部世界的一种加工和重塑，是肯定性的毁坏，是人借助塑造来造就独立自主的东西。这时劳动的否定性是一种重塑性和肯定性的否定。同时，劳动的否定性也表现在机器生产而带来的劳动的异化；在《精神现象学》时期，劳动否定性更具体，劳动就在否定性中逆转了主人与奴隶的地位和关系，使作为奴隶的人的存在得以实现，因而促成了个人与社会的统一，为人类

---

① 张世英主编《黑格尔辞典》，吉林人民出版社，1991，第312页。
② 张世英主编《黑格尔辞典》，吉林人民出版社，1991，第313页。

的自由和解放开辟了道路；在《法哲学原理》阶段，市民社会中的个人的劳动产品因分工体系成为满足他人需要的东西，在他人需要满足的同时自己的需要也得到了满足，劳动的否定性在个人与他人的关系中得以体现和建立。

虽然这种否定性表现出明显的和强烈的精神性和思辨性，但是如若将其运用到劳动之上，就会促成劳动自身的内在矛盾的否定运动，成为推动和创造的原动力，促使人的本质的内在生成，乃至成为人类历史的动力和源泉。结合马克思对黑格尔劳动批判的文本的推演可知，劳动的否定性具体表现在抽象劳动对具体劳动的统治和强制。

其次，外化是促成推动和创造的关键环节。卢卡奇将外化看作黑格尔《精神现象学》的核心概念，黑格尔没有明确区分外化、对象化和异化概念，在黑格尔的哲学体系中，它们的含义基本一致。在《精神现象学》中，外化已经成为一种高度的哲学概括。回顾黑格尔的思想历程，外化概念是有其不同的发展阶段和不同含义的，卢卡奇将之区分为三个阶段。第一个阶段是指与人的劳动、经济关系和社会活动相联系的主客关系。换句话说，人类历史就是社会化的个人通过外化的劳动而产生出来的具有矛盾交互的发展过程。这就超越了康德和费希特的哲学。在他们两人中，客观性是与实践和自由相对立的、相互异质的世界。第二个阶段的外化指的是资本主义社会中所存在的异化现象。他认为这种外化是与劳动融合在一起的，甚至将资本主义社会中外化的本质当成劳动社会化的结果。黑格尔只是看到了资本主义社会中存在的贫富差距等问题，却没能从这种认识中得出像马克思那样的推动性的理论结论。第三个阶段标志的是一种广阔和宏观的哲学概念，此时外化、物化和对象化就具有相同的含义。这三个阶段和层次的外化概念表明黑格尔已经接触到了社会发展的基本规定，认识到了人类历史发展的基本环节。而由于其漫无边际的精神的概括和扬弃，自己独到的观念也淹没在精神王国的酒杯之中，成为不时泛起的泡沫，终将回归平静。抛开黑格尔哲学体系的精神性思辨的限制，外化概念本身却成为推动和创造的关键环节。没有什么东西可以通过它自己来建立为事物的，也就是说，没有被外化的事物本身就是不存在的。正是在外化和外化扬弃的不断运动过程中，人的自我生产得以形成，人的世界得以形成，劳动的普遍本质就表征为人的自我创造的过程。而在不区分劳动的异化与劳动客观性的情况下，外化就成为掩盖其体系局限性，颠倒黑白的障眼法。

否定性作为推动性和创造性的矛盾原动力，在对现存事物肯定性理解中包含着否定性理解，对现存事物必然走向灭亡的理解；外化是促成推动和创造的关键环节，它不崇拜任何现成的形式，通过不断的外化和对象化，使事物处于运动之中。在这种矛盾的运作下，辩证法本身就表现出批判性和革命性。而在黑格尔哲学中，精神和思维通过劳动获得了理性和现实的统一，自在与自为的统一，精神也就不断走向绝对，达至理性，精神也就成为推动和创造的主体。而马克思将人类的劳动作为主体，这就必然预示着马克思对黑格尔的一番批判和声讨。

二、黑格尔劳动理论的批判

通过对马克思经典文本的系统梳理可知，马克思对黑格尔的劳动概念的全面而系统的批判主要集中在《巴黎手稿》这部文本中。接下来要解决的问题是：黑格尔的否定性劳动辩证法为什么最终走向保守，辩证法本身的批判性和革命性为什么没有真正发挥和运转起来？

马克思从黑格尔本身的体系出发，特别是从标志着"黑格尔哲学的真正诞生地和秘密"的《精神现象学》开始自己的批判历程，沿着马克思对黑格尔的批判思路，我们可以把这一批判进程总结概括为以下几点：

（一）对非批判的唯心主义性质的批判

这种非批判唯心主义性质在黑格尔的晚期著作中表现得更明显，并以一种潜在的方式贯穿在黑格尔哲学体系之中。从法兰克福时期开始，黑格尔就已经开始把个人作为研究的中心。在黑格尔生活的时代，资产阶级社会现实已经成为无可改变的了，黑格尔也开始在思想上研究这个社会本身的规律性，而此时人在资产阶级社会中的地位问题凸显出来。而从黑格尔哲学体系来看，他试图在标识人的自由理想与资产阶级无可改变的客观现实面前找到一条和解之路。黑格尔逐渐加深对劳动问题的研究，从而理解个人与社会之间的关系。黑格尔虽然在形式上批判现存政权，但在实际内容上却肯定它，是现有的经验在哲学当中的分解和恢复。黑格尔只是在形式上采取否定之否定，将自我异化的过程理解为自我获得，从自身出发而返回自身，形成一个围绕自身的圈子。而这个自身不是感性的现实存在，不是人的过程，其真正的主体是绝对精神。黑格尔的哲学体系显示出鲜明的非批判的实证性质和非批判的唯心主义，陷入无批判的唯心主义泥沼。关于这一点，马克思指出黑格尔犯了双重的错误。第一个错误在于混淆了纯粹的哲学思维的异化与现实异化的关系，取消了现实异化的合法性。这样，全部的历史只不过是思维逻辑演化的历史，历史之中的全部外化与异化的消除都不过是抽象思维运动史。外化的对象失去了现实性，形成与之相对立的思辨思维，哲学家就成为抽象思辨思维的运动的主宰，成为异化世界的尺度与标准[1]。本身带有否定意味的异化概念就单单指的是抽象的思辨思维在内部的运动过程中，同感性的现实对抗与对立[2]。其他一切现实的对立都成为思想当中唯一有意义的对立的外观和公开形式，思维中的异化就构成世俗和现实异化的基础和含义，因此，人在对象性的活动当中所实现的对本质力量的占有，不过就是在纯粹抽象的意识范围内，对那些意识及其思想对象的完全占有[3]。即使黑格尔的《精神现象学》具有批判性的外貌，但实际上却是非批判的唯心主义的内核。黑格尔的第二个错误在于指出精神已然成为人的内核，人的本质就被归结为纯粹的与抽象的精神意识[4]，人们陷入理性的深渊无法自拔。这一点更能凸显黑格尔哲学中的唯心主义保守性质，这样，自然界和人类社会历史中创造的体现人的本性的劳动产品都成为抽象精神的产品，它们都是精神的环节和思想的本质，这种隐匿在现实劳动产品中的精神特质，恰恰表明了它的非批判的唯心主义特性。而充当异化的主体的是意识或自我意识，对象仅仅是抽象的意识，人仅仅是自我意识。意识与自我意识在思维思辨的运动当中实现了统一，黑格尔最终达到的绝对精神（知识）不过是纯粹思辨的思维内部辩证运动的结果[5]。

---

[1]《马克思恩格斯全集》（第3卷），人民出版社，2002，第318页。
[2]《马克思恩格斯全集》（第3卷），人民出版社，2002，第318页。
[3]《马克思恩格斯全集》（第3卷），人民出版社，2002，第318页。
[4]《马克思恩格斯全集》（第3卷），人民出版社，2002，第318页。
[5]《马克思恩格斯全集》（第3卷），人民出版社，2002，第319页。

(二) 对黑格尔抽象的思辨辩证法体系的批判

马克思集中从《精神现象学》最后一章——"绝对知识"——来指明其理论的片面性和局限性。黑格尔从逻各斯的绝对活动出发，他的体系的各个范畴和概念也是以实存形式为代价而规定的普遍的本质，这种绝对和普遍的性质所规定的范畴，就决定了它们对实存性的具体内容是不在乎的，它们可以被运用于一切之上。黑格尔是站在精神现象学的角度来把握劳动的，在其中运动的是意识和自我意识的思辨辩证法，这种思辨的辩证法运动是双重的否定，借助于此，黑格尔就可以将现实中的一切表现外化，精神现象学的终点是达到绝对知识。马克思通过对黑格尔抽象的思辨辩证法的内在运行机制进行细致剖析，揭示其体系的局限性。首先，黑格尔将人设定为自我意识（人=自我意识），对象也就不过是对象化的自我意识。马克思将黑格尔克服意识的对象的过程概括为[①]：

（1）在意识范围内讨论的对象本身就不是固定的，而是一个不断演化进阶的过程；

（2）自我意识在外化的过程之中不断地创造着物性；

（3）自我意识的外化具有肯定与否定的双重性质；

（4）它不仅对对象有这样的否定或肯定的性质，即使对其自身也是如此；

（5）一方面，意识之所以能够扬弃对象的虚无性，是因为它将自身也当作对象，也在进行外化的作用。换句话说，为了意识本身自为存在的前后统一性，就必须将自身设定为对象；

（6）另一方面，上述的过程同时也包含着这样的一个环节：意识将所扬弃掉的对象性的因素重新复归于其自身之中。因此，意识的对象其实就是意识本身；

（7）这就是意识运动的完整过程，也是意识之中各个环节相互作用的过程；

（8）在意识的精神运动之中，对象的各个规定性都应该在其整体当中来理解，同时，我们也应该通过整体当中每个规定性来理解对象。对象的

---

① 《马克思恩格斯全集》（第 3 卷），人民出版社，2002，第 322~323 页。

各个规定性所组成的整体就使其成为精神的本质,对象之所以能够成为精神的本质,是因为它其中的每一个规定性都是自为存在的,都成为精神的要素而存在。

如果把这八个规定和步骤简化来说就是:现实的人即是自我意识,外在的对象在向自我的不断复归之中,自我意识将对象设定为物性,意识在扬弃对象的时候,其实也就是扬弃了自身。这就是意识各个环节的总体的运动过程,也是现实的运动的过程。这一过程汇集了思辨的一切幻想。首先,自我意识所拥有的异在和对象化形式本质上都是本身,因此意识的意识碰到的障碍也只是对象性的自身,意识本身就冒充为自身的他物,冒充感性的现实的自身。其次,自我意识的人通过外化的形态重新确证了精神世界,并把这一世界冒充为唯一真实的存在。在黑格尔那里,否定之否定不是通常意义上讲的否定假的东西从而印证真的东西,而是在否定假的东西的时候确证与自身相异化的本质。也就是说,否定之否定,真正否定的是不依赖于自身的对象性本质的假本质,而要确认的是其本身就是运动的主体[1]。马克思因而总结了黑格尔哲学体系的运演过程:"扬弃了的质=量,扬弃了的量=度,扬弃了的度=本质,扬弃了的本质=现象,扬弃了的现象=现实,扬弃了的现实=概念,扬弃了的概念=客观性,扬弃了的客观性=绝对观念,扬弃了的绝对观念=自然界,扬弃了的自然界=主观精神,扬弃了的主观精神=伦理的客观精神,扬弃了的伦理精神=艺术,扬弃了的艺术=宗教,扬弃了的宗教=绝对知识。"[2]因此在黑格尔那里,这种运动仅仅被看作是抽象的、思维着的自我意识的运动,作为自我外化的对象性运动是绝对的,是以自身为目的的人的生命的表现。这个抽象的辩证法也就被看成是人的真正的生命过程。作为这个运动主体的承担者,就是自己实现自身的绝对精神。这样,现实的人和自然界就成为这个非现实性的主体的谓语,主语与谓语之间的关系就被彻底颠倒与翻转,形成在自身范围内不停运转的圆圈。劳动作为人类自身的产生过程也就被蒙上了一层神秘的面纱,作为历史实际的负荷者就表现出神秘性、抽象性和虚构性,而历史过程的真实状况只能作为衍生品而存在于体系之中。

---

[1] 《马克思恩格斯全集》(第3卷),人民出版社,2002,第329页。
[2] 《马克思恩格斯全集》(第3卷),人民出版社,2002,第330页。

（三）对黑格尔抽象精神劳动的批判

基于以上逻辑的运演可知，黑格尔将人理解为精神，自然和社会也就被理解为单纯的理念的异化，与占有和异化这种非现实性和精神性相适应，人通过劳动所进行的占有和异化，也不是现实和独立的事物。自我意识从自身当中抽象和设定的对象无所谓物性，因此人的劳动行为也就仅仅被看作是具有抽象性和精神性本质的活动。马克思明确指认了黑格尔劳动哲学的消极方面，也是我们所熟知的，马克思认为，黑格尔哲学体系当中所指认的劳动只是抽象的精神性劳动，并且是唯一承认的劳动形式。黑格尔从精神性的劳动概念入手，将自己的整个哲学描述为思考自身外化，并能将各个环节加以总括的哲学，这都是从精神性劳动本质出发得出的结论[①]。构成哲学本质的东西就是精神，绝对精神被看成是人的普遍的本质，在内在普遍性的精神的关照下，人的特殊性才能被看到和认知，因此精神也被看作是劳动的本质。整个自然界以及人类历史都不过是人的抽象精神的产物，是抽象的精神的环节，纯粹的精神就代替劳动成为人的真正的本质[②]。从黑格尔对人的精神性的规定中可知，他的哲学面向的是无限的和绝对的哲学级次。在此哲学语境中，人的劳动就不仅仅是关涉尘世需要的特殊的个体，劳动的陶冶行为体现出普遍的和为他的抽象性。这种标识形而上学性质的抽象劳动的纯粹形式，在《法哲学原理》当中表现得最为突出，即在市民社会中为满足他人需要进行的普遍和一般的劳动，从而也满足了自身，实现了个体劳动与社会劳动的统一。黑格尔哲学中的抽象的精神的外化就是精神劳动外化为具体劳动，外化为一个自我生成的过程，这也被黑格尔称之为劳动的普遍的本质。而马克思之所以批判黑格尔的抽象的精神的劳动，是因为他认为对现实的重新占有只有通过对象性的异化的消除才有可能，抽象性和精神性的异化活动必须转化为具体的可操作的现实活动。这一结论的得出与马克思对国民经济学的研读有关，因而马克思在对黑格尔抽象的精神劳动进行批判的同时，也批判了其鲜明的国民经济学的立场。

---

① 《马克思恩格斯全集》（第 3 卷），人民出版社，2002，第 320 页。
② 《马克思恩格斯全集》（第 3 卷），人民出版社，2002，第 319 页。

（四）对黑格尔站在现代国民经济学的立场的批判

马克思明确指认，黑格尔站在国民经济学的立场上，只从正面反观劳动，而忽略了其负面的效应，将劳动作为人的外化与异化在自身范围内的自为的生成[①]。那么，所谓的"现代国民经济学的立场"是什么呢？国民经济学以私有制作为自身的前提，从单纯的和抽象的劳动出发，舍弃感性的自然的人性，抽象劳动就成为社会财富的唯一的源泉，成为私有财产内在的主体的本质。因此，站在同一战线的黑格尔和国民经济学家无法意识到工人对象的丧失就是其生活困苦的根源，而只是认为工人所得是其劳动创造所产生的财富的一部分。因为站在同一战线上，对黑格尔的劳动概念的批判就包含着经济学意味的抽象化和一般化与现代形而上学意味的双重批判。黑格尔对市民社会中普遍劳动和特殊劳动的关系是站在国民经济学立场上来看的，市民社会中每一个人都是追求私利的个体，他们是从特殊利益出发的，但是在进入以平等交换为原则的市场当中时，代表特殊利益的个人就会逐渐走向和成全全体人的普遍利益，从而实现特殊性与普遍性的统一。黑格尔虽然看到了市民社会中的异化现象，但以其唯心主义的思辨体系为根据，这种异化只是暂时的和能被消除的，异化现象终将会被扬弃在国家理念之中。国民经济学忽略了劳动者作为人的自身的本质，而黑格尔恰恰为其在哲学层面进行了维护。

以上即是马克思对黑格尔劳动概念批判的主要之点，而最集中的批判主要在于对抽象的精神的劳动的批判，而它之所以形成也根源于黑格尔思辨哲学体系的非批判的唯心主义。黑格尔强调否定性劳动中的肯定因素，马克思则既看到否定性劳动的肯定因素，也看到了否定性劳动的否定因素，他所强调的是劳动自身内在的对立统一关系。黑格尔则在否定性劳动的革命性和批判性上打起了哑谜。马克思对黑格尔的劳动概念的批判体现出非常显著的特征：马克思的黑格尔批判是以他本人对经济事实的深入研究为基础上展开的，这种批判就显示出经济学和哲学的双重批判性质，而正是因为对国民经济学的批判促成黑格尔的劳动批判的成形。换句话说，马克思需对资本主义的异化建造本身的批判地基，并以此为基础分析基本经济

[①] 《马克思恩格斯全集》（第3卷），人民出版社，2002，第320页。

事实的规律性,才能在进行比对当中捕捉黑格尔观点中的神秘化的本质。

马克思对黑格尔批判的深刻之处就在于,他将现实的具体问题与抽象问题相结合,并能从辩证的和唯物的角度把问题解决的同时,与现实的生活关联起来。黑格尔因为对资本主义社会本身的片面的见解而导致其以非批判的唯心主义的态度解答疑问。由于他看不到劳动的消极方面,那么也就导致其哲学上的错误的认识和唯心主义的神秘化。而这种唯心主义的劳动概念的彻底颠覆和超越,需要对其进行唯物主义的社会主义批判才行。

三、超越黑格尔:劳动批判的进阶

黑格尔虽然在概念内部把握了人类自身创造世界的本质活动,拥有对人的对象化、异化和重新占有的认识,但是,这种重新占有只有通过人类的异化的根本根除才能实现。黑格尔只看到了外化的积极一面,唯心主义的扬弃其消极一面,而马克思通过对资本与劳动对抗关系的分析从根本上根除异化,与黑格尔彻底区分开。而这种超越就建立在科学历史观和方法论的生成的基础之上,马克思以费尔巴哈的感性与黑格尔的对象性为基点创立了"感性对象性活动",即实践概念,实现了存在论论域的革命,为其批判资本与劳动的对抗关系进而消除对抗提供了前提性和基础性的准备。

第一,"感性对象性活动"概念的确立。马克思分别扬弃了黑格尔哲学和费尔巴哈哲学的成果而得到的这一原则成为劳动在存在论维度的出场概念,也是马克思对黑格尔劳动理论继承和批判的最终成果。从《巴黎手稿》《关于费尔巴哈的提纲》到《德意志意识形态》,马克思彻底摆脱了对其他思想体系的依托和束缚,开始了以马克思自身命名的全新思想体系的创立。这时,清算自身的哲学信仰就成为当务之急,而其重点就是作为形而上学完成之代表的黑格尔哲学以及旧唯物主义的代表之费尔巴哈哲学。而感性对象性活动就标识着马克思对一切形而上学的批判所达到的高度,意味着与全部旧哲学的彻底决裂,意味着主体与客体的分野只有在真实的社会状态中才能彻底消除。感性对象性活动就是现实的人的活动本身和所包括的对象世界。这是一种在对象世界中的活动,其出发点不是自我意识的内在性，而是作为对象性活动的现实的人。感性对象性活动彻底解除和击穿了自我意识的存在论根基，现实的人自身的异己的对象性本质通过对象性活动体现出来，其体现了主体的对象性本质力量。直到《德意志意识形态》，马克思批判了一切意识形态，意味着作为超感性世界的形而上学世界的终了。这种意识形态的终结就在于马克思发现了其世俗世界的基础，从而清算了黑格尔哲学的虚假的、抽象的、逻辑的和思辨的历史观，这一清算本身就是真正现实的历史的本真呈现。那么"感性对象性活动"这一概念是如何形成的呢？"感性"和"对象性"这两个概念在费尔巴哈哲学和黑格尔哲学中都有出现，但"感性对象性活动"概念的形成并不是马克思对黑格尔哲学和费尔巴哈哲学简单的拼凑，而是在扬弃二者思想的基础上而产生的。正如上文所述，黑格尔的对象性思想囿于其绝对精神的本质而属于理性的活动，最终将人淹没于绝对精神的思辨当中。费尔巴哈批判黑格尔哲学而确立了感性和现实性的实在地位，但是费尔巴哈并没有找到通往现实生活的路径，而是又陷入抽象和无限的漩涡。他没有将人的感性与动物的感性区分开来，无法实现主客体的真正统一，最后在历史观中陷入了唯心主义的窠臼。马克思的感性对象性活动实现了对黑格尔绝对理性和费尔巴哈纯粹感性的彻底扬弃，人作为对象性的存在物在感性世界中确证自身的力量和本质。马克思在承认和接受费尔巴哈感性原则的基础上提出从生产和劳动的对象性改造活动中理解人，充分肯定了人的能动性。正是因为人的活动是感性对象性的，所以才是改变世界的活动。

从历史唯物主义的角度看资本与劳动的真实的辩证对抗关系。无论是黑格尔还是马克思，他们都是从资本主义社会本身出发而生发自身的理论和思想的。而劳动与资本的辩证对抗关系是马克思一开始就已经确立的批判工作的起点。马克思通过黑格尔的对象性的劳动和费尔巴哈的感性原则确立了自身的感性对象性活动原则，从此现实的生活世界降临人间，历史唯物主义的原则和立场得以确立和贯彻。对黑格尔劳动概念的真正超越也是建立在对国民经济学的研究基础之上的，这一点在《巴黎手稿》中有最集中的体现。雇佣工人的感性活动不仅是异化劳动，更隐藏着价值增殖的秘密。马克思在《资本论》中不仅分析了资本增殖的秘密，发现资本运动的过程与规律，更是在生产力与生产关系的相互运动的历史生成根据的角度来定位资本与劳动。资本的历史使命和发展方向始终与劳动相关联、相共生，资本与劳动的辩证对抗也标识着现代性的界限和范围。在《巴黎手稿》中，马克思就已实现思想的转变，将对象性的活动确立为哲学的基本立场，而不是在思维之内来看活生生的世界。在《资本论》的序言当中，马克思更是重申了其运用黑格尔辩证方法来研究经济问题的必要性和重要性，黑格尔的辩证法不仅是抽象和纯粹的形而上学方法，更为运演经济规律寻找到更好的解释途径。马克思站在全新的人的对象性关系的存在方式上来看待资本与劳动的关系，从《资本论》的"商品和货币"章开始，其区别于黑格尔的抽象的思辨关系而立足于社会现实的唯物主义辩证法的随处立现。在全新视域下，马克思给劳动下的定义为：劳动活动是人以自身的自然力来调节与控制物质变换的过程，人本身的自然力就与自然本身形成对立关系。为了打破这种对立，使得自然成为能够为人类服务的有用之物，人就必须不断激发自身的内在潜能，将自身的作用力施加于自然之上，达到改变自然的目的，也就是在这个过程之中，人类自身也得到了改变与提升[①]。与黑格尔的处于抽象思维内部的运行产物和环节的劳动概念相比，马克思将其颠倒和倾覆，在感性对象性的活动的存在论视域下定义劳动，因此，自然界是独立与思想之外的感性客体，是人的感性活动的对象，这是对黑格尔思想客体的全面否定和超越。劳动概念将自然界从僵死的思想内部解救出来，还予自然应有地位。劳动的生产过程具有二重性，资本统治下的生产是劳动过程和价值增殖过程的统一，马克思找到了创造价值的劳动与转移价值的劳动之间的差额，这种对劳动过程的拆分正是解答工人贫困之谜的关键，也在生存论的根基处找到了摆脱剥削的途径，即共产主义。

马克思深入人与人之间的关系中，在社会历史发展的长河中考察资本与劳动。以社会历史的科学方法来考察劳动概念以超出一般规定性的层面（将劳动规定为简单化和抽象化的人类永恒自然界中的抽象过程的生成），从国民经济学的二律背反的理论的泥沼中解脱，这正显示了历史唯物主义

[①] 《马克思恩格斯全集》（第23卷），人民出版社，1972，第201～202页。

的在场和力量。马克思正是利用其历史唯物主义对劳动过程进行了具体的分析，揭示出社会现实中的劳动与资本的深层矛盾，从根本上回答了黑格尔等形而上学家的迷惑，实现了对黑格尔的超越。

第三章 马克思劳动批判理论的价值旨趣

马克思通过对资本主义社会雇佣劳动的异化本质的揭示旨在达到人的自由与解放，人的自由与解放就成为马克思劳动批判理论的终极价值旨趣。而劳动解放是人的解放的前提，劳动解放最终指向的是人的解放。自由劳动是劳动解放及人的解放的最终表现形态。本章就自由劳动、劳动解放及人的解放的内涵及演进历程分别加以阐释，架构马克思劳动批判理论价值旨趣的内在结构，解析价值旨趣的基本内容。

第一节 自由劳动：劳动解放的表现形态

自由劳动作为人的自由的生命的劳动表现形态，是超越谋生劳动与奴役劳动的最高的劳动形态。这种人的自由的劳动表现方式不是一种完成了的劳动形态，而是寓于劳动解放的过程之中，是劳动解放的表现形态。自由劳动就是在对资本主义异化劳动与雇佣劳动的批判与颠覆的过程之中建构与生成的，因而自由劳动也就成为马克思劳动批判的价值旨趣与主旨依归。可见，这一价值旨趣的得出不是正向的，而是反向逆推的，所以自由劳动的建构过程是劳动批判的倒逼过程，这是从马克思劳动批判的视角对自由劳动的考察。

一、自由劳动的内涵与表现

虽然在马克思的文本当中没有关于自由劳动具体的内涵界定，但是在马克思的关于劳动批判的论述中都关涉并指向自由劳动。自由劳动是人的应然（劳动解放）本质，是超越实然本质（劳动异化）的应然的劳动形态。纵观马克思文本当中关于自由劳动的相关论断，我们可以总结与概括出自由劳动的内涵与表现：

第一，自由劳动是超越谋生劳动与奴役劳动的最高的劳动形态。在马克思那里，自由劳动是最高形态的劳动形式，是真正克服异化、超越谋生劳动与奴役劳动的劳动形态，是真正符合人的本质的属于人的"第一需要"的劳动。在资本主义社会中，谋生劳动与奴役劳动是劳动者的主要劳动形式。谋生劳动与奴役劳动就使得劳动活动不是作为目的而是作为手段而存在，劳动活动不能成为人类解放的有效手段与路径[①]。劳动者受自身劳动活动的钳制，不断放弃自身的一切自由来从事为资本所有者生产剩余价值的活动。资本主义社会的奴役劳动更多地表现为强迫劳动、物役性的奴役。这种奴役不是物对人的奴役，而是人与人之间关系的奴役，奴役程度达到外化与异化的状态，这种异化与外化通过人对物性的支配与控制而达成。拥有物的权利不是归工人所有，而是归资本人格化的资本家所有，正是因为这种占据统治地位的物的权利，使得劳动活动本身成为与自己对立的活动[②]。与之相对，自由劳动摆脱了劳动活动受他人支配的限制，使得劳动活动成为自主与自为的活动，成为劳动者自身发展与解放的手段，其意蕴直接关联着人的本质，标志着创造性的人的劳动活动的形成。生产劳动不再是奴役人的手段，而是成为通向自由与解放的有力的支撑工具。自由劳动为每一个人提供了全面发展与实现自我的机会。谋生劳动是资本主义社会劳动的又一主要性质，并且一直会是其劳动活动的主要性质。无论劳动者与其劳动产品是否具有直接的消费关系，劳动活动是否对劳动者来说是一种享受，是否能够发挥劳动者的天赋与潜能，资本主义社会中谋生劳动的性质都会随着生产的发展与分工的扩展而更趋谋生性，直至劳动者的劳动活动完全具有非本质与偶然的性质[③]。人类所有的劳动都具有谋生的性质，但如果人的劳动永远都只为谋生服务，那么也就永远不可能实现人的劳动解放。谋生劳动作为人类生活的基础，确实是劳动活动不可缺少的一

---

① 何云峰：《人类解放暨人与劳动关系发展的四个阶段》，《江淮论坛》2017年第1期，第14页。
② 《马克思恩格斯全集》[第46卷（下册）]，人民出版社，1979，第360页。
③ 《马克思恩格斯全集》（第42卷），人民出版社，1979，第28页。

个意涵与内蕴,但是随着人与劳动关系的发展,人们生活水平的提高,人们进行劳动活动不是主要为了谋生,更多的是为了实现人的自由与全面的发展。作为存在主体的人在对象性的劳动活动中依自己的意向改造对象,并为自身创设一种生存的境遇。自由劳动使得人们的对象化活动具有自觉的性质,劳动活动本身成为人的自由的重要方面,只有在劳动自由的情况下,人才能得到真正的自由,自由也是在劳动当中获得的。

第二,自由劳动是人的自由的生命的表现,是生活的乐趣。马克思曾指出:"我的劳动是自由的生命表现,因此是生活的乐趣。"[①]而在私有制的条件下,我的劳动活动不可能成为生命的外在表现,而只能成为生命的外化形式。如果进行劳动只是为了满足生存的需要,那么这种劳动活动就不可能是生活的乐趣。因此,作为最高劳动形态的自由劳动就应该是人的生命的体现,是人们生活乐趣的主要来源。我的劳动活动不只是为了生存,更是自由自觉的活动。在资本主义社会生产中,劳动者只有在运用自己的动物机能(吃、喝、性行为等)才觉得是自由的活动。而运用人的本然机能时,却觉得自己不过是动物。这就说明在资本主义的生产方式下,劳动者根本就不能以有机生命体的形式生存,当作普遍的因而是自由的生命存在。作为生命活动的劳动对人来说就只是满足肉体需要的手段,"生活本身仅仅表现为生活的手段"[②]。而作为人有意识的生命体现的自由劳动将自己的生活当作对象,使得异化劳动的关系颠倒过来,生活本身成为劳动活动的目的。劳动者就在自由劳动时间之内生产出创造性的全面性的人,因此,人就成为自身劳动时间的主人,而不是像亚当·斯密所认定的劳动活动只是劳动力的耗费,仅仅被理解为牺牲安宁、自由和幸福的过程,而不是正常的生活活动。按照马克思的观点,真正的自由劳动是一种享受,是一种使得内心愉悦的克服外在性的内化活动。这种内化的活动是人的存在不可缺少的因素,劳动本身成为人内在的需求,是人本质展现的方式,劳动时间不仅是人生命的尺度,更是人发展的尺度。自由劳动必须跟劳动者的劳动能力相关联,符合劳动者的劳动要求,契合劳动者的劳动能力发展方向。这样,劳动本身就能实现劳动者的价值。这时的劳动活动就是合目

---

① 《马克思恩格斯全集》(第42卷),人民出版社,1979,第38页。
② 《马克思恩格斯文集》(第1卷),人民出版社,2009,第162页。

的的平等的劳动过程，劳动者劳动活动的结果，就是对象性的现实的人的发展。

　　第三，自由见之于活动恰恰就是劳动，人的自由需要在劳动活动当中实现，自由劳动是人的自由的表现方式。马克思在驳斥亚当·斯密仅把劳动当作一种牺牲时曾指出，亚当·斯密预料不到的是一个人为达成目标在克服外在的目的所进行的劳动活动本身就是一个不断走向自由的过程。虽然在这一过程之中劳动活动由于受到外在尺度的限制，因此会有较多的阻碍与困难，但就是因为不断地克服阻碍，才会不断地实现自由，这些外在的目的性却反而成就个人的内在提出的需求，可以被看成是自我实现的必然因素。因此，马克思才会在劳动活动当中找寻自由，发现自由。亚当·斯密将劳动活动仅仅看作是一种牺牲，忽略了一个人在正常的生存境况之下，也有享受安逸的需求，也有寻求一份正常劳动活动的需求，这些是亚当·斯密所无法理解的[1]。自由是人的永恒追求，其实现只有通过劳动活动才有可能。因为人们的存在与生活样态，都与其本身的劳动生产相一致。一个人是怎样进行生产的，他的生活就是怎样的，他自己也就是怎样的。因此，他们是什么样的，跟他们进行何种类型的生产相一致，又同他们生产什么相一致。因此我们说，一个人所进行的物质生产的性质就决定了一个人的本质[2]。而要成为自由的劳动活动就需要物质生产活动具有社会性质，这种社会性体现在一个人在生产活动当中的一切劳动不是经过刻板的专门训练而得成的，不是作为纯粹自然的形式出现在劳动当中，而是作为劳动的主体，作为能够掌控劳动局面的活劳动能力出现在劳动当中，支配一切生产资料进行生产活动[3]。能够表现自由的劳动是积极的、创造性的劳动活动。追求自由的劳动活动绝不意味着劳动是消遣的活动，是一种轻松的活动，绝不像傅立叶极其天真的想法所理解的那样，真正自由的劳动是非常严肃与紧张的工作。生产劳动被理解为自由的重要切入点，是实现自由的客观中介。马克思就是从社会个体自我实现的角度来看待与思考自由问题的，自由是克服外在强制与障碍的自我实现，其实现途径就是劳动活动。

---

[1]《马克思恩格斯文集》（第8卷），人民出版社，2009，第173~174页。
[2]《马克思恩格斯文集》（第1卷），人民出版社，2009，第520页。
[3]《马克思恩格斯文集》（第8卷），人民出版社，2009，第174页。

自由在劳动生产中实现需要有意识有计划的人进行物质生产的艰难过程,需要有一定的社会物质基础与条件。而这些条件与基础本身就是长期的与痛苦的历史发展的产物。

第四,共产主义是自由劳动实现的社会条件。作为人生命体现的自由劳动的实现需要一定的社会物质条件,其具体的表现形式就是共产主义。共产主义就是自由劳动实现的基本社会条件,换句话说,只有在共产主义制度之下才有真正自由的劳动,因为共产主义的终极关怀就是实现自由劳动。马克思关于自由论题的视角在不停转换,一开始的落脚点是市民社会与国家,后来就转移到经过市民社会的批判,实现政治解放来寻求自由的过程。基于市民社会中人的异化与人的自由的内在张力,找到了实现人的自由的途径与道路。在这里,自由是个体自由与他人自由的统一整体,如果所谓的自由只是个人的自由,那么这种自由还不是真正的自由。真正的自由只能在与他人的社会交往之中去寻求,脱离社会的人是不可能获得自由的。自由是普遍性的自由,是实质自由与形式自由的统一。也就是说,这种自由不仅仅从形式层面规定了每一个人的权利,更是从实质上强化了自由权利的实现。而能够使得自由的整体性与普遍性得到实现的社会组织形式只能是共产主义。共产主义同以往一切社会运动形式的不同在于,它既肯定先前一切生产所创造的社会历史的基础,同时又旨在推翻与彻底消除这些基础,在此基地上重新建立起使人能够自由联合的劳动生产形式[①]。共产主义没有否定与割裂与先前历史的联系,而是对先前社会关系与社会形态的一种内在超越。共产主义的经济主体已经不是资本,而是联合起来的人。在这个基础上,人们不是从某一方面来展现自身,发展自身,而是能够全面地发展自身,自觉生产出全面发展的人。从这里可以看出,共产主义处于不断演变的运动过程之中[②]。每一个人都能借助自由劳动充分发挥个性时,人类就能实现全面性的发展,而只有在这种新历史运行逻辑当中,作为人的本质的自由劳动才能彻底实现。共产主义克服了必要劳动所产生的异化,打破了外在目的性的强制,自由劳动就存在于必要劳动的彼岸。

---

① 《马克思恩格斯文集》(第1卷),人民出版社,2009,第574页。
② 《马克思恩格斯文集》(第8卷),人民出版社,2009,第137页。

第五，自由劳动不是一种完成了的劳动形态，而是寓于劳动解放的过程之中。自由劳动的劳动形态不是天赐之物，而是人类实践长期发展的产物。自由劳动的真正发源地还应该追溯到前共产主义的必要劳动之中，在必然王国当中孕育。而由必然王国向自由王国的超越，就是不断实现劳动解放的过程，也是自由劳动不断生成的过程。一方面，作为自由劳动实现的社会条件的共产主义，本身就不是一种确定的与固定的状态，不是现成的理想。而是与现实紧密相关的，处于不断的运动与发展之中的。而其运动与发展的条件就寓于现有的前提之中[①]。共产主义本身就是消灭现存状况的现实的运动，是一个不停运转的现实生成过程，作为其结果的自由劳动也必然是一个不断进阶发展的劳动形态，寓于劳动解放的过程之中。另一方面，人的自由需要在劳动活动当中得以体现，不是抽象的自由，而是由人的劳动实践决定的自由。随着人的认识和实践的不断发展，人逐渐获得全面的解放，人的解放寓于劳动解放的过程之中，人的自由劳动也处于不断发展之中。寓于劳动解放之中的自由劳动就成为根本性的推动力，人们正是依靠实践的自由劳动的动力推动才得以不断建构世界。人们在劳动活动当中不断建构意义世界，意义世界也会随着人的自由劳动的扩展而不断丰富发展起来。这是人与意义世界交互作用的辩证发展过程，也是一个人不断确立自身地位的过程。

二、自由劳动建构的倒逼机制

自由劳动作为人的自由的生命的劳动表现形态，是超越谋生劳动与奴役劳动的最高的劳动形态。这种人的自由的劳动表现方式不是一种完成了的劳动形态，而是寓于劳动解放的过程之中，是劳动解放的表现形态。自由劳动就是在对资本主义异化劳动与雇佣劳动的批判与颠覆的过程之中建构与生成的，因而自由劳动也就成为彰显人本质的劳动形态建构的最终样态。

第一，资本主义社会的自由劳动是"潜在形式的赤贫"，倒逼出共产主

[①] 《马克思恩格斯文集》（第1卷），人民出版社，2009，第539页。

义社会的自由劳动是"显在形式的富有"。马克思将人的本质归结为一切社会关系的总和,将人看成是社会关系中的存在物。因此,现实的社会发展条件与社会存在的关系就成为一个人自由发展的前提,规约着一个人自由的实现程度。对人的自由的把握也只有在社会关系之中进行才是真实的,自由劳动的生成离不开人与人之间的互动关系。如果我们从社会关系的角度来考察自由劳动就会发现,不是所有的自由劳动都是合乎人性的。一定社会关系之下的自由劳动能够促进人的发展,是公平的,而在另一种社会关系之中,表面自由的劳动却有可能出现的是对人自由的阻碍、压制与限制。在马克思劳动批判的论述语境中,资本主义社会与共产主义社会都存在着自由劳动,但其两者的性质却存在天壤之别。在资本主义社会中,自由的劳动从本质上说就是资本的自由,资本的自由所带来的结果就是自由工人生活的困窘。资本中的自由只是字面意义上的自由,而不能给工人带来真正的自由,它带给工人的只有贫困与窘迫。工人对资本家来说只是生产工具一样的存在,工人只有不间断地为资本家生产剩余价值才能有其生存的价值,才能获得必要的生活资料。在资本主义国家中,工人所获得的生活资料也不能满足其生活的需要,而只能取得生活方面的救济,这种救济本质上是工人拿自身的活的劳动能力所换取的继续劳动的部分资本。而把工人作为一个正常的人来看待的话,他就不仅仅只是能够提供劳动的工具,也是有其生活需要的能动的主体,而在现实的客观环境当中却不存在满足其生活需要的条件。这里面已将资本主义社会中自由劳动的潜在形式的赤贫本质论证得非常清楚了,以致在资本主义社会中,工人只被当作劳动的动物,当作仅仅是维持肉体需要的牲畜。劳动者的生产成果被生产资料所有者无偿占有,劳动者越是不断地投入生产,其生活水平就越降低,所获得生活资料就越少,生活就越贫困。劳动者越是不断进行劳动反而越是贫困。因此,资本主义社会的自由劳动只能表明作为劳动力所有者的工人可以自由出卖自身,为资本生产创设条件,而不能带来工人自身的自由。马克思在文本当中对资本主义社会中自由劳动的阐释是为了倒逼出替换它的劳动形态,对资本主义社会中所谓个人自由的批判也是为了建构并实现真实的自由。在以资本为基础的生产方式中赤贫表现为劳动的结果,那么与之相对的,自为、自觉与自主的劳动活动就成为共产主义社会关系下的劳动形式，人的自由是按照人的自觉意识进行的，也就是实现物质的极大丰富，共产主义社会中的自由劳动导向的是工人们生活的富有。正是对资本主义社会自由劳动的批判，给我们提供了实现自由的理论基础，使得我们从资本主义社会的物役关系回归到共产主义社会的人的自由全面发展，摆脱必然王国的束缚。

第二，资本主义社会中劳动的异化状态倒逼出劳动向人的本质的复归，即劳动成为人的生命的表现方式。在资本主义社会中，劳动由自由的实现方式变成奴役人的手段，劳动的异化状态将人的自由的劳动活动贬低为工具与手段，同时也就将人的生活贬低为肉体生存的必要手段[①]。劳动对于工人来说不是内在性质的外在显现，他在自身的劳动当中总是被强迫、被折磨、被剥夺，而不是感到幸福，感到满足，感到快乐。在这种劳动活动当中，人们不能按照自身的身体机能进行劳作，而只能使自身遭受痛苦的折磨，但是却不得不默默承受。人在实践活动中不断改造着世界，从而生成一种属人的世界，人通过实践活动不断生成的世界就是人在其中生活的世界。正如人的生活依存于现实的世界，这个世界也同样规约着人们的生活，为人们的劳动活动设限与划界。人们在自身的劳动实践当中促成人与人之间的相互关系，因此，人的真正的社会关系只有在其积极扬弃现实存在，实现自身的本质的过程之中才能建构起来。人所创设的社会联系却反过来成为束缚人的工具与手段，那么就需要我们以自身的实践复归劳动活动的本真意蕴，重新搭构社会的组织形式。资本主义社会的异化困境倒逼出劳动向人的本质的复归，即劳动成为人的生命的表现方式，这一使人遭受困苦的社会劳动形式终将会被体现人的生命的劳动形式所取代。复归人的本质的劳动活动替代了对人的统治，取消了资本的自由。而这种复归于人的劳动本质的社会形态只能是共产主义，正如马克思所言，当被迫的奴隶般的分工与劳作消失，被动的脑力劳动与体力劳动分工消失，代之以主动的与自主的分工。只有到那时，劳动活动才打破谋生劳动的界限，更多地体现人的需要，促进人的发展。在此基础之上，生产力会不断地增长，社会财富会充分地涌流。这些创造的社会财富都会突破狭隘的资本主义性

---

① 《马克思恩格斯文集》（第1卷），人民出版社，2009，第163页。

质，而成为满足人们真正需要的资料①。只有到达共产主义社会，体现人的本质的劳动活动才能充分涌流，劳动活动本身不再仅仅是谋生的手段，而是人的全面发展的途径。

第三，资本主义社会中劳动的雇佣状态倒逼出自由人的联合劳动。马克思曾指出，雇佣劳动制度就跟奴隶劳动一样，是劳动的暂时的与低端的形式，它最终会被自主的、自愿的、幸福的联合劳动所代替②。资本主义社会的雇佣劳动作为社会劳动形式的一种，终将会被自由的联合劳动所代替。随着雇佣劳动的发展，资本成为统治社会的绝对力量，工人们丧失了劳动的自主权，物的生产占据统治地位，人的发展被忽略甚或沦为物质生产的手段。虽然马克思也承认资本主义生产方式在特定的历史阶段对生产力发展的革命性的作用，但是资本主义不过是建立在雇佣劳动基础上的形式化的自由，这种狭隘的自由取消了人的自由，作为社会主体的人丧失了原本的自由，成为物的奴隶。雇佣劳动统治下人的不自由，不仅仅关涉生产力的发展水平，更是资本主义社会奴役与压迫关系的外在表现。这种奴役与压迫的社会关系导致人的自由无法取得普遍与真实的存在，从生产活动的开端到终结，每一环节的绝对权都掌握在资本家手中。工人的这种不自由、受奴役的生产与生活状态促使其阶级意识觉醒，只有通过社会革命才能从根本上变革现有的社会关系，颠覆资本主义社会的私有性质，打破资本逻辑对人的钳制，进而消除奴役与压迫，才能从根本上推动人的自由与全面的发展，这其实就是劳动解放的历程。劳动解放使得对资本主义社会的基本前提与原则进行彻底的反思与重构，以自由和联合的劳动形式替代不自由与私人所有的劳动形式，消除物对人的统治，实现社会生产力发展与人自身发展的统一，资本主义社会中劳动的雇佣状态就倒逼出自由人的联合劳动。自由人的联合劳动是人类发展的最高目标，是取代雇佣劳动的终极劳动形态。这一劳动形式的完成不是一蹴而就的，有其发展的艰难的过程，需要经历从人与人的依赖关系到人对物的依赖关系，再到人的自由与全面的发展。特别是从对物的依赖性的资本主义社会向对人的本质占有的社会状态的转变，人的劳动活动实现了从不自由向自由的转折。自由

---

① 《马克思恩格斯选集》（第3卷），人民出版社，1995，第12页。
② 《马克思恩格斯文集》（第1卷），人民出版社，2009，第12~13页。

人的联合劳动将实现自觉的社会分工，以此为基础所创造的劳动生产力也会成为实现人的自由发展的促进力量，占有财富的目的也就只会是不断实现人的自由而全面的发展。人与人之间的社会关系也将从被迫与强制的对立关系状态转变为自觉与自愿相互肯定的统一与合作的关系。这种新型的社会关系也就是自由劳动存在的社会条件，即共产主义社会。在这种新型的社会关系之中，个人的自由与社会整体性的自由实现了统一，自由劳动是惠及每一个人的自由。个体能在自由交往的基础之上创设自由个性发展的空间，并推动其他个体的自由的发展。在这种相互促进的社会关系之中，社会也就成为自由人的联合体，劳动活动也就成为每一个人自由的联合的劳动。

人类历史总是在不断的自我批判与反思中走向前进，马克思对于异化劳动与雇佣劳动的批判，其根本目的就在于对资本主义社会的反思中探寻人类自由与解放的新的可能性。马克思正是从资本主义社会"潜在形式的赤贫"倒逼出共产主义社会"显在形式的富有"，从资本主义社会的异化状态倒逼出劳动向人本质的复归，从资本主义社会的雇佣劳动倒逼出自由人的联合劳动。资本主义社会的劳动关系是分裂人的，那么我们就需要消灭人的分裂状态，在社会的统一中实现个性的解放与发展，构建人类社会发展的新模式。这一新的历史方位的确立是通过对资本主义社会的劳动批判而获得的，批判必然王国中人们劳动状态的不自由、人们劳动的异化与雇佣状态，以求解整个人类社会的自由与发展。这种批判与反抗会演变成对资本主义社会的扬弃，劳动解放之路开启，解放就是从不自由向自由的转变，劳动解放也是从不自由的劳动状态向自由劳动状态的转变过程。自由劳动就成为劳动解放的表现形态。劳动解放是自由劳动的前提与基础，自由劳动发展使得人获得更大的劳动解放。

第二节　劳动解放：人的解放的进阶桥梁

根据前文可知，劳动解放是从不自由的劳动状态向自由劳动的状态转变的过程。我们将从这一自由劳动的实现过程出发来探究劳动解放的内涵与表现。劳动解放关涉对劳动与解放的理解，这里的劳动既不是黑格尔抽象的精神性的劳动，不是国民经济学抽象的一般性劳动，也不是费尔巴哈感性原则的劳动，而是现实的人的能动的物质资料的生产活动。劳动为人类社会历史的发展提供了物质基础，整个人类的历史是以物质资料的生产劳动为前提的，是现实的劳动对象性活动所生成的历史。在这一过程中，不同的劳动组织形式会产生不同的社会生产关系，而"以物的依赖性为基础"的社会形态是以劳动异化为内在本质，以雇佣劳动为表现形式的，这一社会形态中劳动状态的不自由、不幸福、不合意愿性不断加剧，由此也就开启了对劳动解放现实可能性的探讨。这里的解放也就指向了现实的人，指向了现实的人的劳动实践活动领域。解放的主体也就因此锁定为从事现实劳动的人，即整个人类。而不是资产阶级所谓的战胜旧阶级的少数人的解放，也不是单纯的理性的抽象人的解放。

劳动解放因此也就成为人的解放的现实形态，是人的解放的进阶的桥梁，是一个动态发展的过程，体现为对现代资本主义社会内在桎梏的揭示，对劳动遭受异化困境与被压迫事实的揭示，对劳动受资本雇佣与剥削的事实的揭示。我们必须从这一过程当中体认劳动解放的基本内涵。在对劳动解放的内涵与表现进行考察的过程之中有一点需要澄清，这一点也是理解劳动解放的关键点，是容易对劳动解放产生误解与怀疑的转折点，即劳动解放不意味着不进行劳动，不意味着摆脱劳动，劳动作为人的本质的生命体现是不可能摆脱的。这里的劳动解放意味着要让劳动活动回归到真正的本原状态，能够在合乎人的意愿的状态下进行，并且能不断降低劳动对人的摧残程度，以至最终消除劳动异化的境遇。作为人的存在方式的劳动活动应贯穿人类社会发展的始终，成为人们生存的基础性条件，劳动解放应该是将人从压迫状态中解放出来，劳动即使取得了自由状态，具有了自觉性与享受性，也必须在不断的劳动活动当中实现。

一、劳动解放的内涵与表现

关涉马克思的文本与学术界关于劳动解放内涵的研究，笔者总结与归纳出劳动解放内涵与表现的几个要点：

第一，劳动解放的实质是真实的符合人本性的劳动社会关系的复归。这里面的"真实的"劳动社会关系意味着不断消除束缚人的劳动能动性发挥的社会关系，并在历史发展过程中不断被扬弃，使得劳动的社会关系回归到体现人的本质的劳动的社会关系上来，"马克思劳动解放思想是马克思为无产阶级和整个人类的自由与解放所提供的科学理论依据，这种真正历史向度的劳动解放思想试图回答劳动解放的实质即劳动社会关系的回归"[①]。

在马克思劳动批判的视域之内，作为人类社会历史发展基础的物质生产劳动具有主观能动性与社会历史性的双重性质。无论任何社会形态，劳动总是面向客观世界以人的精神能动性为基础的客观历史性活动。劳动者通过自身的现实的劳动活动既改造客观的外部世界，也改造其自身，这两者是统一的，而由于资本主义私有制的存在形成了劳动生产者与劳动产品占有者之间的对抗与斗争，这也是劳动解放使得真实的劳动社会关系复归的内在张力所在。这一真实的劳动关系的复归过程又包括劳动力主体性的复归、劳动者本身的复归及劳动过程的复归。当劳动力成为劳动者自身可自主支配的能力时，劳动力的使用过程即劳动过程也就摆脱了私有性，成为创造劳动者自身生产与生活资料的本真过程，成为取消异化性的发展劳动者主体能力的劳动过程。劳动获得了全面的社会性，成为真实的自由的自主性的劳动。因此，我们说劳动解放的实质就是扬弃劳动社会关系的异化性与雇佣性，发展劳动社会关系的自由性与联合性，使之复归真实的劳动社会关系，为劳动者的解放乃至全人类的解放提供坚实的基础，从而建立自由人的联合的劳动共同体。

第二，劳动解放源于劳动活动本身所内含的解放基因与革命性质。从前文可知，现代劳动活动既具有主观能动性又具有社会历史性，换句话说就是作为展现创造性力量的生产方式的劳动和作为具有革命性力量的社会关系基础的劳动。这两方面都能体现出现代劳动活动的解放基因。资本主义性质的劳动活动虽然具有异化性质，但是其本身也为劳动的不断解放创造了前提，随着社会生产的发展以及生产关系的变革，当劳动的异化程度

[①] 刘荣军、李书娜：《马克思劳动解放思想的逻辑意蕴与历史展现》，《东南学术》2019 年第 5 期，第 80 页。

发展到社会无法承受时，异化的扬弃历程也就开启，而扬弃异化状态、回归人的本真的生存状态就是劳动解放。我们说劳动活动本身具有革命性质，是就劳动活动的主体而言的。作为劳动活动主体的工人阶级承担着推翻雇佣与异化的生产关系的革命使命。资本主义性质的劳动活动的异化性质与作为人的生命体现的劳动活动，二者的内在张力与辩证运动也就是劳动活动的解放基因与革命性质的由来，而革命的根本使命就是通过两种劳动活动的历史嬗变不断激发其解放潜质，解除资本对劳动的桎梏，将劳动活动从剩余价值生产的魔咒中解放出来，使劳动活动重新回归到一般的物质生产领域当中，从对抽象劳动的追求转变为对具体劳动的追求，生产的目的只是为了满足社会的发展的需求。世世代代所承继下来的发达的物质财富被联合的劳动者共同所有，为劳动者的自由发展创造条件。劳动者因此可以按照自己的兴趣爱好从事自己喜欢的工作，可以通过自身的实践活动完善自身，丰富自身，促使劳动活动成为最终目的[①]。由此，我们可以推导出劳动解放的另一内涵表现，即劳动解放使劳动活动本身成为目的。

第三，劳动解放就其根源性来说是对劳动异化与雇佣劳动的扬弃，使得劳动成为目的本身的演进历程。这一点可以说是劳动解放历程得以生成的根基。资本主义性质的劳动活动所具有的异化性与雇佣性是马克思劳动批判的重要内容，由此开启摆脱异化状态与雇佣劳动形式的劳动解放，因此我们说，劳动解放就其根源性来说是对劳动异化与雇佣劳动的扬弃，从而使得劳动活动本身由手段转变为目的。我们在考察作为马克思劳动批判主要内容的异化劳动与雇佣劳动批判的过程中已经知道，劳动者在资本主义私有制下被剥夺了劳动自由，生产资料与劳动产品都成为剥削劳动者的工具。劳动者为资本家进行强制性的生产活动，也就因此出现了劳动者与资本家之间的对抗，分化和产生出无产阶级与资产阶级的敌对关系。劳动者生产活动的异化关系也就引申出整个资本主义社会各个领域的异化现象。马克思由此也就从劳动的异化揭示出资本主义制度本身的剥削性，从而推出劳动解放的演进逻辑。

资本主义性质的劳动活动的异化性质是以其雇佣劳动为前提的，正是

[①] 叶俊、崔延强：《马克思劳动解放思想的演进历程》，《西南大学学报（社会科学版）》2019 年第 4 期，第 63 页。

因为资本家以私有制为基础对生产资料与生活资料进行控制，使得劳动者成为一无所有的"自由工人"，不得不受雇于资本家为其生产剩余价值。雇佣劳动的体制使得劳动者被禁锢于异化的困境当中无法脱身。劳动解放就是不断消除异化的、强迫的、痛苦的劳动活动，而实现自主的、自觉的、享受的劳动活动；实现劳动的这种实质性的转变，就是将它从否定自身的劳动活动转变为肯定自身的劳动活动，由为了使得价值增殖的手段转变为劳动活动本身的目的。劳动解放从而使得劳动者在自主的劳动活动当中得到全面的发展，劳动活动成为主要的活动方式，人们在劳动活动当中不仅能够创造物质生活与生产资料，同时还能促进自身的发展与身心的愉悦，在最大程度上实现劳动活动与人的统一，实现劳动的手段与目的的统一，人的发展就表现为劳动活动的发展，劳动活动的发展也在最大程度上表现为人的发展。只有在每一个人都能得到自由而全面的发展，并且每一个人的自由发展是一切人自由发展的前提的社会之中，劳动者才能真正掌握自身的劳动活动，劳动活动也才能真正从手段转变为目的。

第四，劳动解放本身是一个历史进阶的过程，其根源于生产力的发展水平。劳动活动本身具有社会历史性，劳动解放的进阶过程也必然是一个历史不断发展的过程，而不断促使其推进的主要动力是生产力的发展水平。我们可以从马克思的著作中纵观劳动解放的历史性的演进历程。在《巴黎手稿》中，马克思已经对劳动解放有过一定的解读。通过揭示资本主义生产方式下的异化劳动及其超越异化的可能性路径，马克思对私有制进行了深刻的批判并试图找寻束缚劳动者的根源，并以扬弃劳动异化、消灭私有制的共产主义为劳动的解放之路。随着唯物史观的逐步确立，马克思开启了以分工为出发点探索劳动解放乃至人的解放的道路。分工在推动生产力发展的同时产生了一种异化的力量，从而使得劳动者与劳动共同体分离程度加深。人们在追求私有财产的同时，分工也在不断加强着异化的力量。这里面的分工指的是旧式的分工，是一种自发的分工，是具有外在性与异己性的分工，而不是一种自觉与自主的分工。有个性的个人在分工之中成为单向度的人，劳动者的自身力量成为与其相分离的东西，这种分工压抑着劳动者的多种多样的生产与生活的才能，培养劳动者片面的生产技巧，使得劳动者的活劳动成为生产机器的附件，成为畸形的劳动工具，而不是一个实实在在的人。如果分工不是出于劳动者的自愿,在这种分工之下的雇佣劳动对劳动者来说就是一种奴役人的强制劳动。每一个从事劳动活动的人都会被自身的劳动所牵制、所折磨,即使是资本的所有者,也会被资本的无限增殖所累、所囚禁、所奴役,无论是资本主义社会的规则制定者,还是履行规则的人,都不能幸免于难,都会被各种各样的片面性与局限性所阻碍,为自己亲手创造出来的物性所奴役。异化劳动、分工与私有制在这里具有内在的同一性,消灭分工也就是消灭私有制与劳动的异化,消除劳动的从属性,更加充分地实现劳动解放。随着劳动分工的不断进步,我们更应该站在资本主义生产方式本身来看待问题,并且重新审视劳动解放。这就需要我们从作为资本主义财富基础的抽象劳动入手,破除抽象劳动的生产机制。这也就意味着只有时刻面对资本主义生产发展的新形势,深入研究其内在矛盾,才能把握劳动解放的深刻内涵。

  随着劳动生产力的发展以及分工的细化,越来越多的手工劳动被机器劳动所取代,人本身也就越来越成为机器生产的一个附庸,劳动者本身也就越发像一台机器,异己的物对人的统治也就越发严重。"只有大力发展社会生产力、提高劳动生产效率,不断降低劳动的生存需求的比重,并积极吸收人工智能等科学技术的最新成果,将人类从危险性、摧残性和单调枯燥的劳动的折磨中解放出来,进而逐渐摆脱资本逻辑的统治,克服社会关系的异己力量,才能使劳动最终成为人的第一需要,成为真正的享受性活动。"[1]生产力的发展水平在一定程度上决定了人从自然与社会的禁锢中解放出来的程度,所以我们说劳动解放是一个历史进阶的过程。

  通过对劳动解放内涵的考察,我们发现劳动解放最终的落脚点是其不断走向现实的路径,劳动解放本身就是一个不断演进的历史性的过程。劳动解放历程的不断推进需要生产力的发展,为劳动解放提供必要的物质基础。生产力的发展不会自动转化为劳动解放的助推养料,更关键的是需要克服社会关系的异己力量,建立一种非异己的社会关系,使得劳动者的劳动活动获得自我实现,为人们创造更多的自由时间。将人从为了单纯的生存需要而进行必要劳动当中解放出来,变奴役劳动为自由劳动的过程,也

---

[1] 何云峰、王绍梁:《"让劳动本身成为享受"何以可能》,《探索与争鸣》2019 年第 7 期,第 66 页。

就是劳动解放的过程。从这个角度来说，劳动解放更多地表现与偏重为超越政治自由与思想自由的经济解放，而其实劳动解放本身是涵盖经济解放、政治解放、思想解放等为一体的思想体系。劳动解放的最终指向是人的解放，劳动解放是人的解放的前提。

二、劳动解放是人的解放的前提

与西方理性主义及空想社会主义关于人的解放的论述相比，马克思将人的解放的视角指向人自身的劳动活动及其社会历史的发展，这种历时性的劳动解放植根于社会关系之中。劳动解放中的解放也就是摆脱束缚获得自由，其获得自由的主体是人，劳动遭受普遍奴役也就是人遭受普遍的精神与肉体的奴役，劳动解放的实质也就是复归真实的劳动社会关系，将人从遭受摧残的境地当中解脱出来。当劳动解放的程度不是由外在强制力而是由自由自觉的劳动活动决定时，劳动解放也将最终走向人的解放，劳动解放与人的解放也就达成了统一，因此我们说劳动解放是人的解放的前提。

第一，劳动解放最终指向的是人的解放。资本主义性质的劳动活动的社会历史性表现在劳动力的买卖过程中，物与物的等价交换关系掩盖了其背后的人与人之间的不平等的社会关系，由此引发对雇佣劳动扬弃的要求，走向劳动解放，从而实现人的自由而全面的发展，即人的解放。正如马克思在《哥达纲领批判》中所指认的那样，代替着资本主义社会的将是这样一个社会，劳动是人的第一需要，代替那被迫的与强制的外部需求。这种劳动也就扬弃了异化的劳动状态，使得劳动获得解放，也最终指向了人的解放。可见，劳动解放的最终目的是实现人的解放，人的解放才是劳动解放的最终归宿。劳动解放虽然是一个不断进阶的历史性过程，但并不是马克思的终极追求，而是实现人的解放的一个必然要经历的环节。首先，人的解放需要在实现人的自由自觉劳动的同时，还要在政治、经济、思想等方面都获得解放。人的解放是一个全面解放的系统，而不仅仅要求劳动解放。人作为一切社会关系的总和，本质上还要受到社会各方面（政治、经济、文化等）综合效力的影响。劳动解放是人的解放的关键环节与基本条件，但最终还是要指向人的解放。其次，自由劳动作为劳动解放的劳动表现形态，消除雇佣劳动对人的强制性与压迫性，劳动活动成为合人意愿的、自主性的活动，劳动活动的享受成果与付出成正比，人既享受劳动过程，又能共享劳动成果。其自身的特征与表现形式都是为了人的自由与全面发展服务的。所以我们说，劳动解放是人的解放前提。

第二，劳动活动本身内含丰富的伦理价值与意义，而人的解放是其伦理价值的核心内容。这里面谈到的伦理意义指的是从伦理的视角考察劳动对人的价值与意义，劳动对人的意义生成具有重要的作用，从伦理视角考察劳动与人的关系，就代表着从积极的层面上看待它，而其中劳动对人的解放是其中最重要的伦理意义[①]。这是从伦理价值的视角对劳动解放与人的解放关系的解读，因此也可成为论证的依据。从劳动活动为入口来观察人的解放问题是马克思的理论视角，人的解放也是马克思劳动伦理思想的根本价值旨趣。之所以说人的解放是劳动解放伦理价值的核心内容，是因为人们所从事的劳动活动将人与动物区分开来，将人从自然束缚中解脱出来，成为拥有主观能动性的人。劳动活动因而创造了人，进而也创造了社会关系。劳动解放也就是破除社会关系中不合理的因素，使得人复归真实的人，促使社会关系转变为有利于人的全面自由发展的社会关系。劳动作为人的本质活动对人来说是绝对的与普遍的，而这种普遍性与绝对性却因不合理的社会关系的影响而成为相对的与特殊的，不同意蕴的劳动活动对人的解放是不同的，劳动活动普遍性与特殊性的统一是劳动解放得以成立的基础。劳动活动普遍性与特殊性相互作用的内在张力不断促使着人的解放。从这个角度来看，人的解放是劳动解放伦理价值的核心。这种对人的解放并不意味着不劳而获，相反，应对不劳而获者进行应有的道德谴责。劳动活动成为劳动者的一种基本权利，每一个人都有通过劳动活动走向幸福的权利。在社会主义社会中，劳动被当成人们获得价值与尊严的基地，是一切平等与自由的源泉所在。在资本主义社会中，劳动活动只是实现资本增殖的手段与工具，而在社会主义社会中，劳动活动被看成社会的基础与前提，成为最终依归，保障人自身发展的根基。

[①] 贺汉魂、王泽应：《马克思"劳动解放"思想的伦理意蕴及其现实意义》，《理论探讨》2012年第4期，第49页。

只有加强对劳动者劳动活动的依法保障,对劳动者人格尊严的伦理保护,才能从根本上建立起人的解放的伦理与道德支撑。

第三,人的解放取决于人与劳动关系的解放与发展的程度。追求人的解放与自由一直是哲学家们的理想与信念,他们或是付诸于抽象的意识思维,或是付诸理性意识,求解何为自由、何为人的解放,而将人的物质生产活动排斥于人的解放的探讨范围之外。马克思与之相反,他将研究的视角由抽象的精神世界领域转移到社会现实的物质生产领域,着眼于现实的劳动活动来探讨人的解放问题。马克思批判的就是传统哲学解释世界的做法而指明哲学应指向于改变世界,这种哲学理念推翻了旧哲学思维中脱离社会现实来求解人的自由的意识思维,创建关涉人的解放的新哲学,而从劳动解放的视角来求解人的解放的钥匙正是马克思哲学革命的精神内核。作为人的基本存在方式与发展方式的劳动活动构成人的解放的现实基础,人们可以在劳动活动中作为主体而存在,可以完全占有劳动对象,支配劳动产品。劳动活动更多地从满足生存需要的方式转变为发展需要的方式,进而实现人的自由与全面的发展,劳动的解放成为人的解放的应有之义,也是人的解放的实现路径。人与劳动关系的解放与发展程度直接决定着人的解放的发展状态与程度,而求得人的彻底解放才是人类社会的真正旨趣。人的解放与发展程度主要通过人与劳动关系的状态来反映。(1)物质生产劳动成为人类生产与生活的主体内容构成,同时也是人类社会历史发展的主要推动力量,只有通过劳动活动,生产力才会不断地进步与发展,才会取得实质性的进展,才能持续不断地创造丰富的物质财富,劳动的物质生产为人的解放提供了坚实的基础,人类在充实的物质财富的基础之上得以获得更多的自由时间,才能彻底实现人的自由与自觉,因此只有实现劳动的解放才有人的解放。(2)我们已经知道人的解放是全面的解放,这一解放的基础是劳动的解放,这就说明人的解放主要在于劳动的解放,没有劳动的解放也就没有人的解放。(3)人的解放主要是将人从资本的桎梏当中解放出来,体现着人的自觉性、自主性的解放过程其实就是以现代资本主义社会中资本与劳动的二元对立为主要批判点与出发点的。人的解放就是以解除资本与劳动的对抗关系为主要内容的历程,"资本→←劳动→劳动解放"是人的解放运行程序。(4)将人的解放的考察建立在现实劳动实践的基础之上,在劳动活动当中求解,使人的解放的历程可参阅、可操作,使之具有科学性。劳动作为政治经济学与哲学重要的考察对象,说明马克思为之奋斗与努力的方向在于探求无产阶级及整个人类的解放,实现无产阶级及整个人类的解放就是马克思的实践的主题。

第四,人的解放依靠劳动解放来实现与完成。马克思关于人的解放的探讨与劳动及劳动关系保持着密切的关切,从《巴黎手稿》开始,马克思就将劳动的异化作为实现人的解放的关键性问题。到《关于费尔巴哈的提纲》与《德意志意识形态》,认定生产关系是一切社会关系中的基本关系,而劳动关系成为社会关系中的核心。人类社会关系的形成和发展都归结与依赖于劳动活动,找到劳动这一关键环节,马克思就开始从劳动活动入手来探索实现人的解放的路径,因此我们说人的解放依靠劳动解放来实现与完成,劳动解放成为人的解放的必要环节,甚至可以说,是人的解放的精髓所在。因此,既然只有通过劳动解放才能真正求得人的解放[①],那么在劳动的解放中来求解人的解放就需要我们深入研究劳动解放的历程。劳动解放作为一个历史进阶的过程,也就必然导致人的解放是一个历史进阶的过程,劳动解放主要在于扬弃异化劳动与雇佣劳动,使得劳动成为目的本身,那么人的解放的历程也需要不断扬弃异化劳动与雇佣劳动;劳动解放的程度依赖生产力的发展水平,那么,人的解放也依靠与依赖于生产力的发展水平。劳动解放意味着将生产资料的私人占有转变为共同占有并进行自由与自主的劳动活动,劳动解放既然依赖于生产力的发展水平,那么,经济的解放也就成为实现劳动解放的关键。物质生产方式决定并制约着整个社会的政治、文化的解放,而人的解放也就是包含经济解放、政治解放、思想解放在内的全面解放,从这个角度来看,我们也需要从劳动解放入手来求解人的解放。自由时间的不断扩充是劳动解放的内在要求,所谓的自由时间指的就是由人们自由支配并用来发展自身的闲暇时间,在自由时间里人们不仅能得到充分的休息,还能从事自身喜爱的活动,使得劳动活动达到自愿、自觉、自由。用于发展人的自由个性的自由时间的发展程度也就成为衡量人的劳动的解放程度,劳动解放内含对自由时间的追求,自由

---

① 张国钧:《劳动解放:马克思人类解放思想的真蕴》,《长白学刊》2010年第3期,第17页。

时间的不断生成又不断促进劳动解放的实现。人在自由时间之中不断彰显人的个性，促使劳动成为真正人的自由活动，从这个意义上来看，人的解放也就依赖于自由时间的发展程度。

前文我们分别从"劳动解放对人的解放的关系"及"人的解放对劳动解放的关系"两个层面入手，探讨劳动解放与人的解放的关系，劳动解放最终指向的是人的解放，人的解放是劳动解放伦理价值的核心内容，人的解放取决于人与劳动关系解放与发展的程度，人的解放依靠劳动解放来实现与完成，这四个方面都指向了这样一个结论：劳动解放是人的解放的前提，但人的解放并不是简单等同于劳动解放，促进劳动解放是实现人的解放的重要方面。马克思从劳动活动入手，将哲学变革与解放立足于劳动的实践本质之上，通过揭示人的劳动的存在方式与发展模式，来解构人的解放，寻找人的解放的密码，这就是马克思的解放学说的超越性与先进性所在，"作为人的存在方式，劳动（实践）构成了人的解放的基础和历史前提"①。

第三节 人的解放：马克思劳动批判的终极旨趣

我们在前文中梳理了劳动解放与人的解放的关系，劳动解放是人的解放的前提，但反过来人的解放对劳动解放的目标提示作用也是十分明显的。劳动解放最终指向的是人的解放，劳动解放与人的解放的关系表征人的解放才是马克思哲学的终极追求，是马克思劳动批判的终极旨趣。人的解放就成为马克思主义哲学的一面旗帜，更是马克思劳动批判的方向指引。人的解放贯穿于马克思整个理论体系之中，成为其主题及核心②。劳动解放与人的解放的内在关联表明人类社会已不再是某种抽象的实体，一切的感性存在物也不再是抽象实体的外在显现，而是社会历史实践的结果，我们应该从人类劳动实践的历史发展角度来研究人的解放的内在意蕴。本节中

---

① 张国钧：《劳动解放：马克思人类解放思想的真蕴》，《长白学刊》2010 年第 3 期，第 18 页。
② 贺汉魂、王泽应：《马克思"劳动解放"思想的伦理意蕴及其现实意义》，《理论探讨》2012 年第 4 期，第 49 页。

我们首先探讨人的解放的内涵与表现，再以其为基础讨论人的解放是马克思劳动批判的终极旨趣的原因。

一、人的解放的内涵与表现

作为马克思劳动批判终极旨趣的人的解放，有其形成的历史根基与前提，即劳动解放。劳动解放是人的解放的主要内容与真实内蕴，劳动解放也是人的解放的根本实现途径。将人的解放与劳动解放关联在一起，就使得马克思的人的解放思想与西方哲学史上大多数哲学家对人的解放的逻辑化、抽象化及非历史的理解与阐释区分开来，也与各种空想的人的解放的学说划清了界限。马克思人的解放的思想是建立在现实劳动实践的基础之上的，马克思从来不会将抽象的精神与自在的事物作为其关注的焦点，他毕生所关注的都是人的存在境遇及其人的解放的路径。马克思对黑格尔的抽象精神性劳动与国民经济学的抽象的一般性劳动的批判，都是为人的解放探寻现实的基础，从而将人的解放置于现实的劳动活动之上。从这个角度来看，劳动解放就成为人的解放的内在意蕴，劳动解放的内涵及其表现都是人的解放的内涵及表现，劳动解放就是人的解放的本质内涵，并且是最重要及最关键的内蕴，可以说我们接下来所探讨的人的解放的内涵都会关涉劳动及其解放活动。而除了劳动解放的内蕴之外，人的解放的深层内涵及其表现还有几点呈现：

人的解放是全人类的解放。学术界从解放的主体对人的解放进行了个体层面的解放，局部地区、民族、国家等层面的解放及全人类的解放这三个层次的划分，即个体解放、群体解放和人类解放，由此所形成的对人的解放阐述多是从个体层面的解放入手的，而笔者认为人的解放作为马克思理论的终极关怀的话题，不是为了追寻意义与价值的纯粹学问，而是为了回答人类将往何处去，为了建构人类社会的历史走向的社会历史发展理论，作为马克思劳动批判终极旨趣的人的解放更是指向整个人类的解放事业。所以我们将人的解放指向全人类的解放，马克思的劳动批判既是在消除私有制的前提下使得人们摆脱他者强加的束缚，从传统的社会关系的奴役当中解放出来，又是无产阶级从资产阶级的统治与剥削当中解放出来，还是整个人类从自然和社会的外在强制当中解放出来，成为自然、社会和自身的主人。人的解放就是在劳动批判与反思当中不断向前推进，探寻解放的现实路径。人的解放的过程就是将人类从其生存的自然禁锢、社会禁锢、自我禁锢当中挣脱出来，最终实现每一个人的自由而全面的发展。从本质上看，人的解放就是将人从外在的、异化的强制当中拯救出来，扬弃人的片面性，实现人的本性的复归。这里面的人不是所谓抽象的、精神性的、观念的及自然的人，而是生活于社会关系当中，具体的、实在的、活生生的人，是植根于生产与生活现实运动当中的人，虽然这个"人"是现实的个人，而人的解放的现实的运动最终必将带来的是整个人类的解放。

虽然人的解放最终指向的是整个人类的解放，但要实现真正人类的解放不是一蹴而就的，而是需要经过诸多环节与阶段，因此我们需要首先从解放一个阶级开始，进而实现解放全人类。马克思在《〈黑格尔法哲学批判〉导言》中认定无产阶级应承担起实现人类解放的使命。在马克思看来，德国解放的可能性就在于从社会当中寻找到一个阶级，这个阶级只有从其他一切社会领域当中实现解放，才能解放自己。这种解放指向的是人的本质的全面的复归[①]。人的解放首先在于无产阶级的解放，无产阶级的解放是实现人的解放的前提条件。这就需要我们正确处理个人解放与全人类解放之间的关系，谨防将人的解放归之于类的解放，将最真实的个人变成为最不真实的精神载体，用个人的不幸与牺牲换来类的生存与发展。正确的方向应该是由每一个人的自由发展上升到一切人的自由与发展，每一个人的自由与发展是一切人自由与发展的前提。人的解放所指向的整个人类的解放并不意味着忽视每个人的自由与发展，人的解放恰恰需要通过每一个人的自由与发展体现出来并得以不断进阶。

人的解放是全面的解放。人的解放是为了实现人的自由与全面的发展，所以我们说人的解放是人的全面的解放，是人对自身本质的全面的占有，是从其现实社会关系出发所得到的全面性。人的解放的全面性一方面体现在：人的解放既是人与自然关系的和谐共生，又是人与社会关系的和谐共生。人的解放在自然层面表现为人与自然关系的和谐，人们从自然界

---

① 《马克思恩格斯选集》（第1卷），人民出版社，1995，第15页。

源源不断地获取生产与生活资料，又将生产与生活之后所产生的废物返还自然。在资本主义制度下，人们的生产与生活都服从于资本的增殖，这就使得人们不断地利用并控制自然，无节制的生产破坏了生态平衡。而人的解放就是要使得人与自然达到和谐与平衡，使得生态环境得到永续发展；人的解放在社会层面表现在人与人关系的和谐，人们扬弃了劳动的异化状态，在所形成的自由人联合体中实现公平与平等地占有生产资料，共享劳动成果。人们可以自由选择自身的职业，自由自觉的劳动成为普遍的劳动形式，这也就是马克思所言的共产主义的生产阶段。"在共产主义社会里，任何人都没有特定的生活范围，每个人都可以在任何部门发展，社会调节着整个生产，因而使我有可能随我自己的心愿今天干这事，明天干那事，上午打猎，下午捕鱼，傍晚从事畜牧，晚饭后从事批判，但并不因此就使我成为一个猎人、渔夫、牧人或者批判者。"[①]这样一种生产与生活的状态将会彻底消除雇佣劳动与异化劳动的弊端，实现人与人关系的和谐发展。人的解放的全面性另一方面体现在：人的解放是多维度和多层次的解放，劳动解放是人的解放的前提与基础，是实现人的解放的关键环节与主要内容，同时人的解放还要不断实现包括政治解放、经济解放、思想解放、社会解放在内的全方位的解放。政治解放为人的解放提供了历史性的前提，经济解放为人的解放创造了物质的基础，思想解放为人的解放提供了文化性前提。马克思关于人的解放的思想正是映衬政治解放、经济解放、思想解放及社会解放的要求，又不断突破着历史的天然界限，将解放的诸多现实问题纳入人的解放的目标当中，实现人的全面的解放。

从人的解放的演进历程出发考察其内在本质。所谓人的解放的内在本质只有在其演化的历程之中才能得到应有的解答，而作为人的解放的演进经历了"政治解放→社会解放→劳动解放→人的解放"的历程。从马克思人的解放的演进过程来看，人的解放开端于政治解放，是马克思在《德法年鉴》时期的重要概念，它是市民社会从中世纪到资本主义的转折过程的哲学概括，是资产阶级政治革命的结果，而不是自发生成的。在《论犹太人问题》中，马克思阐述了政治解放与人的解放的关系：资产阶级革命废

---

① 《马克思恩格斯选集》（第1卷），人民出版社，1995，第85页。

除了封建制度，将国家从宗教中解放出来，市民社会从国家当中解放出来。而政治解放实质上只是资产阶级的解放，有其不彻底性与局限性，现实表明政治解放不能完全实现人的解放，人们仍然无法过上实现自身自由的生活。人的解放的真正实现需要人作为类存在物，认识到自身的本质力量，并将之组织成为社会力量而与政治力量分开与对抗。这种力量的生成是个人在自己的经验生活当中、在自己的社会活动当中、在自己的劳动活动当中进行的[①]，人的解放的不断推进就需要将市民社会从私利的社会转变为公利的社会，将私有财产转变为社会的集体财产，使人真正成为社会的存在，而这一过程的实现就需要社会解放，这是从客体维度来探讨的人的解放的路径，而人的解放还需要主体维度的配合，这一主体维度也就是我们前文所探讨的劳动解放的环节。主体维度也就是从人类自身的劳动活动入手来解读社会历史发展的规律与经验，真正的人类解放才能真正开启。因此，在实现政治解放的前提下，人的解放就呈现出社会解放与劳动解放的向度目标，最终由劳动解放的实现而走向人的解放。可见，人的解放遵循着历史发展的规律性、客观性与阶段性的特征，各个历史发展阶段都是不可超越的接续过程。政治解放、社会解放与劳动解放作为人的解放的具体化的路径，其实是社会现实变迁发展的过程，这就是在历史唯物主义的视域下所得出的必然结论。从其演进的历程也可以看出人的解放植根于人的深层本质，是普遍的又是彻底的理想与目标，理应成为马克思劳动批判的终极旨趣。

人的解放是一个社会历史性与目标价值性相互作用的历程。从前文对人的解放的演进历程的分析，我们就可以得出人的解放是一个不断推进的历史发展过程。而作为马克思劳动批判终极旨趣的人的解放却有其存在的特殊性，它既具有社会现实实然发展的真理性，又具有回应世界应然状态的价值性，因此我们说人的解放是一个社会历史性与目标价值性相互作用的完成历程。作为价值目标与理想信念的人的解放跳出了纯粹的意识领域，从现实的人及其发展入手，在劳动活动的实践当中推行。通过对资本主义社会的批判，揭示了劳动的异化在政治层面、社会层面的表现，以劳动异

---

① 《马克思恩格斯文集》（第1卷），人民出版社，2009，第46页。

化为突破口解开了私有制的不合理性与通往共产主义社会的锁钥,从而解除束缚与禁锢人的发展的障碍。我们既不断地通过社会现实的表现来谋划实现其目标的手段与途径,又不断地贯彻与践行人的解放的目标,使得人的解放的实然状态与应然目标达到历史现实运动的统一,也论证了人的解放的真理性与价值性的统一。刘同舫教授认为人的解放的演进历程与马克思的社会发展的三大形态具有某种视域的融合,这种视域的融合形成一种新的局面:一方面印证了社会发展的规律性与历史性,另一方面让我们更加清晰地认知马克思的人的解放理论的深刻内涵。换句话说,社会发展的三大形态就是人的解放的外在表现形式,而人的解放理论就是社会发展的真实意涵[1]。社会发展的三大形态,即为"起初是自然发生的人的依赖关系""物的依赖关系为基础的人的独立性""建立在每一个人自由而全面发展基础之上的自由个性"。

这三个阶段每一步的推进,都是人的解放的社会历史性与目标价值性相互作用的结果,特别是由物的依赖性向自由个性的转变历程,其中更是蕴含着目标价值的引导与人的劳动活动的社会历史运动的相互作用。

二、人的解放成为马克思劳动批判终极旨趣的缘由

人类的解放对马克思来说一直都是头等重要的问题。刘同舫教授甚至将马克思的理论学说直接看成关于人的解放的理论,并强调马克思虽然一生著作颇丰,留下了大量的文本材料,探讨的论题跨越历史、政治、哲学、经济、法学等领域,但是人的解放始终是其理论延续与发展的最终推动力,是所有理论的旨趣[2]。作为马克思理论旨趣的人的解放更是马克思劳动批判理论的终极旨趣,这可以从马克思劳动批判理论与人的解放二者的基本内容出发进行探究,本节主要就人的解放为何成为马克思劳动批判理论的终极旨趣进行研讨。

消除雇佣劳动的异化困境是马克思劳动批判的核心,也是人的解放的现实路径。人的解放在资本主义雇佣劳动体制中主要在于消除劳动异化所

---

[1] 刘同舫:《人类解放的进程与社会形态的嬗变》,《中国社会科学》2008年第3期,第12页。
[2] 刘同舫:《马克思人类解放理论的叙事结构及实现方式》,《中国社会科学》2012年第8期,第5页。

带来的困境,"只有消除了物的奴役,消除了人的奴役,在每个人都能过享有真正的自由,能体验到全面而丰富的感受性的真正公正的社会中,每个人的全面而自由的发展才能得到充分的体现,才能实现人的真正解放"[①]。异化劳动所显示的四种异化表现形式都关涉人的本质的异化,消除异化、对私有财产进行批判与扬弃、超越谋生劳动,就是为了使人的本质达到复归。而从本质上看雇佣劳动就是异化劳动,是异化劳动的现实劳动形式。在"劳动力成为商品"和"劳动资料与劳动者分离"之后,雇佣劳动形式的产生就是为了实现资本的增殖,而不顾人在资本主导下的生产境遇中的处境,形成了雇佣劳动的异化困境。劳动者这种异化的性质在黑格尔劳动概念与国民经济学劳动概念的阐释之下都被遮蔽与隐藏起来,黑格尔抽象的精神性劳动是一个自我外化生成的过程,即使黑格尔已经看到劳动的异化性质,但也最终消解于其演化的体制之中;而国民经济学家直接将资本与劳动看成是同一的,在资本的运动作用之下,自然会达到国民富裕,而看不到资本对人本质的消解,看不到劳动者日渐困窘的处境。这是马克思劳动批判的主要内容,马克思对黑格尔劳动概念与国民经济学劳动概念的批判与揭示,其实是为了扬弃资本主义社会雇佣劳动的异化性质,从而使得人的劳动真正成为体现其生命本质的活动。这一历程其实就是不断实现人的解放的过程,消除雇佣劳动的异化困境就是人实现解放的现实的路径,也是最直接与最根本的路径,从这一点来说,人的解放必然成为马克思劳动批判的终极旨趣,马克思对异化劳动与雇佣劳动所进行的批判与超越,主要也就是为了实现人的解放。

人的解放只有在自由人的联合体中才能最终得以实现,这也是马克思劳动批判的最终归宿。所谓最终归宿并不意味着人类社会历史发展在未来被彻底终结掉,而是作为否定之否定的肯定,是社会历史发展的必然环节,同时也寓于不断实现的过程之中。这就告诉我们,不能将代替雇佣与剥削制度的自由人联合体作为一种静止的、完满的理想存在形式,而是应看作表现为人的解放的不断实现过程。人的解放只有在自由人联合体中才能得以实现,作为社会历史发展演变过程的社会经济形态不断推进,个人作为

[①] 郑宇:《马克思的自由与解放思想研究》,复旦大学出版社,2018,第2页。

这一过程的主体，虽然发挥着重要的作用，但也是这一社会历史过程的产物。个体的自由与全面发展只有在共同体中才能实现，在真正的共同体中个人通过自身的联合获得自由。一个人只有在这种真实的社会集体当中生存并发展，才能在联合的集体之中彰显本质，因而获得自由[①]。在前文中，雇佣劳动在分工的发展中不断推进，消除不合理的分工也就是在消除阻碍个人发展的手段。不合理的分工的消除不可能通过意念的消除而完成，这只是自欺欺人的行为。真正消除不合理的分工只能依靠个人以劳动的本质回归重新驾驭这些物的力量，使其成为人的发展的推动力量而不是阻碍力量。马克思又说，消除分工只能在集体当中实现，没有集体也就没有个人自由而全面发展的承载力量，只有在集体当中才有获得自由的可能[②]。对资本主义生产关系的扬弃，也就是消解其所意指的抽象的自由，这种自由只能伴随着资本主义而产生。资本主义的买卖关系一旦停止，他们所意指的抽象的自由也会随之消失。从这里可以看出，资产阶级所谓自由的买卖，是相对于封建农奴制下的人身依附关系而言的，对被奴役的市民来说，自由买卖是一种进步，有一定的意义。但是，对于更进步的社会组织方式来说，这种自由的买卖反而成为真正自由实现的障碍，必须将之消除[③]。马克思的劳动批判所扬弃的正是资本主义社会的抽象自由、虚假自由，而代之以真实而具体的自由，自由人的联合体是马克思劳动批判的最终归宿。人的解放的实现需要社会历史形态（自由人联合体）的支撑，而自由人联合体的建立也是马克思劳动批判的归宿，这种自由人联合体中所达到的人的自由而全面发展的解放状态，就是马克思劳动批判的最终旨趣。

从自由劳动、劳动解放、人的解放的逻辑演进中看马克思劳动批判的终极旨趣。一方面，自由劳动是人的自由的表现形式，是超越谋生劳动与奴役劳动的最高的劳动形态，但作为最高的劳动形态也并不是一个完成了的劳动形态，依然需要在劳动解放的过程之中不断得到实现。自由劳动是劳动解放的劳动表现形式，而劳动解放是人的解放的进阶的桥梁，劳动解放最终指向的是人的解放，人的解放也只有在人与劳动的解放程度上得出，

[①] 《马克思恩格斯文集》（第1卷），人民出版社，2009，第571页。
[②] 《马克思恩格斯文集》（第1卷），人民出版社，2009，第570~571页。
[③] 《马克思恩格斯选集》（第1卷），人民出版社，2012，第416页。

这样就形成了"自由劳动→劳动解放→人的解放"的演化历程。而在这一演化历程的终端是人的解放,自由劳动虽然是劳动解放的劳动表现形式,但是劳动解放不断地在促进人的解放,因此,自由劳动最终指向人的解放。另一方面,自由劳动批判与超越的是异化劳动与雇佣劳动,其演进的过程就是实现劳动的解放,而劳动的解放作为一个不断推进的过程,也在批判与超越雇佣劳动的异化困境中不断走向人的解放。因此我们说从自由劳动、劳动解放与人的解放的逻辑演进过程中,可以看出人的解放才是马克思劳动批判的终极旨趣。

第四章 马克思劳动批判理论的机理分析

在对马克思劳动批判理论的历程进行深入细致的分析之后，我们需要对其理论本身的内在结构进行阐释，总结与概括其理论运行的机制，并在此基础之上寻找其理论生发的内在依据，并以此为据对当今社会现实问题进行学理性的分析，解答时代困惑，弘扬理论科学真理性。

第一节 马克思劳动批判理论的本质规定

通过对马克思劳动批判理论本质规定性、逻辑起点及运行轨迹的分析，得出既关涉理论内在性又能推演下去的结论，进而总结出理论本身的基本特征，这是对马克思劳动批判理论内在结构的解析，也是对其进行的机理分析。这种细致的机理分析，为我们继续深化并运用马克思劳动批判理论提供了前提与依据。

前文我们通过对马克思文本的追溯，对马克思的直接文本批判对象——黑格尔的劳动理论与国民经济学的劳动理论展开了批判与反思，在批判与超越的过程中形成了对资本主义雇佣劳动异化困境的思考。而当批判与超越的运行过程结束之后，我们可以就其运演逻辑总结与概括出马克思劳动批判理论的本质规定。所谓本质规定，主要有两层意蕴：（1）探讨关于事物存在的基础与根据的规定；（2）探讨事物本身的根本性质。关于马克思劳动批判理论形态本身存在的基础与根据，我们在研讨马克思劳动批判的过程之前，就已经予以归纳与概括，这也是马克思对异化劳动、雇佣劳动、黑格尔的劳动理论、国民经济学的劳动理论展开批判的现实背景与理论背景。而我们这里主要就马克思劳动批判理论本身的性质予以总结与概括，而这一层面的归纳只有在"批判与超越"的过程追溯完毕之后才能予以解答。通过对黑格尔劳动问题的探讨我们可知，劳动概念在黑格尔那里被视为逻辑思辨理论体系的一个关键环节，马克思正是在这一关键环节中读出了劳动解放的意味，并将之作为发现历史唯物主义理论与剩余价值理论的切入口和必要手段。马克思作为近代形而上学的彻底颠覆者，开启了哲学的生存论路向，哲学存在论的真实意义就在于不断引领人们思考理念与现实、历史与存在之间的关系，鼓励人们思考超越自我与实现自我的路径。而劳动概念就成为既保持理念与现实的平衡，又打破这一平衡而不断向前的动力来源。对黑格尔劳动理论与国民经济学劳动理论的批判与超越，都是在私有制的原则高度上进行的，不能将二者严格划分开来。只要未脱离资本原则，资本对劳动统治与钳制就仍在马克思所完成的批判视域之中，也只有在批判性的语境之中，才能彰显马克思哲学的当代哲学意义。而关涉马克思劳动批判理论的本质规定，即其理论的根本性质，我们需要通过对几个问题的研讨来做出基本判断，这几个问题不是随意提出的，而是与理论本身内在相关且易与理论本身混淆的，在对这几个问题的研判中，我们能基本把握马克思劳动批判理论的根本性质与基本定位。

问题一：马克思劳动批判理论是一种关于资本主义社会的批判理论吗？

法兰克福学派的代表人物霍克海默在《传统理论与批判理论》中对批判理论进行了定位：批判理论本质上就是对人类自身发展中存在的问题进行反思与检审。传统理论以现有的事实为起点，得出与社会现实互相佐证的理论证据与结论；而批判理论则从打破一切既定事实出发，旨在得出推翻现存社会的否定的理论。马克思的资本主义社会批判理论也就是对资本主义现代社会本身的历史视域进行检审与反思，以无产阶级为历史的主体，以推翻资本主义社会实现共产主义社会和解放人类为旨趣的，对资本主义社会进行全面系统批判的理论体系。马克思的资本主义社会批判理论不是抽象的哲学理论，而是历史与现实的有机结合，是对资本主义社会及带来的人类的生存困境问题进行系统批判的理论体系，这是学术界公认的观点。而通过对马克思劳动批判的路程追踪，发现它的存在境遇与历史视域依然是资本主义现代社会，其出发点依然是资本对劳动的钳制而导致的劳动者生存的异化困境，其落脚点依然是揭露资本剥削劳动的秘密，从而寻找到代替资本统治的全新社会替换形态。从这一视域来说，马克思的劳动批判理论也是一种资本主义社会批判理论，但是它们又是有根本区别的，这种区别体现在理论的侧重点不同：马克思劳动批判理论以劳动概念为切入点，无论是从理论的批判对象的设定，还是从劳动批判过程的展开，都密切关涉劳动概念。因而分析马克思劳动批判理论的关键是在劳动概念，无论是对异化劳动与雇佣劳动批判，还是对黑格尔劳动理论与国民经济学劳动理论的解析，都以劳动概念为切入点。而对于资本主义社会批判理论来说，其理论以资本主义社会本身为切入点，其批判更多地以资本原则为中心展开，资本原则与逻辑理所当然就成为资本主义社会批判理论所要批判的中心。现代资本主义社会确实是以资本原则为中心建立起来的，正是资本无限增殖的目的本身才成为钳制劳动者的根源。但是对比之下，马克思的劳动批判理论在强调资本的强制原则基础上，更加突出了资本原则下的劳动的异化，无论是对异化劳动还是雇佣劳动的批判，其实指向的都是资本主义性质的劳动，即抽象劳动才是劳动者贫困根源所在。

问题二：马克思劳动批判理论是一种关于现代性的批判理论吗？

国外研究者大多将现代性问题归结为理性的批判问题，从而理性批判的内容就成为现代性批判的主要内容。吉登斯在《现代性的后果》中总结现代性的特征时指出，现代社会文明程度越高，理性对人的束缚就越牢固，理性就越是成为自由的狱卒，将人们的个性禁锢。而理性的批判导致对现代性批判的分化：以阿多诺、霍克海默、福柯等为代表的思想家，对现代性持否定态度，现代性本身已经宣告了传统理性的破产，现代社会已经趋于终结。而以哈贝马斯为代表的思想家则坚持传统理性没有终结，现代社会存在的问题在于将理性归结为工具理性的结果，是经济与政治系统对生活世界的殖民，交往理性可以为社会现实提供新的可能，现代性意味着对传统系统的不断挑战与瓦解，意味着新秩序与新框架的构建。国内学者对现代性批判问题的研究，更多地集中在寻求现代性困境的根源。吴晓明教授将现代性作为现代世界的本质根据，其两个基本支柱就是资本与现代形而上学，表征了当今社会的双重现实：经济发展及所需构架。资本与现代形而上学内在勾连的共谋关系，说明对资本原则的批判高度由现代形而上学的深度与广度来标识。马克思对现代性批判的这两大支柱从来没有偏废，在《巴黎手稿》中，马克思对国民经济学二律背反的批判立刻就成为对黑格尔哲学的批判，而国民经济学的出发点就是劳动概念。国民经济学以之为前提的劳动其实是抽象劳动。正是通过对异化劳动诸规定的批判，马克思得出国民经济学陷入的种种矛盾，其实是异化劳动同自身的矛盾。正是自相矛盾的劳动概念生发出了资本与劳动的异化关系，以资本为原则的世界构架其实就是以抽象劳动为基础奠基的[①]，因此思辨形而上学与资本就成为马克思批判现代性的两个入口。从这个视域来看，马克思劳动批判理论就是一种现代性批判理论。马克思正是在资本与现代形而上学共同构架的现代性的原则高度上，对资本主义社会进行劳动批判的，对国民经济学劳动理论与黑格尔劳动理论的批判，正是对资本与现代形而上学两重建制的具体化的批判。资本与现代形而上学两者的同一，就是在劳动概念中被揭示出来的。霍克海姆将劳动本身作为一种工具性活动，劳动成为实现特定目的的技术手段。但这不能解释作为价值中立的劳动手段对目的的支配地位的不断提高。霍克海姆已经注意到社会生产的目的事实上成为一种手段，或说成手段对目的钳制更为准确。而资本主义性质的劳动正是真正的工具性活动，只有在资本主义社会中，劳动才具有这样一种性质。

问题三：马克思劳动批判理论与整全的马克思思想理论的关系是什么？

一般说来，马克思劳动批判理论是整个马克思理论的一部分。而由于劳动概念在马克思思想理论中的基础与核心地位，劳动批判理论也就贯穿在马克思思想理论的始末，马克思劳动批判理论的形成与发展就代表着马克思整体思想理论的完善与发展。在整体的马克思思想理论中，对于劳动概念是有其本体论的前提预设的：劳动成为体现人类生命的活动，并且目的性就在劳动活动自身。马克思认为人本身的现实性只有在劳动实践当中才能充分体现，人们也应当在实践活动中体认客观世界的力量与本质。作为最基本的实践活动的物质生产活动（劳动）不仅具有物质性，也具有社会历史性。马克思的实践论的转向绝不仅仅是在物质生产劳动这一层面体

[①] 吴晓明：《论马克思对现代性的双重批判》，《学术月刊》2006年第2期，第50页。

现人类历史的物质性，而且指向了实现人的力量的规定性，更体现在使现存世界革命化这一层面。包含在实践范围内的物质生产劳动活动，不仅仅指涉人与自然物质交换的活动，更是人的生命活动表现为自身充分发展，是建构人类社会共同体的对象性历史活动。劳动概念本身包含着目的在自身之内，而在资本主义社会中，劳动者却变为资本增殖的手段，这一转变过程是通过劳动力商品化与剩余价值的生产这两步来实现的。抽象劳动物质化劳动过程，在增殖过程中人真正成为一种手段，而且仅仅是一种手段，除了手段没有其他的目的。这里就出现了矛盾，这一矛盾是资本主义社会体系内在结构异质性的体现，是内在于其社会关系结构之中的异质性，从而无法建构一种稳定的和谐统一体。而资本主义性质的劳动二重性（而非劳动本身）就是这种矛盾的外在体现，同时也提供了一种可能性：既对自身进行批判，又能为自身寻求替代方案。正是通过对马克思劳动批判理论的系统追溯与研讨，才会使问题更聚焦于资本对劳动的钳制与劳动对资本的超越这一主题，才能更加透彻地洞察整体的马克思思想理论体系。

通过对比与分析，我们可以粗略总结与概括出马克思劳动批判理论的本质规定：马克思劳动批判理论本质上是以社会历史性的劳动概念为基点，展开对资本主义性质的劳动活动的批判分析，其真实的批判对象为异化劳动、雇佣劳动、黑格尔的劳动理论、国民经济学的劳动理论，是对资本异化困境与出路进行探寻的一种现代性的批判与反思。

第二节　马克思劳动批判理论的运演体系

劳动从表征人的生命表现的活动演变为资本主义性质的钳制人的劳动，这一资本主义性质的劳动概念（雇佣劳动的异化本性）成为国民经济学与黑格尔理论得以存在的基础。马克思正是通过对资本主义性质的劳动概念的内在运演机制的揭示，超越以往理论家对资本主义社会的异化困境的理论遮蔽，实现了对资本主义性质的劳动概念的彻底颠覆。

一、马克思劳动批判理论的逻辑起点

逻辑起点是一个理论的始端范畴与概念,马克思劳动批判理论作为马克思思想理论体系的重要理论,也必然有其特定的概念范畴作为其逻辑起点,而这个作为逻辑起点的概念是由马克思劳动批判理论本身的性质与特点规定的。逻辑起点应是理论中基本的运演单位,理论体系的架构,理论运行的基点、理论的终极结论的推出都与逻辑起点紧密相关,并且此逻辑起点的概念范畴有助于自身理论科学体系的形成。那么根据马克思劳动批判理论本身的性质与特点所规定的逻辑起点是什么呢?笔者认为满足上述条件,能作为马克思劳动批判理论的逻辑起点的概念范畴是社会历史性的劳动。

第一,社会历史性的劳动概念范畴是马克思劳动批判理论研究对象的基本单位。马克思劳动批判理论的研究对象,就是劳动批判的对象,正是对批判对象的系统阐释才有了马克思劳动批判理论的生成。我们认为社会历史性的劳动概念就成为批判对象的基本构成单位。因为无论是异化劳动还是雇佣劳动,其本质上都是资本主义性质的劳动,是社会历史发展到资本主义阶段的必然产物,依然具有社会历史性。也正是因为劳动活动的社会历史性,才有了替代异化劳动与雇佣劳动的可能性。因此,我们说社会历史性的劳动成为异化劳动与雇佣劳动的基本构成单位。国民经济学的出发点就是物质生产活动,以劳动活动为基点展开讨论,形成关于劳动价值论的相关论述,得出国民富裕的结论,与现实相对形成了二律背反。追溯其错误根源就在于国民经济学无法认知社会历史性的劳动概念,而将劳动概念作为一种永恒性抽象性的概念。社会历史性的劳动概念作为国民经济学的基本单位,体现在其内含于国民经济学劳动概念之中,成为解读与批判国民经济学的切入点。在以劳动概念为转折点与突破口的黑格尔哲学体系中,自我意识正是在对象性的劳动活动的感悟中觉醒的。而在其理论体系中,劳动概念的属性是绝对性与精神性的,我们说社会历史性的劳动概念依然内含于其理论之中,社会历史性的劳动概念就是指涉对资本主义社会制度下的劳动一般的认知,并因而形成黑格尔对自由的唯心主义的探寻。

第二，社会历史性的劳动概念范畴贯穿在马克思劳动批判理论发展的全过程。通过对前两点的探讨可知，社会历史性的劳动概念内含于批判对象之中，这种内含关系更多地体现在：社会历史性的劳动概念既是批判对象存在的基础，又是马克思批判与超越的可能性根据。正是因为马克思体认到劳动者劳动活动的社会历史性，体悟到资本主义性质的劳动概念而非一般性的劳动概念成为钳制劳动者的根源，因此将之贯穿在马克思劳动批判的整个历程之中。通过社会历史性的劳动概念设定，将异化劳动、雇佣劳动概念、国民经济学劳动理论及黑格尔劳动理论作为批判的对象，又将社会历史性的劳动概念与批判对象的劳动概念进行对照，指出批判对象的劳动概念的非历史性与永恒性，这种非历史性的劳动概念与现实经济生活相违背，从而以社会历史性的劳动概念为基点探寻超越批判对象、寻求人类解放道路的可能性。可以说，劳动解放的可能性也是基于劳动概念的社会历史性。这样，我们就看到社会历史性的劳动概念是贯穿马克思劳动批判理论始终的范畴。

第三，社会历史性的劳动概念范畴是马克思劳动批判理论形成的关键概念。正如前文第二点所指出的，社会历史性的劳动概念贯穿在马克思劳动批判理论生发、推进、完成的整个历程之中，没有社会历史性的劳动概念也就没有马克思劳动批判理论，所以我们说社会历史性的劳动概念范畴是马克思劳动批判理论形成的关键概念。从某种意义上说，社会历史性的劳动概念给我们提供了一种分析资本主义本质的概念范式，这种范式能够对资本主义社会关系的变动提供充分的分析，是一种通过指出历史转型方式而把握的概念，是能够指认现代社会症结的概念范畴。马克思劳动批判理论对现代社会的批判与重构的力量，来自社会历史性的劳动概念。在社会历史性劳动概念的指引下，对资本主义的克服意味着人类物质生产形式的转变。资本主义社会生产的目的是创造剩余价值，个人劳动的目的是消费，而马克思所设想的否定资本主义形态的社会生产的目的是消费，个人劳动的目的是满足自我实现的需要。正是社会历史性的劳动概念指认资本主义的内在矛盾在于资本主义社会的历史结构，它赋予了资本主义一种矛盾性的力量，同时又为一个新的社会秩序提供了可能性。马克思的劳动批判理论因此不能被看作是一种线性的分析理论，而是螺旋式的推进型理论。

综上所述，社会历史性的劳动概念就成为马克思劳动批判理论的逻辑起点，开启了其批判与超越的逻辑演进历程，并适时在其理论的关键转折点提供前进的动力。这从侧面进一步论证了社会历史性劳动概念在马克思劳动批判理论中的定位，作为直指批判对象的武器，社会历史性劳动概念以其锐利的刀锋铲除进阶的敌人，让劳动幸福重现人间。

二、马克思劳动批判理论的运行轨迹

在明确了马克思劳动批判理论的逻辑起点之后，我们需要进一步对劳动批判的历程予以整理与分析。透视劳动批判的流转历程，我们只能从对国民经济学的劳动理论与黑格尔的劳动理论批判与超越的历程中，寻找劳动异化困境的深刻答案。我们根据前文对劳动批判过程的详细论述，总结出马克思对批判对象进行批判与超越的要点（见表4-1），在批判点与超越点的一一对应中，我们能够洞察马克思劳动批判理论的运行轨迹。表4-1主要分为批判对象、批判点与超越点这三个栏目，对每一批判对象的批判要点都会有它相应的超越要点。对异化劳动的批判主要集中于劳动者与劳动产品的异化、劳动者与劳动行为的异化、劳动者与人的类本质的异化、人与人之间的异化这四个方面。这四个方面既是异化劳动的表现形式，又是异化劳动形态对人的生活世界的钳制的表现形式，因此也就成为马克思对异化劳动的批判点。私有制是异化劳动的产生根源，也是扬弃与超越的突破口，共产主义是异化劳动矛盾发展的必然产物与结果，是消除劳动异化的社会组织形式。对雇佣劳动的批判真正指向的是资本主义社会本身，这是其社会历史性的体现。从本质上看，异化劳动是雇佣劳动的内在本质规定。因此，对于雇佣劳动的扬弃与超越依然归结于对私有制的消除，而这一任务的完成就需要依靠无产阶级消灭现有的社会占有方式，摆脱雇佣劳动为增殖资本而生活的境遇。

表 4-1 马克思劳动批判与超越缩略要点

批判对象	批判点		来历与根源	扬弃与超越
异化劳动	现实生活中的劳动产品的异化，劳动者与劳动行为的异化，逻辑上推演的劳动者与人的类本质的异化，人与人之间的异化；		来历与根源 1. 私有财产与异化劳动的关系； 2. 分工与异化劳动的关系； 3. 劳动二重性与异化劳动的关系	扬弃与超越 1. 对私有财产的扬弃，重新复归人的本质； 2. 共产主义是私有制中异化社会矛盾发展的必然产物与结果，是消解劳动异化的主要路径
雇佣劳动	1. 雇佣劳动是一种具有社会历史性的劳动概念，不是一种永恒的劳动形态（对雇佣劳动批判的真正指向是资本主义本身）； 2. 从本质上看，雇佣劳动就是异化劳动，异化劳动作为雇佣劳动的内在规定，对资本主义的批判实现了从现象层面向本质层面的跃升（对雇佣劳动的异化层面的批判）		来历与根源 1. "资本以雇佣劳动为前提，而雇佣劳动又以资本为前提。两者相互制约；两者相互产生"； 2. 雇佣劳动产生的两个基本前提与条件：劳动力成为商品及劳动资料与劳动者相分离； 3. 私有制才是雇佣劳动产生的真正根源	扬弃与超越 1. 消除私有制，实现真正革命的方式； 2. 无产阶级是真正的阶级，无产者只有消灭全部至今存在的占有方式，摆脱雇佣工人为增殖资本而生活的境况，才能获得社会的生产力
国民经济学的劳动理论	存在论层面的批判		"一个前提与三个事实"	
			社会历史性的劳动概念	
	有害的、招致灭难的、片面的与抽象的；单纯谋生活动 作为私有财产本质的劳动概念			
	政治经济学层面的批判	亚当·斯密	四种相斥的价值观点 混淆剩余价值与利润 劳动是一种牺牲	明确区分使用价值、交换价值与生产价格，指认剩余价值由生产商品的社会必要劳动时间决定的 明确区分剩余价值与利润，利润只是剩余价值的现实表现形式 资本主义性质决定劳动是一种牺牲
		李嘉图	不懂得区分劳动二重性 混淆劳动与劳动力 忽略与模糊剩余价值的起源	具体劳动生产使用价值，抽象劳动生产价值 劳动力商品理论的提出 设定"c=0"→"m/v"（工人受资本家剥削的程度），从而澄清了剩余价值的真正来源（可变资本）
	站在国民经济学立场上 否认全面生产过剩危机			指认了资本无限增殖的趋势
黑格尔的劳动理论	抽象思辨辩证体系 ⇩ 抽象的精神劳动 ← 非批判的实证主义与唯心主义			从历史唯物主义反观资本与劳动的辩证关系 感性对象性活动

在马克思对黑格尔劳动理论进行批判与超越的历程中，我们发现其批判的要点是在《巴黎手稿》中出现的"抽象的精神劳动"，而马克思在之后提出"感性对象性活动"予以超越。对于黑格尔哲学来说，"抽象的精神劳动"概念是因其抽象思辨的逻辑体系及非批判的唯心主义与实证主义而得出的，而"抽象的精神劳动"概念也进一步印证了黑格尔哲学的抽象思辨的性质，因此如表所示就形成了一个循环往复的圆圈。在对国民经济学劳动理论进行批判与超越的过程中，我们依据国民经济学劳动理论的成熟程度与影响力度，选取亚当·斯密与李嘉图作为我们主要的批判对象。这一批判与超越的历程区分为存在论层面的批判与政治经济学层面的批判，存在论层面的批判是以现实的人及其物质生产活动为基础的历史唯物主义视域，反观国民经济学非历史性的与抽象的劳动概念，以社会历史性的劳动概念代替资本主义性质的劳动。换句话说，指认资本原则规制下的劳动概念成为束缚劳动者的异化劳动，而感性对象性的劳动活动才能通往劳动幸福的彼岸。在此基础上，政治经济学层面的批判与超越更加具象化地展现了马克思劳动批判运演的图景。对斯密的批判点与超越点聚焦在由价值起源问题引发的资本与劳动关系的真实指认上，对李嘉图的批判点与超越点是在对斯密的批判与超越的基础上，更进一步明确了国民经济学劳动理论的弱点与悖论，进而为马克思开启全新视域做了前端的准备。

分析马克思劳动批判理论的运行轨迹，我们能够得出其运演的规律：

第一，马克思劳动批判理论的运演是批判与超越过程的二重变奏。马克思劳动批判理论的生发与形成就是在对劳动理论批判与超越的运演中完成的，正是在批判与超越的节奏转换中，才生成马克思劳动批判理论的完整乐章。每一批判点都关联着一个超越点，每一超越点都是对批判点的推进，这一批判与超越的历程图景，一方面证明了马克思劳动批判理论的逻辑科学性，另一方面也印证了社会历史性的劳动概念才是马克思劳动批判理论的逻辑起点。马克思在劳动批判的历程中仅仅抓住批判对象的悖论予以回击，这就使得超越的环节有了明确的指向性。同时，正因为有批判与超越的环节呼应，才从侧面证明了劳动概念本身的社会历史特性，这种社会历史特性使得批判对象的劳动理论成为可以被超越的对象，而不是一般性的永恒的劳动活动，而超越过程体现了资本对劳动钳制的历史性，劳动者是有可能以自身的体现人生命本质的劳动活动实现劳动幸福的。同时也表征出资本主义的社会生产关系是一种辩证的历史性的关系，不能仅仅依据阶级属性来看待它，通过劳动理论的批判也就关联到对资本概念的认知。劳动理论批判与超越过程的二重变奏指涉其本身的历史性，并统摄其关联概念的社会历史性。这一批判与超越的变奏曲必将演奏出劳动幸福的乐章。

第二，马克思劳动批判理论是哲学层面批判与政治经济学层面批判的相互映衬。虽然我们在分析劳动理论批判与超越历程的时候，是区分哲学层面与政治经济学层面两重维度的，但是如果就其理论本身的性质来说，这两重维度是不能被分离的，它们相互映衬，相互影响，共同推进了马克思劳动批判理论的形成。一方面，从批判对象劳动理论的形成史来看，哲学层面与政治经济学层面是相互照应的。不可否认，黑格尔劳动理论的形成是受到国民经济学的影响，并且最终黑格尔也站到了国民经济学的立场之上，共同成为遮蔽与掩盖劳动异化困境的帮手。另一方面，马克思考察批判对象时，哲学层面与政治经济学层面也是相互映射的。没有对哲学层面的存在论基础的开拓，就无法正确指认资本主义性质的劳动概念，也无法以社会历史性的劳动概念来代替之；没有政治经济学层面对劳动概念的深入分析，本体论维度的劳动概念只能陷入一种虚幻的空想之中，也就彻底违背了马克思所开创的实践论的哲学革命的初衷。对政治经济学层面的劳动概念的分析，正好是对存在论层面的劳动概念的印证与深化。

第三，从马克思劳动批判理论的批判对象看，存在文本生成层面与本质推演层面两个维度的显现。从对马克思劳动批判理论的基本内容及运行轨迹的分析可知，异化劳动、雇佣劳动、国民经济学的劳动理论、黑格尔的劳动理论是马克思劳动批判的主要批判对象。但是，更进一步对其进行梳理可知，异化劳动与雇佣劳动属于本质推演层面的批判对象，国民经济学的劳动理论与黑格尔的劳动理论属于文本生成层面的批判对象。马克思正是通过对国民经济学劳动理论与黑格尔劳动理论的梳理、分析、批判与超越，才真正透视资本主义生产关系的异化性质，感知劳动者在资本主义生产方式下被剥削与被压迫的境遇。马克思通过分析国民经济学理论的二律背反，发现其理论本身存在的悖论与矛盾。正是因为国民经济学对劳动理论片面与狭隘的认知,才导致其国民富裕结论的得出。而黑格尔的劳动理论最终站在国民经济学的立场上,劳动的异化状态在自身的演化体系当中消解。资本主义劳动形式的异化本质正是在对国民经济学劳动理论与黑格尔劳动理论的推演之中得出。将文本生成层面与本质推演层面这两个维度相互对照,雇佣劳动的异化性质也就成为马克思劳动批判理论真正的批判焦点与中心,劳动批判的落脚点才会聚焦到具有根本意义的私有制的消除上。

三、马克思劳动批判理论的结论

我们在前两节中透视马克思劳动批判理论的运演体系,找到了其逻辑起点与运行的轨迹,而通过对马克思劳动批判理论的运演体系的分析,我们可以总结出理论本身的一些结论,这些结论也就成为马克思劳动批判理论继续生发的依据。

第一,资本原则的社会历史性及其发展的限度。在传统的马克思理论研究中,一般的看法是马克思阐明了资本剥削劳动的秘密,进而指向了资本家对工人的剥削。而与之相关联的劳动批判就是指认了资本对劳动的钳制导致异化劳动的产生。而异化归根结底来自资本,资本剥削的根源又来自私有制,最终只有消灭私有制才能彻底实现劳动的解放。这个思路本身是没有问题的,指明的最后的出路也是正确的。而我们要说明的是在这样的一种语境中,自然而然地就会得出这样的结论:资本原则成为我们主要的批判对象,成为应当予以攻克的否定性力量。资本原则就由客体属性转变为客体对主体的控制,并且变为主体性的存在[①]。这种观点与看法容易忽略资本概念本身的积极因素。资本概念是有其社会历史性质的,有其发展的限度,如何更好地将之作为发展的动力而不是束缚力量,才是我们需要思考的问题。马克思从来没有否认资本原则对历史发展的积极性影响,关于这一点前文已有论述,也可参见《共产党宣言》,其中对资本原则进行

[①] 关于主体性资本的概念可参见张雄教授发表在 2006 年第 10 期《哲学研究》的《现代性后果:从主体性哲学到主体性资本》。

彻底批判的同时,也有对其最公正合理的认定与评价①。通过前文对马克思劳动批判理论的本质规定性的解读,说明其是针对现代性本身的一种批判理论,而不仅仅是一种阐明在现代社会之内的关于剥削与统治的理论,这就需要重新定位资本概念,重新寻找资本原则的发展限度。而对资本原则的重新解读,也能更好地指导我们当今中国特色社会主义市场经济。资本概念是具有社会历史性的概念范畴,与之相连,马克思劳动批判理论的诸范畴所把握的社会形式也具有历史规定性。通过具有历史规定性的资本概念,我们能够把握资本主义社会的内在形式。资本原则的社会历史性转向所提供的反思性路径,就是对那些超历史之物所形成的理论的否定与批判,这成为马克思劳动批判理论考察事物的主要导向。马克思以劳动为核心的内在批判直指那些自身缺乏反思功能,无法认识其自身历史特定基础,从而视其自身具有超历史效应的理论体系。在转向历史特殊规定性之后,马克思将关于社会关系矛盾及内在历史逻辑的超历史概念加以历史化,将批判对象置于历史特殊规定性的理论框架之中,在这种概念框架之下,包括马克思自身理论在内的任何理论都失去了绝对的与超历史的功能与效力。与超历史性与外在性的理论框架相反,马克思的劳动批判理论具有内在性与历史性的理论立场。在此基础上,马克思以一种内在性与历史性的方式构建对资本主义社会的批判,使用对象社会本身所提供的概念对其现状进行透彻分析。马克思劳动批判理论本身的历史性又再次关涉对资本概念的体认,资本原则本身不构成资本主义社会统治的根源,而资本主义社会的阶级统治也不构成这一社会统治的根本基础,"相反,在马克思看来,阶级统治本身变成了更高阶的、'抽象的'统治形式的一种功能"②。这种更高阶的与抽象的统治形式是资本主义社会制度下所形成的抽象劳动的统治形式,抽象统治成为资本主义特有的统治模式。在《1857—1858年经济学手稿》中,马克思对资本的发展限度进行了界定:由于资本原则无止境的增殖欲望,社会生产力会因此不断扩展,而这种扩展不是无限的,也有其发展的限度。当社会的生产力扩展到只需利用较少的社会劳动就可以创

---

① 《马克思恩格斯选集》(第1卷),人民出版社,2012,第405页。
② [加]莫伊舍·普殊同:《时间、劳动与社会统治——马克思的批判理论再阐释》,康凌译,北京大学出版社,2019,第147页。

造满足人们生产与生活的物质财富,那么,人本身的劳动活动也开始发生变化,那些可以用物替代而劳作的工作,人们也就不用亲自劳动。一旦到了那个时候,资本原则也就成为生产力发展的限制与桎梏,资本原则所生成的社会关系也就会终结[①]。当贫穷与压迫的程度不断深化,由资本主义生产过程本身训练与组织起来的无产阶级的力量也将不断壮大,成为日益强大的反抗势力。资本原则发展到成为生产方式的桎梏,劳动的社会化达到同资本主义的形式不能相容的地步,这时资本主义本身的生产方式就要裂变,资本主义私有制的丧钟就会敲响。正如马克思在《资本论》中所说的,资本主义的发展也经历着否定之否定的演化历程,从资本主义的生产方式中产生的私人占有是对个人劳动成果的否定,随着资本主义的发展,其演变的自然必然性就会导致其对自身的否定之否定。这种否定之否定不是彻底抛弃资本主义的全部发展成果,而是扬弃其自身的矛盾而得到的发展,是在资本主义发展的基础之上重新建立起来的个人所有制[②]。这一限度是资本原则消亡的端点也是我们应予参照的标准。那么,既然资本原则有其存在的积极效用,那么马克思劳动批判理论批判的真正对象就是资本主义性质的劳动。

第二,马克思劳动批判的真正对象是资本主义性质的劳动,即异化劳动与雇佣劳动。在马克思劳动批判理论的语境之中,劳动活动作为人与自然之间的中介性活动,被看作是一种具有目的导向的社会活动。而通过考察发现,马克思绝不仅仅将劳动作为社会建构的本体及社会中的财富源泉,而是以社会历史性的劳动概念为武器,侧重资本主义社会制度下的劳动活动的考察。资本主义社会的特质在于其基本的社会关系是由劳动所建构的,而这里的劳动活动也就具有了资本主义性质。劳动所建构的真正普遍的东西被特殊的资本主义生产关系所阻碍而难以实现其本质,马克思的劳动批判指向的是资本主义性质的劳动,而不是从劳动角度出发来批判资本主义社会,这一视角的转变更加贴近劳动批判的本质,即将批判的视角指向生产领域,而不仅仅关注分配的不公,探讨分配方式的改进。从根本上说,马克思的劳动批判是对资本主义生产方式的批判,对资本主义性质的劳动

[①] 《马克思恩格斯文集》(第8卷),人民出版社,2009,第69页。
[②] 《资本论》(第1卷),人民出版社,2008,第874页。

的鲜明指认也证明了马克思劳动批判理论的深度。这样我们关注的视角与焦点就不仅仅是市场机制与私有财产，而是更多地指向了由资本主义性质的劳动本身所引发的社会统治形式，无产阶级的工业生产活动就成为这种社会统治的表现形式。资本主义性质的劳动概念也是在唯物史观的思想指导下提出的。唯物史观的真正的哲学洞见不是为了去除实证的历史科学，也不是消除逻辑思辨的思维，而是在于重新建立起人的历史实践活动的真实地位，防止用形而上学的现成的思维逻辑打压与取消其决定的作用[①]，马克思的劳动范畴不再是黑格尔自我意识的外化的活动，而是感性意识现实的生成过程，理性意识不是劳动的前提，而是确立起劳动的真正的现实意义，也就是我们所提到的社会历史性劳动概念的生成。在马克思看来，劳动从一开始就不是表征自然生成的概念，而是人类历史的真正开端[②]，生产方式是劳动本质规定性的现实形态，马克思的批判理论并未将资本主义生产方式中体系与行动间的对立确立为超历史的存在，而是将之定位在特定的现代社会生活之中，以此为基础，我们自然就得出了对资本主义性质的劳动的批判。

马克思从考察两种不同的商品流通形式开始，一种为商品转化为货币，货币转化为商品，即为买而卖，如果以 M 代表商品，以 G 代表货币，这个过程就表示为 M—G—M；另一种为货币转化为商品，商品转化为货币，即为卖而买，这个过程可以表示为 G—M—G。这两种流通形式都有货币和商品的交换，但有不同的运动方向。第二种流通形式要有意义，必须保证运动终止时的货币量多于运动开始时的货币量，例如，我用 1000 元买进 200 斤棉花，然后又把这 200 斤棉花按 1100 元卖出，结果我就用 1000 元交换到了 1100 元。这种流通形式的交换完成就与等价交换的原则相违背，如果交换不是等价的，那么商品的价值就因此没有真正实现，必定有一方受到损害，这种交换不能长久，如果是等价交换的话，那这里就包含一个如何赚钱的问题。因为资本家不会进行让货币等价交换货币的徒劳游戏，

[①] 吴晓明、王德峰：《马克思的哲学革命及其当代意义——存在论新境域的开启》，人民出版社，2005，第 250 页。

[②] 吴晓明、王德峰：《马克思的哲学革命及其当代意义——存在论新境域的开启》，人民出版社，2005，第 249 页。

这个过程多出来的货币额就是资本家追求的最终利润，例如，用 1000 元买的棉花卖 1000 斤+100 斤，即 1100 斤，这一过程的完整表达就应为 G—M—G′，其中的 G′=G+△G，这多出来的△G 就表明原来的预付资本在流通的过程中保存自己的价值同时还增值了，所以资本家在这种流通中就获利了。资本的运动是没有限度的，谋取资本无休止的增殖是资本家的主观目的。为了贵卖而买，即 G—M—G′，这是商人资本特有的形式，而产业资本通过把货币转化为商品，再通过商品的出售转化为更多的货币，最后在生息资本的场所，G—M—G′ 就简化为 G—G′，表现为比本身价值更大的价值，因此，G—M—G′ 就成为流通领域内资本的总公式。这个总公式自身却包含着矛盾：在等价交换的流通领域不能产生剩余价值，那么△G 从哪里来？马克思考察了几种流通领域产生价值的说法得出的结论为，要考察转化为资本的货币的价值变化，不能发生在只是作为购买手段和支付手段的货币身上，也不能发生在把商品从自然形式转化为货币形式的行为上，那么这种变化只能发生在 G—M 中，在这种商品的使用价值的使用中产生。而能创造比它自身价值更大价值的商品就是劳动力。从资本产生的运演过程中可以看出，资本是一个价值增殖的过程，无限增殖是资本的最终目的和终极使命，而资本逻辑就是资本在无限增殖本质下展开的追求利润的必然的运行逻辑。作为货币占有者的资本家，也是价值增殖客观运动的有意识的承担者，资本家在把价值增殖客观运动作为自己主观目的的时候，也就成为资本的人格化，成为有意识的资本执行职能。就资本能增殖这一点来说，所有资本都是一样的，马克思把它称为"资本一般"。因此，在劳动力成为商品的历史条件下，货币也就自然转变为资本，资本的形成与劳动力商品化是分不开的，资本逻辑与雇佣劳动因此联系在一起。

　　资本逻辑与雇佣劳动互为前提，两者相互制约，相互依存，因此，当资本逻辑大行其道的时候，雇佣劳动就成为劳动者的基本存在方式，承受着雇佣劳动带来的悲惨的异化困境。马克思对这种异化困境在多篇文章中有过深入细致的分析，早在《巴黎手稿》中，马克思从国民经济学的前提出发，却得出与之相反的结论，工人被贬低为商品，并且是最低贱的商品，竞争使资本在少数人手中集聚，资本家、地租所有者、农民及工人的差别全部消失，留下的只是有产者和无产者的差别。因此，劳动生产的劳动产品，就作为一种异己的力量同生产者相对立，劳动的对象化和现实化导致生产者本身的非现实化，工人生产的劳动产品越多，其所获得劳动成果就越少，其自身就越受资本原则的支配①。工人同他的产品的外化还意味着劳动本身也成为外部的存在同自己相异化，"劳动为富人生产了奇迹般的东西，但是为工人生产了赤贫。劳动生产了宫殿，但是给工人生产了棚舍。劳动生产了美，但是使工人变成畸形。劳动用机器代替了手工劳动，但是使一部分工人回到野蛮的劳动，并使另一部分工人变成机器。劳动生产了智慧，但是给工人生产了愚钝和痴呆"②。人作为类存在物，把生产活动作为自己的类生活，这本是产生生命的生活，但当劳动异化之后，生产者也就与自己的类本质发生了异化，生产者依然是生产者，但生产者又已不是生产者，这样一种异己的自己与人本身就是异化的了，即"异化劳动"的四个规定：（1）与劳动产品的异化；（2）劳动行为本身的异化；（3）人的类本质的异化；（4）人与人之间关系的异化。这是对雇佣劳动异化困境的最初表达，也是最接近实质的表达。在这之后，随着马克思对政治经济学的研究不断深入，资本统治下的雇佣劳动的异化处境逐渐立体而完整显现，雇佣劳动的异化困境产生了"二律背反"现象：

正命题，雇佣劳动因资本而生，必须从属和依赖资本；

反命题，雇佣劳动因资本而亡，极力摆脱和逃离资本。

劳动力并不向来就是商品，劳动也并不向来就是雇佣劳动。恰恰相反，作为劳动力表现的劳动本是工人的生命活动，是工人本身生命的体现，是工人本身一种自在自为的存在，也是工人的乐趣和意义所在。但随着资本的产生，工人迫于生计不得不把本身的劳动力作为商品出卖给资本，雇佣工人作为劳动力的所有者，将其劳动力出卖给资本所有者只是生活所迫，而不是出于自愿，不是自主行为。劳动因而转变为雇佣劳动，这种转化是出于被迫也是出于必然，这就决定了雇佣劳动本身的命运必然与资本联系在一起，就像蚕儿吐丝剥茧是为了维持生存一样，工人出卖自身劳动力，成为雇佣工人，他也就因此谋生。从成为雇佣工人开始，劳动就已不是工

---

① 《马克思恩格斯文集》（第1卷），人民出版社，2009，第157页。
② 《马克思恩格斯文集》（第1卷），人民出版社，2009，第159页。

人生活的一部分，而是工人牺牲自己的生活来为资本服务的工具，工人的生命活动就只是他生存的手段罢了，工人劳动的产物已不再是其劳动的目的。这种劳动手段与目的的相互背离不会终止，直至雇佣劳动与资本关系的终结。而雇佣劳动对资本的依赖与从属关系只会不断增强，直至资本形态消失，也就是资本主义生产关系终结。因为资本作为一种社会生产关系，是资产阶级的生产关系，正如各个人借以生产的社会关系随着物质生产资料和生产力的发展而不断变化，构成处于一定阶段的独特的社会形态，资本主义也是一样。资本主义阶段最显著的特征就在于资本的无限增殖的社会力量，这股社会力量以活劳动替其充当保存交换价值的手段。表面上，工人拿自己的劳动力换得生活资料，资本家用生活资料换得具有创造力量的劳动力，是一种公平交易。而实际对工人来说，如果不能依靠这些生活资料在维持生活期间创造新价值来补偿消失的价值，这些生活资料就彻底地消失了。工人恰巧把自己本身贵重的再生产能力让给了资本，而给自己留下的只是非生产性的最低额度的生活资料。

投入生产的资本增长越快，产业越繁荣，资本家需要工人就越多，工人出卖自己的价格就会越高，生产资本增加就意味着死劳动对活劳动的控制权利增强，资本家对雇佣工人的统治力量不断增强。换句话说，雇佣劳动不断生产着支配自己的力量，并从这种力量里取得继续生存的条件，而且资本数量越是增长，雇佣劳动制度就越是扩展，受资本支配的力量就越强大，被资本统治的劳动者的人数就越增加。马克思举了"小房子和宫殿"[①]的比喻来形容，即使在最有利（随着生产资本的增长，劳动需求增加，工资也会提高）的前提下，与一般的社会发展水平相比，即使工资提高了，工人所获却越来越少，生活水平反而不断下降。工资与利润是呈绝对反比的，也就是说，资本的利益与雇佣劳动的利益是截然对立的，横在资本家与雇佣劳动者之间的鸿沟只会越来越大，工资的提高只会不断加重锻造束缚工人的锁链，让资产阶级牵着工人走，而工人失去主体性和独立性。除

[①] 在《雇佣劳动与资本》中，马克思举出小房子与宫殿的例子，即当周围都是小房子的时候，无论小房子有多么小，它都是可以满足人们住房需求的。但是，如果在小房子的周围出现了一座宫殿，在比较之下，这些小房子就会变得微不足道。而且，无论小房子在以后怎样扩建与发展，跟身旁的宫殿比起来，它本身的发展程度都是有限的。这就会使得在小房子中居住的人产生更多的不满与压抑。[《马克思恩格斯文集》（第1卷），人民出版社，2009，第729页］

此之外，随着生产资本的增长，分工会越来越细，工人的劳动也会越来越简单化，工人本身越来越成为单调的生产工具，不断受到排挤。随着大工业的扩展，生产力的极大提高，随之而来的就是各个生产部门对劳动者的剥削程度的极大增强，这就使得劳动者的社会地位急速退化，越来越沦为社会的被统治阶层、被压迫阶级。工作越简单，需要的生产费用就越低，工资也会越低，劳动就越不会给人带来快乐，反而令人生厌。在竞争不断激烈的同时，工人也就会越来越贫穷，无可奈何，从而形成一幅畸形的画面：在资本增长对雇佣劳动最有利的条件下，资本增长越迅速，工人阶级的生活资料缩减越多，工人越贫困。这就是雇佣工人的异化困境所生成的"二律背反"：一方面极力摆脱资本的控制，另一方面又离不开资本的供养。在资本主义时代，这是工人永远走不出的困境和牢笼。马克思在《资本论》中指认了雇佣工人的这种困境：资本主义的生产方式使得剩余劳动的生产成为唯一目的，通过延长工作时间或者间接提高生产力来增强剩余劳动的获得比例。劳动者在这一过程当中，不仅身体与生理方面遭受侵害，更严重的是其精神遭受打击与凌辱[①]。正是因深知雇佣劳动者的异化困境，马克思才以批判之思反伪善之面。

  资本主义性质的劳动的强制性在于个人为了生存，必须被迫进入社会生产之中，资本主义性质的劳动的二重性架构了一个异化社会体系，社会作为一个抽象的与普遍的他者而与个人相对立，资本主义社会生产关系与异化劳动体系结构是具有同一性的。可以说，资本主义性质的劳动导致一种具有异化性质的社会统治形式的产生，异化根源于某个具体的他者对劳动本身的统治，这个根源就是资产阶级。只要资本主义性质的劳动存在，劳动者的对象化活动就会成为异化活动，异化劳动活动成为资本主义劳动特有的产物。马克思以劳动为基础进行社会批判，将黑格尔与国民经济学的劳动理论置于各自的历史语境之中，最终落脚到对资本主义性质的劳动的社会批判上，可见，对劳动概念社会历史性的分析是马克思劳动批判理论的核心。对资本主义性质的劳动概念的清晰指认也表明了其可替代性，以劳动本身的自我实现代替资本主义的劳动异化，打破资本主义深层社会

[①] 《资本论》（第1卷），人民出版社，2008，第307页。

关系结构，实现对资本主义社会整体性的超越。

综上所述，透视马克思劳动批判理论得出的结论就是：在资本主义社会体制之下，社会劳动本身成为统治与剥削的对象，资本主义性质的劳动才是统治的本质基础。取消资本主义性质的劳动代之以体现人的本质的劳动活动，这一任务的完成就需要对整体的资本主义社会关系体系的超越。而资本原则本身并不成为批判与取消的对象，它的社会历史性质决定其发展的历史限度，这就为中国特色社会主义市场经济的存在与发展提供了理论依据与支撑。

第三节　马克思劳动批判理论的特征

纵观马克思劳动批判理论的整个历程，透视其运演的体系，分析其批判所得的结论，我们可以总结与概括出其理论本身所展现出来的基本特征，即前提性批判、辩证性批判及历史性批判。这些基本特征的总结与归纳更加突出其理论本身的科学性。

一、前提性批判

任何理论体系的建立都会有自身的前提设置，这是理论本身得以成立的不证自明与先定的假设，可以说理论本身的真理性就依赖于前提设置的正确性，寻求一个确定无疑的出发点与前提就成为哲学理论体系的首要任务。马克思劳动批判理论也有自身的理论前提，并且这一理论前提的生成是在对批判对象的一次次论证与推翻的过程中建立的，所以我们说马克思劳动批判理论是关于前提性批判的理论。马克思劳动批判理论整体的批判与超越过程都是在澄清前提与划定界限，从而形成自身科学的前提设置。首先，黑格尔的劳动理论是绝对精神体系建构下的抽象精神的劳动，劳动概念的抽象性与精神性是其探讨劳动论题的前提。虽然黑格尔的劳动概念第一次成为人的确证的方式与手段的范畴，打开了通往人的自由与解放劳动的环节，但是通过马克思对黑格尔劳动理论的批判，我们发现其劳动概念的唯心主义立场与本质显露无遗，理念成为其理论运演背后的真正的动力，黑格尔的劳动概念最终只能成为抽象的精神性概念。而马克思抓住了黑格尔的这一弱点，以社会历史性的劳动概念代替与超越它，揭示出社会历史正是感性对象性的活动所创生出来的，而不是理念的自我运演形成的。其次，国民经济学的劳动概念是对现实的经济现象的经验积累而得出的抽象的一般的劳动概念。虽然国民经济学也提出了关于劳动论题的正确看法，例如，正确地指认了劳动是创造价值的唯一源泉，对劳动时间决定劳动量进行了分析。但是我们说，国民经济学的劳动概念依然缺少社会历史性的维度，最终导致其理论自身的二律背反，陷入无法解答的悖论之中。马克思从国民经济学家认为理所当然与确定不移的前提（私有制）出发进行分析，对抽象的一般的劳动概念进行了批判，形成了科学的关于劳动概念的正确认知。可见，黑格尔劳动理论与国民经济学的劳动理论局限性的存在，是与其理论本身的前提设置内在相关的。黑格尔理论体系就是以绝对精神为依据建立的客观唯心主义体系，这就必然导致其体系中的概念与范畴的唯心主义性质；国民经济学理论体系建立在私有制的前提条件下，并将私有制作为不容置疑的前提，因此其理论的出发点与落脚点都是论证并维护其前提，而不能对其前提进行反思与批判，因而其前提之下的劳动概念及理论也必将沦为为之辩护的工具与手段。这是从文本生成层面的维度来进行探析的，而对雇佣劳动的异化本质的批判，正是对以私有制为基础的资本主义性质的劳动形态的揭示，这种批判更是前提性的与根本性的。马克思对其批判对象的前提性的批判，就形成了其自身的哲学与政治经济学双重的批判革命。

二、辩证性批判

黑格尔曾经指出实在是一种运动与动态的过程，即是一种辩证性的过程，是一种逻辑演化的过程。但是黑格尔的实在过程是精神演化的历史过程。马克思从现实感性物质生产实践出发，将现实社会看成历史发展的一个特定的阶段，那么作为资本主义性质的劳动运行形态就有其存在的合理性与历史暂时性。这也是马克思劳动批判能够对批判对象进行批判与超越的方法论支撑，因此我们说马克思劳动批判理论是一种辩证性批判理论。从辩证性的角度出发，具有社会历史性的劳动活动本身就是一个矛盾体，也正是在对劳动活动本身的矛盾分析之中，才能清晰地认知其概念本身的内在结构。首先，黑格尔的劳动概念在耶拿时期就表现出了"否定性与肯定性""普遍性与特殊性""中介性与实存性"并存的特征，在《法哲学原理》时期，具有抽象精神性的劳动概念也表现出了伦理性与现实性的维度，这都是马克思对黑格尔劳动概念进行分析时所确认的辩证性质。其次，马克思对国民经济学劳动理论进行分析与批判时同样表现出了辩证性。斯密提出了劳动是价值创造的唯一源泉，这是其对劳动论题研究所做出的巨大贡献，但同时在斯密的理论体系之中也存在着四种价值理论相斥的局面，形成了理论前后相斥的困境。方法论辩证法的现实依据来自客观现实世界本身的辩证性质。马克思劳动批判理论是对劳动异化困境遮蔽的反遮蔽，是对资本原则规制下的劳动处境的探讨，这就必然涉及对资本原则的深入认知，我们在前面已经探讨过资本原则本身也是具有社会历史性质并且有其发展的限度，这正是马克思劳动批判理论辩证性的又一体现。"充分的、否定性的批判不以实然为基础，而以将来的可能性为基础，后者是内在于现存社会中的潜在可能"[①]，马克思劳动批判理论本身所体现出来的辩证性质，为其搭构超越体系提供了空间与入口，这种超越的潜在可能性就生发于批判对象本身的矛盾性与辩证性。

三、历史性批判

基于一定社会实践基础而形成的理论必定是社会的和历史性的理论，历史性批判是马克思劳动批判理论的根本性特征。马克思劳动批判理论的历史性既体现在马克思对批判对象的批判之中，也体现在对批判对象的超越之中。马克思通过对劳动概念的重新发现，开启了哲学与经济学的全新革命，而对劳动概念的发现其实就是借鉴黑格尔精神劳动本身的超越性，继承国民经济学劳动价值论的现实性，建构起取代资本主义意识形态的劳

[①] [加] 莫伊舍·普殊同：《时间、劳动与社会统治——马克思的批判理论再阐释》，康凌译，北京大学出版社，2019，第104页。

动政治经济学，开辟了一条从劳动异化走向自由而全面发展的劳动解放的历史演进道路。在马克思这里，劳动不仅是创造财富的手段，不仅是抽象的意识活动，更是人的自由自觉活动本质的外在彰显。反观黑格尔的劳动理论与国民经济学的劳动理论，它们在分析劳动的方法上都是形而上学的，缺乏历史性。在国民经济学劳动理论之中，劳动虽然具有创造财富与价值的作用，但从根本上看劳动只是人不得不付出的艰辛劳作与代价，这种劳动还远远不是自由自觉的劳动。斯密只认可创造物质财富的生产性劳动，而否认非生产性劳动。李嘉图在劳动价值论研究中企图从价值形成的逻辑层面，直接得出等量资本获得等量利润的结论。马克思认为不经过任何历史性的中介过程就直接理解经济现象是不合理的，是一个比用代数方法求解画圆为方的问题还困难的问题。李嘉图的错误之处就在于阐述方法上缺少历史性的逻辑中介过程。黑格尔的劳动理论在承认与继承劳动创造物质财富的经济学意义的基础上赋予其能动的超越性质，物质劳动就成为绝对的精神劳动自我运动的一个关节，黑格尔的劳动概念就失去了客观现实性与历史性。在前文我们已经总结出马克思劳动批判理论的逻辑起点是社会历史性的劳动概念，以此为基础，马克思对批判对象的讨论会将社会历史性贯穿在其理论批判的全过程，替代劳动异化而形成的劳动解放的局面也是在历史性的发展过程中逐步实现与完成的。

第五章　马克思劳动批判理论的当代意义

在对马克思劳动批判理论的基本内容以及价值旨趣进行系统阐述之后，我们会发现其对劳动异化困境的揭示与批判、对人的解放的始终追寻，依然能对当代中国特色社会主义的发展给予指引。我们对马克思劳动批判理论当代意义的探讨，既要关涉理论本身在当代中国出场的现实性与真实性，又要在此基础上，解读新时代中国特色社会主义有关政策与思想。"以人民为中心"的发展思想是马克思劳动批判理论在当代的发展形态，对其二者关联性的研究使得人的本质力量在历史与现实的相互耦合之中得以不断生成。同时，以马克思劳动批判理论为基础构建当代劳动发展新境遇，倡导尊重劳动的社会价值理念与劳动批判精神，促进劳动成果实现共享，必然使得人的解放的历程不断延伸与拓展。

第一节　马克思劳动批判理论在当代中国的再出场

马克思劳动批判理论的当代意义是其科学性与真理性的鲜明表征，既体现在运用马克思劳动批判理论解答时代之困惑，探寻劳动解放新路径，又体现在构建马克思劳动批判理论的当代形态，延展与拓宽其理论内容，使之绽放时代的光芒。在本节中，我们分别从马克思劳动批判理论在当代中国与当代世界的再出场，探究其理论本身的当代意义。

一、资本原则在当代中国依然存在并发挥作用

前文我们对马克思的劳动批判理论进行了深入细致的分析，得出其理

论本身的一些基本特征及规律，这些特征与规律的总结是我们研究其理论本身之所获，并能将之推广。这也是我们研究马克思劳动批判理论的缘起与初衷：劳动异化的困境在当代是否依然存在？马克思劳动批判理论是否在当代依然有其生命力，并且能发挥其理论的效力？这都是关涉其理论本身的一些基本的困惑，也是时代的困惑，是时代留给我们的进阶发展的桥梁。这一节就要探讨关于马克思劳动批判理论在当代中国的再出场问题。

哲学的使命就是在其原则高度上完成对时代的分析与批判，把控关涉现实生活的自身存在论的根基。由经济发展及其基本理论框架搭建起来的现代形而上学思想，我们是应该跟在其后面唯唯诺诺，亦步亦趋，还是应该对这种支配力量发出批判的时代之问，并使人类能够在存在的根本问题上发挥出自身真正的主体作用？对于马克思而言，他的回答肯定是后者。马克思曾指出，结束思辨的空话，代之以现实的实践活动以及由此带来的社会历史发展历程。替代那意识的空话的将是对现实世界的感性本质的还原，解除其抽象的思想客体的性质，这是马克思与黑格尔的根本不同之处。黑格尔第一次关注了社会现实，并以此为出发点建立了自身的思辨体系。黑格尔曾详细研读过国民经济学的理论，这也促使其对现实问题的关注，黑格尔与国民经济学在此处实现了合流。在黑格尔看来，现实的任何具体内容都必须经过思维的加工与整理，将全部的历史事实都纳入其思辨运动之中，以至达到绝对精神。而我们清楚地知道真实的感性客体最终湮没于黑格尔思辨逻辑体系之中，不具有任何独立于主观思想的客观地位。

在黑格尔将现实内容转化为理性思辨的形而上学本质的地方，马克思却将之返还到现实生活中来，重新解读人与自然的对象性的关系，从人类历史的第一前提出发，从物质生产活动着手，反观人类自身的劳动过程，揭示出劳动者生产与生活的异化状态，并且找到了产生的根源。特别是在这一过程之中指认劳动活动的社会历史性质，指出任何物质生产活动方式都必须在一定的社会前提之下才能进行。这也就得出了我们前面得到的结论：马克思劳动批判理论的真正批判对象就是资本主义性质的劳动。当黑格尔坚持市民社会与国家的统一与和解时，马克思却鲜明地指认了劳动者的异化处境及劳资尖锐的对抗关系。哲学不仅仅是黑格尔意义上的对时代的反思与把握，更是在马克思意义上对时代的重塑与引导。当英国古典政治经济学以私有财产为基础,论证资本主义社会的永恒性本质时,马克思倾覆其基本前提,批判了其对以私有财产为基础的社会的维护。对马克思而言,劳动异化及扬弃异化走的是同一条道路,而这条道路正是资本主义社会演变的逻辑。黑格尔与马克思通过对市民社会经济发展及社会现象的剖析,将劳动论题作为自身研究的起点,这是哲学关注现实的维度的体现。社会现实是通过对历史事件的研究之后把握内在规律所呈现出来的东西,我们看到资本原则之下,雇佣工人随着劳动的不断积累自身的生活却不断走向贫困,马克思在这一现象背后看到的不是简单的人与物的关系,而是看到了隐藏在背后的人与人之间关系的对立,并将这种关系对立的最终根源追溯到了私有制,马克思正是经由劳动论题而显示出对资本原则的当代阐释意义。

马克思劳动批判理论的再出场问题,其实质就是关于马克思所批判的时代境遇是否还存在、资本主义社会逻辑演变的基本结构是否还存在的问题,我们所生活的时代与马克思所批判的时代是否发生了历史的转变。我们现实生活的时代与马克思所批判的时代确实发生了历史性的转变,这种历史性的转变在中国当然是真切存在的,这是谁也无法否认的。中国共产党第十九全国代表大会鲜明指出我们已经进入了新时代,这是对我们所处时代的正确指认,指出我们社会的主要矛盾发生了根本性的转变,这都是我们党在新的历史起点上对时代问题的基本回答。但我们不能否认的是,社会中依然存在着一些关涉劳动领域的不合理与不公正的现象,例如,劳动工资得不到给付,劳动强度过大,伤害劳动者的身心健康,劳动所得与所付的不成正比,同工不同酬等。这就需要我们借助科学的理论予以恰当与及时的回答,既要消除人们的疑虑,坚定坚持中国特色社会主义发展的信心,又要解答与回应时代留给我们的新问题,拓展理论的新境遇。劳动领域的问题与矛盾的出现,恰恰在呼唤着马克思劳动批判理论的再出场。

我们真正地进入马克思所批判的时代境遇的开端,是市场经济在中国的确立。资本原则使得人们转向对物的依赖关系之中,资本原则在社会生产与交换之中占据支配的地位,人与人之间的关系在物与物的关系中体现出来,个体通过对社会占有物的支配来达到对社会权力的垄断,这就成为当今个体的现实的存在方式。当今的中国也在不同程度与层面上存在着相关的问题，如何回应市场经济在社会主义中国的确立及资本原则在中国的重现，这是关乎本民族发展的重大问题，对这一问题的解答也就恰好凸显了马克思劳动理论的当代意义。

马克思的理论从人的对象性的活动出发，开始了逐步改造客观世界的过程，客体在这一过程之中不会失去其独立性，成为人们现实的活动对象。自然界在人的主体性活动面前也只是外在于人的独立存在，而不是依赖于思想的抽象的存在。在人与自然的对象性活动过程中，劳动过程不再是使劳动者陷入非人境地的异化处境，而是人的自由自觉的劳动活动状态的达成，劳动本质得以真正实现。这是建立在社会现实的根本转变基础之上的，即私有制的消除，公有制的建立。我们已经实现了这一目标，建立起公有制为主体多种所有制并存的基本经济制度。但是，就像上面所陈述的社会中依然存在一些问题，亟待我们去解答。唯有遵循马克思所阐述的劳动批判理论的基本原理，以唯物史观作为唯一的科学的社会方法论，才能阐释与解决关涉人类生存发展的基本问题，才能显示出其与旧哲学的根本区别。

归根结底，马克思劳动批判理论是对资本原则的批判，也是对近代形而上学的批判，这双重批判结合的关键点就是劳动。马克思劳动批判的贡献就在于，他站在资本原则的高度上，看到资本原则的社会历史性质及其发展的限度，揭示出资本与劳动对立状态下工人贫困的根源，从而在人类自身生存发展这一存在论的根基上关注社会发展的现实问题。即使有些社会现象在现代有了新的发展，但是其所赖以存在的出发点，即资本原则依然存在。那么，在生产之社会历史性上完成的现代性的批判就依然还要继续。马克思的思想学说与现代性世界的本质关联在一起，与这种现代性本质的内在矛盾与自我否定关系关联在一起。劳动批判的最终落脚点就集中在资本主义性质的劳动的消除及与之相关的资本阶级性的根除。消除资本原则的阶级性与剥削性，就可以发挥其对经济发展的积极作用，使其成为促进市场经济发展的活力与动力因素。超越资本与劳动的雇佣剥削关系，这才是正确发挥与运用劳动批判理论的正确方式，没有科学地审视资本原则及与之关联的劳动之间的关系，就没有真正走上人类解放的道路，这也是马克思劳动批判理论对中国道路的根本意义所在。

当代中国要在限制资本阶级性的基础之上，解决因资本阶级性而带来的矛盾，从而走出一条资本原则适应中国经济发展的中国道路。而对资本原则的规制需要通过制度来推行，坚持公有制为主体，使资本的阶级性在中国维持最低的限度，多种所有制经济共同发展，充分利用其对社会改革与发展的活力，改变资本原则的获利模式。中国特色社会主义市场经济的劳动关系从根本上消除了资本与劳动之间雇佣与剥削关系，消除了资本的阶级性质。以公有制为主体、多种所有制经济共同发展的基本经济制度，从根本上消除了私有制的生产资料的组织形式，同时又肯定了资本原则对社会发展的积极作用。劳动与资本双方在生产资料的占有方式上实现了平等，作为生产资料的主人，都以共同服务社会主义生产为目的，在这一点上达成了高度一致。

反观当代中国的基本经济制度，其本身存在着两种不同的所有制形式，这也就肯定了社会主义生产关系之中二元论的存在现实。那么，我们就需要在坚持基本经济制度的基础上，正确看待资本原则的双重属性（无限增殖的属性与增加市场活力的属性），科学地处理好资本原则的增殖本性与以人民为中心的发展原则之间的关系，发挥好市场与政府的作用，保障市场在资源配置当中的决定性地位，保证政府有效的宏观调控作用的推行，使资本的积极作用得到发挥，使其成果惠及全体人民，将共享发展落到实处。消除社会主义市场经济发展过程中不规范、不公正的现象，正确看待并处理劳动关系的不和谐因素，共建和谐有序的中国特色社会主义市场经济体系。

通过对前文的分析可知，马克思劳动批判所关涉的时代境遇确实发生了巨大变化。资本原则在我国虽然仍旧存在，但是其阶级性与剥削性已经消除，而对其阶级性与剥削性的消除，恰恰有赖于马克思劳动批判理论的指引与支持。马克思劳动批判理论在当代中国的再出场，体现在不断规制资本原则，使其发挥应有的作用，推进中国特色社会主义道路不断发展；体现在回应与解答劳动领域出现的矛盾与问题，推进新时代劳动境遇的改善。

二、当今时代劳动新形态与马克思劳动批判新解读

马克思劳动批判理论是基于工业生产这一资本主义社会生产发展的特定关系形式下形成的理论，其所对应的时代是早期的资本主义。这是马克思劳动批判理论诞生并发展的时空界限。那么，通过前文的分析我们已知马克思劳动批判理论依然在场，依然可以将之运用到现代社会的分析之中，马克思劳动批判理论依然有其当代的效力。那么，我们如何运用马克思劳动批判理论来解读当代的新情况新问题呢？

马克思的劳动批判理论是内在于资本主义发展进程之中的，从马克思劳动批判理论的在场性我们可知，劳动批判的时代境遇依然存在，马克思劳动批判理论没有停留于原地，还在随时代的新情况出现不断产生着新的解读模式。随着近年来全球化、科技化、信息化、网络化、金融化的持续迅猛发展，劳动活动出现了新形态，劳动与资本的关系出现了新形式，这些社会层面新情况的出现，就需要我们重新审视马克思劳动批判理论，并对相关问题予以合理解答。

首先，人的劳动活动越来越与知识、技术、信息、网络、金融等因素联系在一起，并创造出越来越多的价值。原有的社会劳动领域的分工与分化界限逐渐消除，出现了很多劳动的新形式与新岗位，例如淘宝主播、电子竞技职业选手等新职业，诸多劳动新形式成为推动生产力发展与创造社会财富的新动力。但是，我们说这些新的劳动形式与劳动职业并没有改变马克思劳动批判的时代语境，其依然是在资本与劳动的分析框架之下存在的新劳动形式，如若出现不合理与不公正的现象，依然需要马克思劳动批判理论予以回击，仍然需要正确规制资本原则在当代新兴行业之中的作用。

其次，劳动活动越来越融入人的生活之中，原有的生产与生活、个人与公共之间的二分界限越来越模糊。不同的生产方式意味着不同的生活方式与生命状态，劳动方式的多样性意味着个性化程度不断增强。在这一过程之中要尽量保持劳动活动与生活活动的平衡与和谐，防止劳动活动对生活活动的侵扰，还原劳动活动的本真状态，凸显劳动活动在确证与生成人

的本质之中的作用，使劳动活动成为发展人的生活活动的动力与基础。

再次，随着第三次科技革命的发展，信息技术产业不断发展，特别是金融领域出现了虚拟金融产业与产品，出现有些劳动者不参加直接的制造生产活动就可以获得丰厚的利润回报的现象，例如，对信贷与期货金融产品的使用与获利。从这一产业来看，马克思以之为基础的社会必要劳动时间—劳动（力）的价值—资本增殖的主线出现了变化，劳动时间将不再是衡量商品价值的唯一尺度，品牌的无形价值、企业的管理等都可能成为影响商品价值的因素。但是我们说无论是工业产品还是虚拟金融产品，都是通过劳动者的劳动创造的，虚拟的金融衍生品背后所仰仗的是工业生产，无论劳动形式如何变化，马克思所说的物质生产活动必定是人类生存与发展的第一前提。

最后，21世纪资本逻辑的运演发生了很大的变化，劳动与资本的关系也发生了很大的转变。资本原则更加抽象化，资本主体更加多元化，资本运作更加虚幻，资本精神更加主观化。但是，资本追求剩余价值的无限增殖的本性没有变，资本财富杠杆效应没有变，资本的主要社会关系没有变，反而在当代高度经济理性、高度世俗化的世界之中，资本通过金融化与网络化的途径与方式，以新的形态更加重了对劳动关系的强制作用，表现为对人的生命意义的颠倒，资本与金融的价值成为高于生命价值的价值体系，与之相关的劳动社会关系被贬损到更低的位置，成为资本的附庸。实际上，资本与金融永远是人类实践活动的产物，不是生活世界的唯一，寻求生命意义与金融规制过程要相互渗透，摆正劳动活动在现代的定位。

从当代劳动形态的变化之中，我们能把握其内在的矛盾与困境，在以资本为主导的社会中，劳动与资本的关系仍然是社会的基本关系。无论是劳动的新形态还是劳动的原生形态，都只有通过资本的作用才能在市场上发挥其价值。因而，在劳动与资本的关系状态中，我们依然处于"以物的依赖性为基础的人的独立性"阶段，在当代复杂的劳动新形态中，最为根本的矛盾还是物的依赖性与人的独立性之间的矛盾，劳动依然要依附并服务于资本的性质，并以资本的发展为限度。一方面，随着劳动新形态的出现，劳动活动的社会发展情状也会发生深刻的变化，出现很多马克思所无法预见到的新情况与新问题。另一方面，劳动新形态的出现并没有颠覆马克思的劳动价值论及剩余价值理论，劳动之中所蕴含的根本矛盾没有发生变化。劳动新形态的双重属性的相互作用，使劳动异化的困境呈现出了更多的新样态与更复杂的内容，劳动异化在不断走向深化，而批判并消解劳动的异化就越是成为人类走向自由与解放的重要一环。这就需要彰显马克思劳动批判理论在当今时代的特殊意义，需要对之进行创造性的转化，需要在当代的视野与地平线上对马克思劳动批判理论的内容与形式进行现时代的重构，进行马克思劳动批判理论的重新解读，以马克思劳动批判理论的根本精神对当代的劳动处境进行批判分析，同时也将劳动的时代性内容引入劳动批判理论之中，丰富与发展马克思劳动批判理论。这样一来，对马克思劳动批判理论的当代解读就包含两层含义：一方面，运用马克思劳动批判理论对当代的劳动处境进行现时代的批判分析；另一方面，在现时代将马克思劳动批判理论进行延伸与拓展，让科学的理论发出时代的光芒。这两方面也就更加凸显马克思劳动批判理论的当代价值与意义，也更加彰显劳动批判的社会历史性质，使劳动活动越发成为人确证自身本质并提升自身境界的中介性活动，而不是钳制并压抑人个性的异化劳动，从而最终走向人的真正的劳动解放。

三、回应西方劳动理论的挑战，呼唤劳动批判理论的出场

马克思主义理论总是站在时代前端，回答时代之问，接受各色理论挑战，回应理论争论。当代西方理论界对马克思劳动理论研究深入且广泛，影响很大，但其中也不乏对马克思劳动论题的误读与挑战。有效回应争议焦点，批判地对待西方劳动理论对马克思理论的探索与质疑，深化劳动批判理论与西方劳动理论的对话与沟通，不断扩展马克思劳动理论的问题视域，才能够在复杂多变的学说当中凸显马克思理论的科学性与真理性，彰显其理论的生命力与价值。

通过前文的论述我们可知，对于马克思劳动论题的关注与研究主要集中于西方马克思主义、当代政治哲学以及后现代主义这三个领域之中，它们将马克思的劳动概念本身、异化劳动以及劳动价值论等作为理论焦点。

而马克思的劳动批判理论主要关涉劳动概念，以及由此引发的劳动相关论题的研究，对这些问题的回应也就自然成为我们的任务。当代西方理论对马克思的劳动批判理论虽多有微词，但也反映出它们对马克思劳动批判理论的关注，它们认同马克思劳动论题研究的价值，肯定了马克思劳动批判对时代的意义。因此，我们对当代西方理论的探讨，也应秉持辩证与批判的态度，吸取其对马克思劳动论题有益的研究成果，并捍卫马克思劳动批判的理论地位。

第一，确证劳动概念在马克思理论之中的核心地位，回归马克思历史唯物主义的总体视域。在当代西方劳动理论当中有一种倾向，即疏远与游离马克思历史唯物主义的总体视域来对马克思劳动概念进行解读，最终将其倒退至形而上学的窠臼当中，在旧的形而上学的牢笼当中挣扎。而我们说马克思劳动批判理论的总体视域依然是历史唯物主义的，正是对于资本主义性质的劳动活动的异化性质的揭示，才会有体现人的本质的劳动活动的复归。马克思对黑格尔劳动理论的批判与超越，以感性对象性的活动代替自我运转复归的精神性劳动；对国民经济学的劳动理论的批判与超越，破除其资本主义劳动形式的永恒性与长久性，实现了对资本意识形态的真正颠覆，这种颠覆最终在哲学领域掀起一场革命，这场革命推翻的就是抽象的精神的意识运动，构建起以人的劳动活动为根基的社会历史发展图景。而当代西方的某些劳动理论却忽略甚至规避掉了马克思劳动批判的真正价值意涵。马尔库塞作为法兰克福学派的主要代表，坚持马克思对资本主义社会的基本批判立场，承认在当今的资本主义社会中劳动异化的程度更高，异化的形式更加隐蔽。马尔库塞围绕劳动者的生存境遇与生产方式展开讨论，得出人的本质与实存分离的结论。在马尔库塞看来，劳动本身已然成为对人的生命的贬损形式，而不再如马克思所言的作为人的生命体现的劳动活动。马尔库塞结合弗洛依德的心理学分析的成果，将人的本质看成人的爱欲，劳动活动就成为最基本的爱欲活动，现代社会当中爱欲活动受到压抑，才会表现为现代社会当中的劳动异化，而人的解放也就是人的爱欲的解放。这样，就将爱欲的解放作为实现劳动解放的基本途径，爱欲解放就被马尔库塞作为对马克思劳动解放乃至人的解放的深化。但是，我们反观马尔库塞的爱欲解放理论会发现，他仍然是在现代形而上学的框架之下探讨问题。强调爱欲的解放作用，其实就是从人的自然属性出发，并没有将人理解为具体的现实的人，缺失马克思存在论的原则高度。将爱欲作为先验的人本质，只能是对马克思劳动批判以及劳动解放理论的倒退，不可能是提升，马尔库塞只能在乌托邦的世界中沦陷。

罗尔斯作为当代影响力巨大的政治哲学家，他也关注并研究了马克思的资本主义社会批判，认为马克思的劳动价值论的前提预设依然是资本主义的本原社会，在此基础上罗尔斯认为马克思只是发现了资本主义社会中剩余劳动创造的新特点。而马克思对剩余劳动的发现，是建立在对古典政治经济学的批判与超越基础上的，国民经济学的劳动理论当中的悖论与矛盾，恰恰成为马克思批判与超越的关键点。罗尔斯没有洞察到，马克思对劳动价值论的探讨其实是建立在对资本主义整体超越的基础之上的，这其中包含着深层次的历史进步性。鲍德里亚对马克思的生产劳动展开批判，质疑马克思没有脱离资本主义的时代语境，终会深陷其生产逻辑当中。鲍德里亚破除"生产之境"的替代方式是提出了"象征交换"，并认为它才是人的真正自由的存在形式。我们认为鲍德里亚最终又走向了形而上学的视域当中，主张回到马克思所批判的思辨的哲学当中。

第二，复归劳动对人本质的真实实现，解除关涉异化劳动的现象学解读。在马克思劳动批判理论中，马克思在对国民经济学劳动理论以及黑格尔劳动理论的批判之后，最终将对劳动异化积极扬弃的共产主义作为归宿，这种异化的扬弃本质上就是对体现人的本质的劳动活动的复归。而当代西方哲学家们对马克思劳动论题的讨论总是内含这样一种倾向：当代资本主义社会的劳动异化来自劳动之外，他们总是期望废除劳动。安德烈·高兹就认为只有废除劳动才能真正实现劳动的解放。还有人弱化劳动活动本身在人的本质回归中的作用，希望开辟新系统以填补空白。哈贝马斯试图以交往行为理论代替马克思的劳动理论，重建对资本主义社会的批判，这其中就包含着对马克思劳动概念的误读。在哈贝马斯看来，劳动是人与自然之间的转换关系，建立起劳动与交往的根本区别，只有不断发挥交往理性，才能消除生活世界的殖民化，实现人的解放。交往行为似乎已经成为生活世界自由的主要来源，从而提出"交往乌托邦"。这就是在劳动之外寻求劳动解放的表现。马克思并不是从劳动概念本身进行推导，得出劳动异化的结论，而是从资本主义社会现实的社会关系出发，批判劳动异化。而对异化的消除也就自然关联到私有制的消除，资本主义社会关系的突破。劳动活动不可能消除，而是应该成为人的第一需要的活动。居伊·德波在《景观社会》之中，将资本主义的物化社会转换为景观社会，景观取代劳动成为当代社会的支配力量，也成为资本主义社会的抽象概括。景观也就自然成为社会异化的根源，人们由于对景观幻象的追逐，丧失了对真实生活的追求。这样，一切所谓从劳动中获得解放的理论就成为泡影，任何劳动生产都不可能带来自由与解放。

在汉娜·阿伦特看来，劳动始终是维持生存的营生活动，马克思在将劳动活动提升为确证人本质的最高活动时，也就将其政治化。阿伦特认为劳动在马克思理论当中发挥着政治化作用。阿伦特将"公共的世界"作为真正体现人的价值的世界，认为应该重建公共生活，从私人的经济生活中脱离出来，才能恢复人的自由。从劳动、工作以及行动的划分当中我们可以看出，行动区别于劳动并高于劳动，成为复归本质的路径。这是将劳动作为工具性的活动，忽略其在社会历史发展中的奠基性作用。

第三，确定人的解放的真实地位，破除对马克思劳动理论的虚无主义的设定。马克思通过对雇佣劳动下异化困境的揭示，表达了摆脱强制与束缚、实现人的解放的终极追求。人的生存方式以及生存状态一直都是马克思所深切关注的，他从人的最基本的劳动活动入手，寻找破解劳动异化的路径。海德格尔作为存在主义哲学的创始人看到了马克思深入历史本质的维度，但是也认为马克思的劳动理论终将使其深陷劳动生产的强制之中，无法回归人生存的本原状态。而海德格尔认为只要有工业生产的地方，就不会有精神家园的存在。他尝试用思想去体察人的存在，尝试打破工业生产把人送入的强制怪圈。海德格尔认为马克思的劳动理论终将使人陷入虚无主义的幻境，而我们知道马克思对人的解放路径的探讨是真真切切、实实在在的。

施特劳斯站在批判资本主义的立场上，认为马克思对资本主义的批判最终导向的依然是现代性运动基础之上的自由与平等。这样的话，马克思的劳动批判与劳动解放都将沦为为现代性服务的政治哲学，马克思对私有制的剖析也将成为为生产资料所有者服务的手段。这种空虚的自由幻象不是马克思的本真意图,马克思通过对资本剥削劳动的揭示,是为了确定人的解放的真实地位。这种对马克思的诘问是毫无根据的,也恰是没有理解马克思劳动批判真实旨趣的体现。

第二节 马克思的劳动批判理论与"以人民为中心"的发展思想

马克思劳动批判理论的再出场意味着在当今的现实社会中,异化劳动的困境并没有完全消失,还或多或少地存在着对劳动活动本身的消解的现象,时隐时现地存在着对本真的劳动活动价值激活的渴望。这些既是社会历史发展的必然,也显现出经济社会发展的不充分与不完善,需要我们加以改善与提高。而"以人民为中心"的发展思想恰好表达了回归本真的劳动状态,根本性地消解异化境遇的愿景。正是在马克思劳动批判理论与"以人民为中心"的发展思想的相互印证之下,在历史与现实的互相耦合当中,人的本质力量得以不断彰显,人之为人的意义得以不断生成,人的解放的历程得以不断延伸与拓展。

"以人民为中心"的发展思想是习近平新时代中国特色社会主义思想的根本价值取向,是坚持与发展中国特色社会主义的执政理念与基本方略。"以人民为中心"的发展思想最早是在 2015 年中央政治局研究制定"十三五"规划时提出来的。人民群众是社会历史发展的决定性力量,是否以人民为中心关系到中国共产党的根本宗旨,将群众路线贯彻到治国理政中就体现了对"人民是历史的创造者"的根本遵循。海德格尔曾经评价到,马克思的理论深入历史的本质维度当中,马克思关注的社会现实是实存与本质的统一,这是其深入历史本质性的原因。而我们将马克思的劳动批判理论与"以人民为中心"的发展思想联系起来讨论,就可以认证其理论本身的深度,认证其理论的真理性与科学性。

一、"以人民为中心"的发展思想概览与要论

"以人民为中心"的发展思想是在中国共产党第十九次全国代表大会的报告中阐述的:"坚持以人民为中心,必须坚持人民主体地位,坚持立党为公、执政为民,践行全心全意为人民服务的根本宗旨,把党的群众路线贯彻到治国理政全部活动之中,把人民对美好生活的向往作为奋斗目标,依靠人民群众创造历史伟业。"[①]它体现了中国共产党坚定的人民群众立场。坚持以人民为中心,就是坚持将人民的福祉摆在第一位,任何一个决策的制定,任何一个理念的执行,任何一个方案的实施,都要紧紧围绕人民的利益。换句话说,"以人民为中心"的发展思想是中国共产党在新时代的执政理念、价值追求与实践方式,人民性是习近平新时代中国特色社会主义思想的鲜明特征。

学术理论界对"以人民为中心"的发展思想进行了研究,主要集中在其主要内容、内涵界定、理论来源、生成逻辑等方面,有了一定的研究成果,但是作为实践推进的重要思想指引,从马克思的理论出发对其进行再解读与阐释十分必要。马克思的劳动批判理论作为马克思理论的基础与核心,我们更应该在此视域下展开对"以人民为中心"的发展思想的再研究。展开其过程的前提就是对"以人民为中心"的发展思想的基本内涵进行概要的梳理和总结,而对"以人民为中心"的发展思想解读的关键应从对"人民"的理解开始。"以人民为中心"中的"人民"不仅仅是一个政治性的概念,其内蕴着哲学性、历史性、伦理性甚或是法律性的价值与意义。以马克思劳动批判理论为基础,这里的"人民"首先是一个哲学性与历史性的概念。在马克思的理论话语当中,"人民"主要指以现实的人为基础的劳动者,是资本主义社会中绝大多数的无产阶级,代表着社会历史进步的方向,代表着先进生产力的发展动力,代表着社会主义社会乃至共产主义社会的主体。"人民"中的人首先是具有社会性的"人",这是"人民"概念最突出的特征,是人与人社会关系的总和;"人民"中的"民"强调的是人作为

---

① 习近平. CP/OL. http://www.qstheory.cn/llqikan/2017-12/03/c_1122049424.htm。

民的意义,是其社会地位与价值的本质规定。无论是"人民"中的"人"还是"人民"中的"民",都在指认并强调其社会历史性质,这就区别于西方个人中心主义。资本主义的发展是将人作为工具,经济的发展也更多的是为了资本家更多地获取剩余价值。而我们以人民为中心,经济发展也都是为了人民。以此为基点与核心的"以人民为中心"的发展思想具有社会历史性质,是新时代中国特色主义道路发展的产物。

第一,"以人民为中心"是一切社会实践活动的现实起点与核心立场。习近平总书记曾指出,"以人民为中心"的发展思想不是一个抽象的、玄奥的概念。因此应该将其落实到实践当中,融入经济、政治、文化、社会、生态等各个方面的发展过程之中。在社会发展的各个环节都要将"以人民为中心"的发展思想贯彻下去,坚持人民主体地位,满足人民对美好生活发展的需要。这就说明"以人民为中心"虽然作为一种发展思想而存在,其最终还是要落脚到社会实践活动当中,而"以人民为中心"就是要求一切社会实践活动都要以其为现实活动的起点与核心立场,也就是发展为了人民,发展依靠人民,发展成果由人民共享。(1)发展为了人民。党的十九大报告指出:"增进民生福祉是发展的根本目的。"[①]我们一切社会实践活动都是从人民的需要出发,为了人民的幸福而进行,以人民的利益为中心,社会实践工作的实施要以人民的满意为标准。经济发展既要以保障人民群众的根本利益为中心,同时人民群众又是经济发展的根本推动力。人类通过劳动活动创造物质财富,满足自身生存与发展的需要,从而进行经济发展活动。经济发展是生产力发展的集中体现,其所创造的物质财富是生产力变革的根本推动力量。这种经济发展活动具有明确的目的性,它就是为了保障人民的根本利益。"以人民为中心"发展思想的重要落脚点就在于保障和改善民生,这就应该将人民的现实需要与真实的境遇相结合,将经济稳步增长与民生的逐步改善结合起来,将社会经济的长远发展与惠民利民的短期政策结合起来。让政策真正回应人民的需求,让人民理解与响

[①] 习近平:《决胜全面建成小康社会 夺取新时代中国特色社会主义伟大胜利——在中国共产党第十九次全国代表大会上的报告》,人民出版社,2017,第23页。

应政策①。那么，人民的根本利益是什么，最关涉人民福祉的民生是什么？就是在满足自身生存与发展需求的同时，追求对美好生活的向往。人的需求是多层次的，也是一个从低到高不断进阶的过程。在满足生存需求之后，发展需求就不断成为迫切要解决的任务。而满足人民对美好生活的向往，实现人民群众的自由而全面的发展就成为关涉人民利益的大事，经济发展需要不断推进生产力的进步，为人民群众的自由而全面的发展创造应有的物质基础。人民对美好生活的向往作为主导的价值导向，经济的发展就应该更加注重人民群众生活是否幸福，是否有助于人民群众对美好生活的追求。现在我国正处于经济社会的转型期、改革期与攻坚期，我们更需要凝心聚力，谋求高水平与高质量的发展，以人民对美好生活的向往为导向改革创新经济发展模式，以人的全面发展为最基本的标准，并以此为基础，做到政治、经济、文化、社会、生态五位一体协调推进，实现有成效的发展。（2）发展依靠人民。习近平总书记指出："人民是历史的创造者，是我们的力量源泉。"②人民群众是发展所依靠的主体，是发展力量的源泉所在，我们需要在发展方式上坚持发扬人民的首创精神，在发展决策的制定上坚持吸取人民群众的智慧，在发展的不断推进中依靠人民群众的力量。劳动者是生产力中最具革命性与创造性的因素，人民群众是经济发展的根本推动力量，是物质创造的根本来源，社会物质财富的多寡取决于人民群众的劳动实践活动，"人民群众中蕴含着巨大的智慧和力量。这种取之不尽、用之不竭的力量源泉来自于人民群众的实践活动。世界各国政党，特别是执政党兴衰成败的历史经验启示我们：能不能代表人民的利益，会不会从人民群众中汲取力量，决定着党的前途和命运"③。实现中华民族伟大复兴是全体中国人民的伟大梦想，是人民群众共同的事业，这就需要我们坚决依靠人民，充分发挥人民的力量，形成强大的社会发展凝聚力，才能创造历史伟业，才能最终实现人民生活的幸福。（3）发展成果由人民共享。促进经济不断发展依然是当今中国的第一要务，而我们实现经济发展的最终

---

① 刘纯明、李光明：《习近平以人民为中心思想研究》，《山西师范大学学报（社会科学版）》2019年第2期，第7页。
② 习近平：《习近平谈治国理政》，外文出版社，2014，第97页。
③ 王蓉：《习近平以人民为中心思想探析》，《中共云南省委党校学报》，2019年第5期，第63页。

目的是实现共同富裕。随着经济的发展,其所创造的成果也必须实现共享,从而不断提高人民的生活水平[①]。最广大人民的根本利益就是对美好生活的向往与追求,这就需要我们在发展的成效上由人民主体进行检验,在发展的成果实现实实在在由人民共享。党的十八大以来,以习近平同志为核心的党中央提出了共享的发展理念,带领人民坚定不移地走共同富裕的道路,使人民更多地共享改革与发展的成果,让人民获得更多的幸福感、满足感。这就需要我们将发展主体与共享主体统一起来,充分发挥人民作为发展主体与共享主体的积极性、主动性、创造性。尊重人民的劳动成果,保护人民的聪明才智,尊重人才与尊重创造并行。同时还需要坚决维护社会的公平正义,以法律与制度来保障人民共享发展的成果,保证更多的发展成果惠及人民[②]。

第二,"以人民为中心"的发展思想是马克思的人民主体思想在当代的现实生成。马克思的人民主体思想在《关于费尔巴哈的提纲》与《德意志意识形态》当中得以创立,马克思在对黑格尔与费尔巴哈哲学进行批判吸收后确立起以"现实的人"以及"物质实践活动"为核心的人民主体思想。马克思将黑格尔绝对精神的自我生成的历史转变为人的生产活动生成的历史,进而整个历史都是人向自身存在或者说是社会存在的本质复归。这就打破了西方形而上学中作为类存在的历史主体,现实的人及其实践活动就成为全部历史运动的现实前提,成为既定社会自我运动的历史的现实主体。这一主体也就成为历史运动的中心。而在新时代中国特色社会主义事业取得巨大的历史性成就的今天,我们更是不得不承认这一切成就的取得都是现实的人及其实践活动的当代生成形式所完成的,是人民群众实践活动历史性创造的结果。我们党提出的"以人民为中心"的发展思想,就是马克思人民主体思想的当代生成,其实质是现实的人及其实践活动在当代的思想表征形式,是马克思主义与中国道路历史性实践的当代结合。马克思唯物史观视域下的历史主体的现实承担者是人民群众,现实的人及其实践活动无非就是人民群众的现实的历史实践活动。人民群众通过自身现实的活动创造着历史,改变着自身的现实存在,谱写着自身解放的历程,所以我

[①] 习近平:《习近平谈治国理政》(第 2 卷),外文出版社,2017,第 30 页。
[②] 楚向红:《习近平以人民为中心的发展思想探微》,《学习论坛》2019 年第 1 期,第 17 页。

们说人民群众的实践活动具有创造性、革命性与历史性。"以人民为中心"的发展思想作为马克思人民主体思想与中国道路的现实结合的产物,充分表征出人民群众创造历史这一事实。

整个所谓世界历史不外是人民群众通过实际的劳动活动的运动而诞生的,中国特色社会主义道路不外乎是人民群众历史性的实践活动开拓的,中华民族伟大复兴不外乎会在人民群众的历史性实践活动中逐步实现。人民群众作为历史创造的主体,更是作为中国特色社会主义建设事业的主力,夯实了中国特色社会主义发展道路的基础。正是以人民为主体的社会主义建设事业的开展,才会取得如此巨大与辉煌的成就,推动中国特色社会主义不断走向深入,走向未来,这从一个层面印证了中国特色社会主义的历史合理性与现实科学性,使得中国特色社会主义不断获得新的时代内容,开拓超越资本逻辑新的路径[①]。另一方面,这一伟大的现实运动恰恰也是作为历史主体的人民群众不断生成的过程,人民群众以一种自由而全面的发展方式不断更新自身,成为一个全面占有自己本质的人,这一过程的必然结果也就是自由人的联合体的生成。将"以人民为中心"的发展思想作为新时代中国特色社会主义的基本方略与执政理念,就会在现实的历史过程当中为人的全面而自由的发展构建前提与基础。人民群众在为中国特色社会主义创造历史性成就的同时,也拥有了作为社会主义国家建设者主体的满足感与获得感。人民群众作为社会历史的主体在创造历史的同时,也不断实现自身的生成,这恰恰体现了科学共产主义思想获得了充实的群众基础与力量源泉。

第三,"以人民为中心"是新时代中国特色社会主义发展的价值取向。现代社会与资本主义相伴而生,由此导致了人的普遍的异化状态,人的生活状态与生存境遇都成为异化人的工具,现代社会成为无意义的、丧失道德与自由的异化社会。与之相对,社会主义的现代化特别是新时代中国特色社会主义的现代化的发展,则更多地表现为以人民为中心的价值取向的回归,其中内蕴着扬弃资本主义现代性的实践发展思路。新时代中国特色社会主义以人民为中心的理念,既能实现现代化的不断拓展,又能将现代

[①] 户晓坤:《马克思历史主体思想视域中"以人民为中心"的哲学意蕴》,《天津社会科学》2018年第6期,第17页。

化过程中异化的因素降到最低的程度乃至消除。以人民为中心的社会主义现代化发展旨在激活主体人的潜能，发展人的主体能力，从而推进人的自由而全面的发展。以促进人的自由而全面发展的新时代美好生活，就作为中国特色社会主义发展产物应运而生，新时代的美好生活就实现了对资本主义现代化的根本性超越。它既作为理想的生活样式出现，又作为现实的实践体验而成为真实。中国共产党人在深刻领悟马克思的人民主体思想及人类解放理论的基础之上，立足于本国的国情，探索中国特色社会主义发展的道路。这条道路将其改造社会现实的根本尺度落实到是否有利于提高人民的生活水平、是否有利于为人民谋幸福、是否有利于为国家谋复兴。通过具体的现实实践活动不断将人的本质现实生成出来，从而走出人的解放的新境界。在"以人民为中心"的价值取向指引之下，我们应不断推动经济建设、政治建设、文化建设、社会建设以及生态文明建设五位一体协调发展，来促进人民生活水平的提高、人民民主权利的提升、人民文化生活的丰富、人民社会生活保障的提高、人民生活环境的优化。

第四，"以人民为中心"的发展思想是社会历史发展的产物，也应遵循历史发展的规律，设定历史发展的边界。"以人民为中心"的发展思想作为新时代中国特色社会主义发展的价值取向，也应以历史唯物主义的方法为指导，充分尊重历史发展的规律，认识人民的中心定位、价值定位、作用定位。不能违背历史规律，以当代人为中心而否定过去的人，也不能将"以人民为中心"狭隘地认知为"以人为中心"而否定历史的客观性。这就需要我们在坚持"以人民为中心"的发展思想的同时制定相关的制度规范，法律规范。不能以人的中心地位去否定制度与法律的权威性，否则就是以个人为中心而损害他人的利益，那样就又倒退到资本主义社会的利己的层面。"以人民为中心"的"人民"代表着大多数人，如果偏离或者歪曲这一本质，就会产生矛盾与悖论，因此我们要遵循历史发展的规律，设定历史发展的有效边界。除了制度边界，法律边界外，这里还包括自然边界。我们在以人民为中心改造自然的同时，还需要划出自然的边界，强调自然本身的优先性与客观性，不能以肆无忌惮的人类活动突破自然承受的界限与程度，破坏人与自然的共同发展，那样做会反过来损害人的自由而全面的发展。

二、马克思劳动批判理论视域下"以人民为中心"的发展思想研究

前文我们对"以人民为中心"的发展思想进行了概括性分析,"以人民为中心"的发展思想是马克思人民主体思想的当代显现,是中国道路发展与延伸的价值取向,更是一切社会实践活动的现实起点,其实质依然是要破除现代社会的异化困境,寻求人的解放,只是其所关涉的时代背景已经衍生到新时代中国特色社会主义发展的今天。马克思劳动批判理论通过解除黑格尔哲学中劳动概念的神秘外衣,揭开国民经济学劳动概念背后的异化本质,阐明了资本主义社会的劳动活动说到底不过只是异化了的雇佣劳动。这种劳动形式以资本私有制为起点,以劳资对立为根本的表现形式,导致的结果是广大劳动者普遍贫困的境地。马克思对雇佣劳动的异化形式进行彻底的批判与超越,希冀在共产主义的联合体中达到每一个人自由而全面的发展。通过对"以人民为中心"的发展思想与马克思劳动批判理论的回顾,我们发现,无论是理论逻辑演进的路径、理论进阶的关键环节,还是所要达到的价值旨趣,两者都具有统一性,因此我们说"以人民为中心"的发展思想是马克思劳动批判理论在当代的发展形态,是社会历史演进的必然产物。

第一,马克思劳动批判理论以社会历史性的劳动概念为逻辑起点,将资本主义社会的异化劳动与雇佣劳动都看成可以消除与替代的社会历史产物,即使是资本原则也有其历史发展的限度。而作为新时代中国特色社会主义发展价值取向的"以人民为中心"的发展思想,更是社会历史发展的产物,有其历史发展的边界。因此我们说马克思劳动批判理论与"以人民为中心"的发展思想都是具有社会历史性的唯物史观的产物。马克思劳动批判理论中社会历史性是根本的性质,正是因为有这样的特质,马克思才能对资本主义性质的劳动活动进行批判,才有提出超越其雇佣劳动异化本质的可能;正是因为具有这样的特质,马克思的劳动批判理论才能在社会历史发展的过程之中不断充实自身的理论视域,成为指导当代实践的思想理论,我们因此才会将"以人民为中心"的发展思想看成马克思劳动批判理论的当代发展形态。"以人民为中心"的发展思想服务于中国特色社会主

义发展道路,中国特色社会主义作为一种特殊的社会发展形态生发于马克思经典的社会主义理论,在历史演进的过程之中形成实践形态的社会主义,这本身就是社会历史性的体现。马克思恩格斯所设想的共产主义并不是一成不变的,"实现社会主义是一个漫长的过程,而马克思对社会主义的构想不是对过程的构想而是对未来社会发展目标的构想,用目标内容来否定或肯定过程中的各种现象都不是马克思的应有之义"[①]。实践的社会主义在发展的过程中会遇到各种各样的问题与困难,马克思所提出的各种思想理论只是建设社会主义的指南针,并不是解决各种问题的灵丹妙药。而"以人民为中心"的发展思想正是实践的社会主义在发展过程之中的指示牌,其所指向的依然是人的解放的灯塔。

第二,马克思劳动批判理论指出资本主义社会的劳动形式是带有异化性质的雇佣劳动,并且造成这种雇佣劳动的异化困境的根源是资本主义私有制的存在。马克思理论形态在当代的再出场就说明,虽然我们已经消除了资本原则的阶级性与剥削性,但是资本原则本身依然存在并且还会长期存在,成为促进经济发展的关键因素。这就需要规制资本,使其成为为人民的幸福生活服务的因素与原则。而消除异化困境、规制资本原则本身就包含在"以人民为中心"的发展思想当中,因此我们说马克思劳动批判理论与"以人民为中心"的发展思想在理论本质上具有一致性。在以私有制为前提的生产方式下,包含人在内的一切生产要素都成为追逐利润、实现资本增殖的工具与手段。作为生命个体的人在资本主义的生产体制下作为物而被利用到了极致,普遍贫困就成为劳动者的最终结局与归宿,即使随着生产的发展,劳动者的生活有所改善,但与资本所有者的所获与所得相比,只能是相形见绌。而作为资本主义意识形态辩护者的黑格尔哲学与国民经济学,或将资本主义社会生产中的异化困境消融于国家运演体制之中,或是直接视而不见,将资本主义生产方式作为人类发展的永恒的形式。而马克思的劳动批判理论则通过对遮蔽现实异化困境的资本主义意识形态的批判,揭示资本主义生产形式的异化本质,这也就是马克思劳动批判所要揭示的雇佣劳动的异化的劳动处境。这种境况只有在消灭资本主义私有制

---

① 王朝科:《中国特色社会主义基本矛盾论》,《四川大学学报(哲学社会科学版)》2019年第4期,第74页。

及资本原则的逐利本性时才能真正得到解决,也只有在这条路径上才能真正使得劳动者摆脱贫困的境地。这里所要消除的是作为统治劳动的资本原则(带有阶级性与剥削性的资本原则)与异化的劳动形式,而作为生产活动条件的资本原则与人本身自由自觉的劳动活动是不会消亡的。因此,如何正确对待资本与劳动的关系就成为是否能够消除异化困境的关键。

在社会主义社会中特别是当前全面推进中华民族伟大复兴的进程中,我们要改变资本原则发挥作用的性质,使其重新复归为生产的条件与手段,社会主义制度强大的优越性在于其具有驾驭资本原则的能力,使得劳动、知识、技术与管理等要素的活力迸发,为创造社会财富而服务,从而避免资本无限增殖导致的剥削行为。但是,我们也看到在发展社会主义市场经济的过程中依然存在着一些不合理与不公正的现象。中国特色社会主义作为特定阶段的社会主义,与马克思恩格斯所设想的社会主义乃至共产主义既一脉相承,又有其独特性。我们所要做的就是不断规制与消除社会经济发展过程之中的不和谐因素,使得中国特色社会主义顺延发展,乃至最终实现人民群众的共同富裕。我们党适时提出"以人民为中心"的发展思想正是对于马克思劳动批判理论的当代遵循与当代生发。正是因为人民的福祉是一切工作的出发点与落脚点,我们才会发展社会主义市场经济来为人民的生产与生活提供物质基础与保障,才会规制资本原则的剥削性与阶级性来摆正经济发展道路的社会主义方向。

第三,马克思劳动批判理论指出在雇佣劳动的异化困境消除之后,未来的社会将会实现人的自由与全面的发展,进而达到人的解放的目标。这是马克思劳动批判理论的终极价值旨趣,也是"以人民为中心"的发展思想的内在价值意蕴。因此我们说马克思劳动批判理论与"以人民为中心"的发展思想在核心价值旨趣上具有一致性。马克思的劳动批判正是对经济上、政治上和思想上压迫人自由个性发展的资本主义生产方式与生活方式的批判与扬弃,是一个消灭现存状况的现实的运动,是一个人的本质现实生成的过程,这是对人的解放历程的真切的表达。中国特色社会主义道路探索中提出的"以人民为中心"的发展思想,正是对人的本质生成的解放旨趣的现实复归。"以人民为中心"的发展思想将每个人的自由而全面的发展,最终实现人的全面解放,以至达到美好生活的存在样态作为其思想的归宿。"以人民为中心"的发展思想是为人民的发展、依靠人民的发展、劳动成果由人民共享的发展,坚持人民群众在中国特色社会主义建设事业中的主体地位,把不断实现好、发展好、维护好最广大人民群众的根本利益作为一切工作的核心。习近平总书记指出:"把人民拥护不拥护、赞成不赞成、高兴不高兴、答应不答应作为衡量一切工作得失的根本标准。"①在这一发展思想的指导下,中国特色社会主义的建设将人民置于核心价值地位,从根本上保障人民权利的落实与人民生活的幸福。习近平总书记强调,为了促进人民的全面发展以及共同富裕,就必须坚持"以人民为中心"的发展思想②。

当今中国最大的国情就是我们现在处于并将长期处于社会主义初级阶段,这是本真的社会现实存在。发展社会主义市场经济,不断提高人民的生活水平,促进社会主义政治民主的不断进步,就成为中国特色社会主义发展的必然选择。此时我们更需要坚持"以人民为中心"的发展思想,不断防止和杜绝市场经济发展所带来的人与劳动、人与人之间发展的异化现象,使得马克思的自由与解放的意蕴在当代散发光芒。在历史实践过程中贯彻"以人民为中心"的价值理念与发展思想,本质上就是在践行马克思的人的解放的理论,是马克思关于人的解放的现实表达。全面建成小康社会是贯彻"以人民为中心"的发展思想的关键一招,也是实现人的解放的关键环节。党的十八大将全面建成小康社会作为奋斗目标,并将这一目标的结点定于 2020 年,这体现了中国共产党人实现人民共享发展成果的决心与信念。全面建成小康社会的实现以及新征程的开启,让"以人民为中心"的发展思想落到实处,让马克思劳动批判理论的科学性在当代得到印证,两者在理论与实践的双重视域中实现了高度的融合。

"以人民为中心"的发展思想就是将马克思关于人的解放的思想植根于中国特色社会主义的发展进程之中,达成人的解放的历史生成路线。而从马克思关于人的解放的逻辑出发审视"以人民为中心"的发展思想,更加突显这一思想的宽广视域及宏大的视野。

---

① 习近平:《在庆祝中国共产党成立 95 周年大会上的讲话》,人民出版社,2016,第 18~22 页。
② 习近平:《决胜全面建成小康社会 夺取新时代中国特色社会主义伟大胜利——在中国共产党第十九次全国代表大会上的报告》,人民出版社,2017,第 19 页。

第三节 当代劳动新境遇的构建：
以马克思劳动批判理论为基点

马克思劳动批判理论指认了劳动活动的异化困境，并相对预设了劳动活动的本真状态。我们在发展中国特色社会主义经济、政治、文化的过程中，更应该以马克思劳动批判理论为基础，揭示经济社会生活中的不足之处，并采取有利举措营造良好社会环境。尊重劳动，从而捍卫劳动者的主体地位；促进劳动成果共同享有，以便增强劳动者的获得感；弘扬劳动批判的精神，不断检审复杂多变的劳动境遇，以马克思劳动批判理论为指导建构当代劳动发展的新境遇。

一、尊重劳动：捍卫劳动者的主体地位

在中国特色社会主义发展道路中创造劳动活动新境遇，首先需要我们对劳动活动本身抱有应有的敬畏，承认劳动活动在社会历史发展过程之中的核心地位，树立起尊重劳动、保护劳动、捍卫劳动者主体地位的社会观念。

尊重劳动是马克思劳动批判理论的应有之义。马克思劳动批判理论的最终落脚点就是人的劳动活动获得了解放，并且实现了自由的发展。劳动活动因此成为人的第一需要，这是对共产主义社会劳动形态的真理性表达。正是因为马克思对劳动活动本真形态的追求，对实现人的解放的诉求，才会如此果断并坚毅地对资本主义社会的异化劳动与雇佣劳动，以及为之进行辩护的黑格尔劳动概念与国民经济学劳动概念进行批判与超越。在马克思劳动批判的语境之内，期望将劳动活动复归其本真地位，尊重与保护本真的劳动活动也就成为其理论的应有之义。尊重劳动也就成为社会主义社会劳动精神的一个基本价值定位与命题。只要社会生活之中依然存在着资本异化的境况，尊重劳动就一直会成为我们追求的价值取向。虽然我们党

在十六大的时候就已经提出了尊重劳动的主张，但是在实际的现实生活之中还存在着诸多不尊重劳动的现象，"劳动者得不到应有的尊重，劳动安全得不到基本保障，劳动工资得不到按时支付，劳动关系被理解得过分狭隘，劳动所得与付出不成正比，劳动用工歧视，劳动身份不平等，同工不同酬等各种不尊重劳动的现象时有发生"①。我们现实社会生活中的劳动实践形式还未达到自由劳动形态，自由劳动形态所需的社会条件还未现实达成，这一转变的过程还很漫长，然而必然王国与自由王国、理论与实践、历史与现实之间的内在张力却不断地促使人们以实际的活动去践行，使得现实的社会发展孕育着马克思劳动批判所指认的本真的劳动果实。

尊重劳动意味着尊重与保护一切有益于人民的劳动。尊重劳动意味着一切为中国特色社会主义建设道路服务的劳动活动、一切关切人民福祉的劳动、一切有益于人民的劳动都应该得到承认、倡导与尊重。尊重劳动是社会主义社会的基本原则，无论是体力劳动还是脑力劳动、简单劳动还是复杂劳动，在本质上都是平等的、自由的劳动。虽然由于分工不同、劳动背景不同、从事的行业不同，劳动活动在生产量上会存在差别，但是这种差别不能掩盖劳动活动本身的平等性。有益于人民的劳动就是能使人民获得幸福感的劳动活动，就是通过劳动活动达到一种美好的社会生活状态。劳动是否有益于人民、是否能使人民获得幸福感，取决于社会劳动存在状态。劳动活动既创造着使人民获得幸福的社会存在状态，又决定着社会价值认同取向。提倡尊重劳动的社会价值理念，从而在社会上形成良好的劳动活动氛围，使得人们的劳动活动在工具与目标、主体与客体、过程与结果之间达成统一，这种统一最终指向的是劳动的幸福。我国实行按劳分配为主体、多种分配方式并存的基本经济制度，按劳分配的前提就在于尊重并承认劳动活动的价值，保护一切有益于人民的劳动活动。多劳动者多得，保护一切合法劳动所得，提高劳动报酬在初次分配中的比例，这些都是社会主义分配的基本原则，也是"以人民为中心"的发展思想在分配领域的具体体现②。

---

① 何云峰：《关于形成全社会尊重劳动氛围的制度思考》，《社会科学》2015 年第 3 期，第 132 页。
② 王朝科：《分配制度上升为基本经济制度的理论必然与实践必然》，《上海经济研究》2020 年第 1 期，第 14 页。

尊重劳动意味着确认与强调劳动在人类社会历史发展中的核心地位。劳动活动特别是物质生产活动在人类社会历史发展之中的核心地位，马克思在《德意志意识形态》当中已经做了精妙的阐释，人的劳动活动将自己与动物区分开来，并且决定着自身的存在方式。劳动活动创造着人类社会的进步与文明，一个社会的劳动活动状况决定着一个社会基本的存在状况。尊重劳动也就意味着认可劳动活动在社会历史发展过程中的地位，承认劳动活动在人的存在与发展过程中的中心位置，认可只有通过对象化的劳动活动才能真正发挥人的主动性与创造性，才能将人的潜力变成为现实的改造力量。尊重劳动意味着承认并强调劳动活动在创造社会财富当中不可比拟的动力作用，无论是物质财富还是精神财富，都是人类消耗体力或脑力来改变劳动对象的过程。人类社会历史不过是人发挥劳动的创造性改造客观世界的历史。

倡导与树立尊重劳动的社会价值观念，提升劳动者的主人翁地位。劳动活动不仅是人存在的必然手段，更是人的自我价值的实现方式，是劳动者的精神价值依托与内生的动力源泉。倡导与树立尊重劳动的社会价值观念是社会发展的需要，尊重劳动是文明社会进步的价值基石。只有在社会层面广泛倡导尊重劳动的社会价值理念，这个社会才能将诚实劳动作为真正的社会力量，劳动活动才能成为个人实现自身本质与价值的真实路径，崇尚劳动与尊重劳动才能成为社会的道德信仰，劳动活动才能理所当然地成为社会历史实践的必然，整个社会才能凝聚劳动力量，劳动者才能成为社会的主体。这是在精神的层面上建构社会主义劳动文化根基。通过宣扬尊重劳动的文化观念，加强社会主义劳动自信的意识。这就需要我们"从观念上消除不同的劳动形式、不同质量的劳动之间的差别，防止将劳动本身等级化、高低贵贱化、固定类型化，防止把某些劳动形式看得比别的劳动形式更重要"[①]，大力弘扬尊重劳动、热爱劳动、崇尚劳动、劳动平等的社会价值与精神，"劳动没有高低贵贱之分，任何一份职业都很光荣。广大劳动群众要立足本职岗位诚实劳动。无论从事什么劳动，都要干一行、

[①] 何云峰：《尊重劳动是当代青年必备的基本品格》，《青年学报》2017年第3期，第25页。

爱一行、钻一行"①。此外，我们还应该在法律与制度层面建构一整套的体系与制度，形成尊重劳动的法律认同与制度认同，全方位地形成保障劳动者主体地位的有力支撑。只有这样才能促进劳动的不断解放、劳动关系的和谐，劳动活动的真正幸福。

倡导与树立尊重劳动的社会价值理念，有利于提升劳动者的主人翁地位。尊重劳动是劳动者主人翁地位形成的前提基础，当一个社会树立起尊重劳动与崇尚劳动的社会价值观念时，劳动活动就会成为劳动者获得感与幸福感的真正来源，劳动者就能够在劳动活动当中实现自身的人生价值。劳动者便更有动力去投身劳动活动当中，坚守自己的劳动岗位，承担时代的重任，创造人生辉煌，实现人的发展与解放。尊重劳动与崇尚劳动，从本质上看，就是我们坚持历史唯物主义、坚持以人为本的社会发展理念、坚持人民主体性的结果。只有在这样的理念指引下，我们才能不断地明晰正确的发展方向，不断解放与发展生产力，减少劳动异化的后果，实现社会的长远发展②。我们的国家与民族只有在尊重劳动与热爱劳动中艰苦奋斗，才能不断前进，开启人类历史发展的新征程。

二、劳动共享：增强劳动者的获得感

除了在社会价值理念层面形成尊重劳动与崇尚劳动的社会氛围与风气外，劳动者的劳动幸福感最主要还是来源于真真切切地拥有自身的劳动所得，能够共享改革与发展的成果。因此，实现劳动共享、增强劳动者的获得感就成为构建劳动新境遇的又一有力措施。

劳动共享是消除劳动异化、实现劳动解放的有力手段与工具。资本主义社会形态下劳动的异化不仅生产了异己的与敌对的生产对象，还生产了敌对与异己的社会关系。马克思批判与扬弃黑格尔脱离社会现实的思辨的异化史观，指出只有消除人的本质的异化才能实现对人本质的占有。马克思批判与扬弃国民经济学的抽象劳动的狭隘观点，指出资本主义性质的雇

---

① 习近平：《在知识分子、劳动模范、青年代表座谈会上的讲话》，《人民日报》2016-04-30（002）。
② 魏长领：《"劳动之尊"四维解说：尊重、尊严、神圣与尊贵——基于劳动之人格、权利、使命与成就四个价值维度》，《甘肃理论学刊》2015 年第 2 期，第 134 页。

佣劳动就是异化劳动，资本主义性质的劳动形态在它所能容纳的生产力发挥出来之后，必定会被共产主义社会的自由的社会劳动所取代。从现实本质上看，资本主义社会的异化劳动的雇佣状态必定会导致社会的两极分化，而中国特色社会主义社会通过贯彻劳动共享的理念所要达到的必定是共同富裕。中国特色社会主义社会对资本主义的超越、共同富裕对两极分化的超越，最终都归结为劳动共享对马克思所批判的劳动异化困境的超越，所以我们说劳动共享是消除劳动异化、实现劳动解放的有力手段与工具。

共享发展理念作为中国特色社会主义的本质要求，是有效生产及公平合理分配的有机统一。社会发展依托的是社会性的劳动生产，共享发展依托的是中国特色社会主义的基本经济制度保障。在生产发展与制度支撑的双重作用下形成的就是共同富裕的社会状态，这种社会状态就是对资本主义社会体制下雇佣劳动的异化状态的现实超越与变革。对于正处于社会主义初级阶段的中国来说，劳动共享所实现的社会性的劳动对异化劳动的扬弃也只能是初级及初步的，对人本质的复归也是初步的。只有继续坚持社会主义的生产方式，坚持社会主义的基本经济制度，才能逐步实现自由的社会性劳动对异化劳动的超越，社会主义共同所有对资本主义私人所有的主体地位的超越，才能实现共同富裕对两极分化的超越，社会发展才能真正复归人的本质，实现人的解放。

劳动共享从本质上看，最终的落脚点是劳动成果的共享。劳动共享包括劳动生产资料的共享、劳动生产活动的共享、劳动成果的共享，其最终的落脚点是劳动成果的共享。只有实现劳动成果的共享，劳动者才能真实与实在地获得社会经济发展的红利，增强劳动者的获得感与幸福感。生产资料是物质劳动的前提与基础，生产资料本就是劳动所得而归劳动者所有。实现生产资料的共享，不仅意味着劳动者占有生产资料，更意味着劳动者通过对生产资料的占有享受到生产资料所带来的物质利益，这就打破了劳动共享理念的狭隘界限，使其成为真正意义上的共享，而不是指停留于口头与表面的肤浅的占有与共有[1]。将生产资料的私人所有变为公共所有，只是为了去除驾驭与掌控生产资料的私人所有者，也就是为了去除生产资

---

[1] 贺汉魂：《公有制的经济才是真正的共享经济——重读〈共产党宣言〉》，《当代经济研究》2019年第1期，第33页。

料的阶级性，回归生产资料的共有本质，生产资料的共享就是为了消除资本主义社会的私有制，从而筑牢人民群众共享劳动成果的地基，所以马克思在《共产党宣言》当中指出："从这个意义上说，共产党人可以把自己的理论概括为一句话：消灭私有制。"① 劳动生产活动的共享指的是劳动者利用生产资料共同参与到劳动生产活动当中，并且获得劳动活动所带来的快乐。劳动生产资料如果不施加劳动者的劳动活动就只是一堆死物，只有劳动者的劳动生产活动才是物质生产的灵魂。劳动者的劳动生产活动是"人类经济活动的基本环节，人民共同享受生产劳动自然是公有制经济的重要组成，也是共享经济发展的根本途径"②。劳动者的劳动必须是能够给劳动者带来快乐的活动，否则就会倒退到资本主义社会的异化劳动困境当中。劳动者的劳动活动只能是自由联合的劳动，这种自由联合劳动所带来的结果就是，共同劳动的社会化的劳动者可以根据人民的需要合理调节物质资料的生产，而不是这些物性的材料反过来成为统治的力量，支配人们的生产与生活。在这种合情、合理与合法的情状下，人们在适合其本性的立场与指引下劳作，才能创造共享劳动的局面③。劳动活动不再仅仅是谋生的手段，而是人的第一需要，由此产生的劳动成果也必将被劳动者所共享。劳动生产的各个环节最终都指向劳动成果的共享，劳动成果的共享才是劳动共享的本质属性。

坚持中国特色基本经济制度，提升劳动共享的成效。中国共产党十九届四中全会审议通过的《中共中央关于坚持和完善中国特色社会主义制度、推进国家治理体系和治理能力现代化若干重大问题的决定》指出，公有制为主体，多种所有制共同发展，按劳分配为主体，多种分配方式并存的分配方式，社会主义市场经济体制共同成为社会主义的基本经济制度④。这是我们党在十五大提出"以公有制为主体，多种所有制经济共同发展是我国社会主义初级阶段的基本经济制度"的科学论断之后的又一理论创新，

---

① 《马克思恩格斯文集》（第 2 卷），人民出版社，2009，第 45 页。
② 贺汉魂：《公有制的经济才是真正的共享经济——重读〈共产党宣言〉》，《当代经济研究》2019年第 1 期，第 31 页。
③ 《马克思恩格斯文集》（第 7 卷），人民出版社，2009，第 928~929 页。
④ 习近平：《中共中央关于坚持和完善中国特色社会主义制度 推进国家治理体系和治理能力现代化若干重大问题的决定》，CP/OL。http://www.gov.cn/xinwen/2019-11/05/content_5449023.htm。

将按劳分配为主体、多种分配方式并存及社会主义市场经济体制提升为基本经济制度，表明我们党大力发展社会经济、创造社会物质财富、实现社会公平与正义、促进劳动者共享发展成果的决心与信念。作为基本经济制度的分配制度体系主要包括：按劳分配与按要素参与分配相结合的初次分配，利用税收、转移支付等手段进行不同群体与不同区域的国民收入再分配，国民收入的再分配是对国民收入初次分配的重要调节器。在进行初次分配与再分配之后，还要进行国民收入的第三次分配，主要对于发展极不平衡的区域与群体通过发展社会公益事业进行救助。在此基础上，形成科学合理的收入分配秩序，保护合法收入，鼓励勤劳致富，激发广大人民创造的积极性与主动性。增加低收入者的收入，调节过高收入，扩大中等收入群体比重，取缔非法收入，将收入分配纳入法治的轨道中。合理有益的分配制度有利于促进人们共同创造美好生活，能够提升劳动共享的成效，使劳动、资本、知识、土地、管理等要素在中国特色社会主义社会中充分涌流，特别是将数据作为生产要素，更是体现了当今大数据的发展对生产力发展的巨大推动作用。将按劳分配与按生产要素分配结合在一起，既体现了社会主义制度的优越性，又能充分展现中国特色社会主义市场经济在促进生产力发展之中的动力作用。按照共同富裕与共同发展的分配标准，对分配主体与分配客体进行调节，从而达到共享发展的分配目标。在分配制度中，我们要充分考虑劳动在其中发挥的作用与所处的地位，在初次分配中劳动者的报酬所占比例要有利于改变劳资关系中资本的统治地位，提升劳动者的主动权，维护经济发展与保证劳动者利益之间的平衡，既要保证劳动者的利益，使其分享经济发展的成果，又要让其成为经济发展的有益推动者与承担者，劳动者与资本所有者共担经济发展的风险。

　　以公有制为主体、多种所有制经济共同发展是劳动共享的内在机制与外在形式。只有公有制经济才是真正的共享经济，只有实行公有制才能真正实现劳动共享。共享除了包括共同占有外，更深一层的意涵在于共同进行劳动生产、共同分担劳动风险，只有共担才能真正实现共享。所以劳动共享真正来说，包括生产资料、生活资料的共享及生产劳动共同分担。而能实现生活资料与生产资料共同享有、生产劳动共同享受的经济体制只能是公有制经济。在中国特色社会主义发展过程中，坚持公有制为主体、多种所有制经济共同发展，既是劳动共享发展的要求，也是生产力发展阶段性的体现。

三、弘扬劳动批判精神：检审复杂多变的劳动新境遇

以马克思劳动批判理论为基础建构当代劳动的新境遇，除了要倡导尊重劳动的社会价值理念及促进劳动成果的共享外，更应该以马克思劳动批判的态度与精神时刻检审复杂多变的劳动发展新形态，弘扬劳动批判精神，构建和谐的劳动发展态势。那么劳动批判精神的具体内蕴是什么？我们应该如何弘扬与发挥劳动批判精神来检审复杂多变的劳动新境遇呢？

劳动批判精神源于对劳动存在形态的检审、对劳动异化的持续批判、对体现人本质的劳动活动复归的渴求。通过前文对马克思劳动批判理论的考察我们发现，对雇佣劳动的异化困境的批判是其核心内容，对劳动解放乃至人的解放的追求是其最终旨趣。马克思劳动批判理论的当代意义首先体现在其理论在当代的再次显现、再次出场，能给予对当代劳动存在形态的反思以指引。马克思劳动批判理论的再出场说明其理论内蕴依然对当代有重要的指导作用。理论的指导与指引作用最终化为一种精神与理念，时刻警示人们对现存的劳动状态进行反思，以至达到体现人的本质的劳动的复归，人的解放的真正实现。只要人的解放历程在不断发展与延续，劳动批判的精神与理念就会一直在场并发挥作用。从本质上看，劳动批判精神源于现实劳动活动的本质规定性。观念上的劳动批判精神与现实上的具体劳动存在形态，构成体现人本质的劳动活动复归的内在运演要素，两者的相互作用就构成了人本质的劳动活动复归的内在运演过程，观念上的劳动批判精神与现实的劳动存在样态的能量都应该得到最大程度的释放。劳动批判精神旨在激活潜在的现实劳动活动的内在生命机制，推进劳动活动向着复归人的本质的方向发展，这也就是我们倡导与弘扬尊重劳动、崇尚劳动的缘由。弘扬劳动批判精神，倡导勤劳致富的精神，激励人们通过自身的劳动活动创造美好生活，让全体人民不断焕发劳动的热情，不断释放劳动活动的能量，并且不断地对现实的劳动活动保有批判与反思的观念与意识，这是关乎体现人的本质力量的劳动活动能否真正彰显、现实的劳动活

动能否真正摆脱异化处境的关键环节，更是关乎新时代美好生活实现的重要精神支撑。在实现新时代中国特色社会主义的今天，物质财富的丰富虽然是不可或缺的维度，但这并不意味着新时代中国特色社会主义的发展只狭隘地归结为物质财富的增长，工具理性与价值理性要同时显扬，同时发挥作用，任何一方的缺失都可能导致新时代中国特色社会主义发展的失衡。劳动批判精神就是联结最终归宿与发展过程的重要中介。在新时代中国特色社会主义的发展过程中，人们面对的来自外部世界的问题与压力有很多，一旦创造自由人联合体的初心失落，新时代中国特色社会主义的发展就会迷失方向，现实劳动的批判性与超越性就会丧失，劳动活动就会再次陷入异化的境地。劳动批判精神源于对现存劳动状态的检审，归于对自由的联合劳动的诉求。

劳动批判精神指的是以人们的物质生产劳动为切入点，批判与省察现代社会生存境遇，以期实现人的解放的一种社会意识与价值理念。马克思从劳动的视角出发，将劳动与社会生活紧密关联，开启批判现代社会的哲学革命，这构成其理论发展的鲜明特色，也为我们考察与批判当代的劳动生存境遇提供了理论支撑。自由而自主的劳动活动作为人之为人的依托，彰显了人的本质特征。人们在劳动活动当中不仅创造着物质财富，而且架构着自身的生存样态。从人们的物质生产劳动入手来理解新时代人们的生存样态，是切近生存本质的关键。人的生存样态改变是通过劳动活动进行的，不是外在施加的，劳动活动才是人们美好生活样态得以实现的根本与基础。从人们的物质生产劳动入手对其社会存在境遇进行省察，与之有关的都应纳入批判的逻辑当中。这种批判本质是对现代性的批判与超越，贯穿着对资本逻辑根本性的批判与超越，达到对人的本质的追随。通过对人的生存境遇的审查，破除与消减阻碍人的解放的相关环节与因素，使得人们的生产劳动向着正确的轨迹与方向运演。对于中国特色社会主义存在样态的考察，也必须要归结于新时代切实的劳动境遇。目前依然存在着劳动存在境遇的不和谐因素，这就需要我们在中国特色社会主义发展的当下，继续坚持马克思劳动批判的精神，倡导全体人民共同创造美好生活，努力提升人民的生活水平，尽力改变人民的存在样态。倡导尊重劳动的社会价值理念，坚持劳动成果的共享，将共同创造与共同享有结合起来，将二者推演进中国特色社会主义的发展过程之中，实现目标导向与价值导向的双重匹配，这样既揭示了中国特色社会主义的实现历程，又彰显了其自身的实现结果，达到真实性与现实性的统一。劳动批判精神是马克思劳动批判理论在当代的理念延续，是马克思劳动批判理论当代意义的重要体现。

坚持劳动批判精神，需将人们的劳动活动作为分析的切入点，并将人的解放作为最终的落脚点。这是弘扬与发展劳动批判精神检审复杂多变的劳动境遇的方式与方法。时刻将劳动批判精神贯穿至中国特色社会主义的发展进程之中，既是对尊重劳动的社会价值理念的坚守，又能激发与凝聚建设中国特色社会主义的劳动力量，还能保持人的解放的最终目标与价值取向，从而为人类文明的进步、和谐世界的构造贡献力量。

结　语

马克思劳动批判理论的研究，首先需明确劳动批判的原因、劳动批判的对象、劳动批判的结果这样几个问题，而对这几个问题的回答也恰好构成马克思劳动批判理论的生成境遇，基本内容及价值旨趣。从马克思劳动批判的现实境遇与理论境遇入手，挖掘其生成背景，会发现资本成为现代社会的主导逻辑，与之紧密相关的是雇佣劳动成为劳动者普遍的宿命。雇佣劳动不断生产着支配自身的资本，雇佣劳动与资本合谋共同造成劳动者悲惨的生存处境。作为资本意识形态的国民经济学劳动理论与黑格尔劳动理论，从正面或侧面对资本逻辑统治下的现代社会所内含的异化逻辑进行粉饰与遮蔽。对于生存于其中的现代工人的命运的深度关切是马克思劳动批判生发的感情基础，而对资本主义现代社会的内在劳动异化的本质阐释及为其遮蔽的劳动理论的揭示，就成为马克思劳动批判的基本内容，异化劳动、雇佣劳动、国民经济学的劳动理论、黑格尔的劳动理论就成为马克思劳动批判理论的批判对象。

资本主义社会的基本劳动形式是雇佣劳动，当劳动力成为商品，生产资料与劳动者彻底分离之后，资本才成为支配与统治劳动者的异己力量。私有制是劳动力成为商品、劳动资料与劳动者彻底分离的根源，对雇佣劳动扬弃与批判的最终落脚点就是消除私有制。从本质上看，异化劳动是雇佣劳动的内在规定，雇佣劳动成为钳制劳动者的外在劳动形式，恰恰是因为其内在的劳动异化的本质，这就反映出异化劳动与雇佣劳动的关系。劳动异化的本质在雇佣劳动的外在劳动形式中表现出来，而失去劳动异化的性质，雇佣劳动也就复归为真实的劳动活动本身。从这里可以看出，劳动异化才是马克思劳动批判的主要对象。马克思正是通过对资本主义雇佣劳动的考察与研究，才得出劳动异化的四个表现形式。以劳动异化积极扬弃为核心的共产主义也就成为批判异化劳动的落脚点与归宿。

对国民经济学的劳动理论的批判与超越，为马克思劳动批判理论的形成与发展提供了素材与依据；对黑格尔劳动理论的批判与超越，为马克思劳动批判理论的形成与发展打开了生发的理论基点及批判的切入点。这两个批判对象本身具有内在联系。黑格尔对国民经济学的劳动一般进行了哲学指认，看到了抽象劳动对人的支配与统治，与国民经济学对现代劳动的永恒性认识是有本质区别的。但是，在黑格尔的《法哲学原理》中，这种劳动的异化终究还是会在国家阶段得以扬弃。这也就是马克思在《巴黎手稿》中指认黑格尔站在国民经济学立场上的原因。黑格尔的劳动理论与国民经济学的劳动理论这两个批判对象的内在本质联系，就在于它们以近代形而上学与资本原则相互结合的方式，共同架构并催生了现代劳动的异化境遇。

任何批判过程的展开都需要预设逻辑起点与前提，社会历史性的劳动概念与资本主义性质的劳动概念相对，既剖析了资本原则下劳动活动的社会历史性，又指引了超越其劳动活动形式的可能性。我们说当代世界，资本逻辑依然是世界的主要原则，马克思劳动批判理论的基本前提并没有改变，依然具有时代性。当代的劳动方式与劳动关系虽发生了前所未有的巨大变革，但马克思劳动批判理论并没有过时，其理论的当代回响不能停止，需要我们不断地以当代人的目光加以审视。在当代中国特色社会主义的发展过程中，我们利用并规制资本原则使其为社会主义的发展服务，但不可否认的是依然会存在资本原则对劳动的钳制，我们更需要运用马克思劳动批判理论对其进行批判与分析。同时随着时代的进步与发展，会不断出现更多的新情况新境遇，保持马克思劳动批判理论的鲜活生命力就成为留给我们探索的未竟的课题。本书重点研究了马克思劳动批判理论本身的基本内容及运演逻辑,而对其进行现代性的长久深挖与阐释才是符合马克思整体思想及其主旨的。

时代的发展永不止步,劳动批判的精神永不停息!

参考文献

经典著作

[1] 马克思恩格斯文集：第1卷[M]．北京：人民出版社，2009．
[2] 马克思恩格斯文集：第2卷[M]．北京：人民出版社，2009．
[3] 马克思恩格斯文集：第3卷[M]．北京：人民出版社，2009．
[4] 马克思恩格斯文集：第5卷[M]．北京：人民出版社，2009．
[5] 马克思恩格斯文集：第7卷[M]．北京：人民出版社，2009．
[6] 马克思恩格斯文集：第8卷[M]．北京：人民出版社，2009．
[7] 马克思恩格斯文集：第9卷[M]．北京：人民出版社，2009．
[8] 马克思恩格斯选集：第1—4卷[M]．北京：人民出版社，1995．
[9] 马克思恩格斯选集：第1卷[M]．北京：人民出版社，2012．
[10] 马克思恩格斯全集：第34卷[M]．北京：人民出版社，2008．
[11] 马克思恩格斯全集：第42卷[M]．北京：人民出版社，2016．
[12] 马克思恩格斯全集：第45卷[M]．北京：人民出版社，2003．
[13] 马克思恩格斯全集：第46卷[M]．北京：人民出版社，2003．
[14] 马克思恩格斯全集：第3卷[M]．北京：人民出版社，2002．
[15] 马克思恩格斯全集：第1卷[M]．北京：人民出版社，1956．
[16] 马克思恩格斯全集：第2卷[M]．北京：人民出版社，1957．
[17] 马克思恩格斯全集：第3卷[M]．北京：人民出版社，1960．
[18] 马克思恩格斯全集：第4卷[M]．北京：人民出版社，1958．
[19] 马克思恩格斯全集：第6卷[M]．北京：人民出版社，1961．
[20] 马克思恩格斯全集：第23卷[M]．北京：人民出版社，1972．
[21] 马克思恩格斯全集：第24卷[M]．北京：人民出版社，1972．
[22] 马克思恩格斯全集：第25卷[M]．北京：人民出版社，1974．

[23]马克思恩格斯全集:第 26 卷第 1 册[M].北京:人民出版社,1972.
[24]马克思恩格斯全集:第 26 卷第 2 册[M].北京:人民出版社,1973.
[25]马克思恩格斯全集:第 26 卷第 3 册[M].北京:人民出版社,1974.
[26]马克思恩格斯全集:第 42 卷[M].北京:人民出版社,1979.
[27]马克思恩格斯全集:第 46 卷(上册)[M].北京:人民出版社,1979.
[28]马克思恩格斯全集:第 46 卷(下册)[M].北京:人民出版社,1979.
[29]马克思恩格斯全集:第 47 卷[M].北京:人民出版社,1979.
[30]资本论:第 1 卷[M].北京:人民出版社,2008.
[31]资本论:第 2 卷[M].北京:人民出版社,2008.
[32]资本论:第 3 卷[M].北京:人民出版社,2008.
[33]资本论:第 3 卷[M].北京:人民出版社,1975.
[34]1844 年经济学哲学手稿[M].北京:人民出版社,2000.
[35]1844 年经济学哲学手稿[M].北京:人民出版社,2014.

中文译著

[1][德]黑格尔.法哲学原理:或自然法和国家学纲要[M].范扬,张企泰,译.北京:商务印书馆,1979.

[2][德]黑格尔.哲学史讲演录:第一卷[M].贺麟,王太庆,等译.上海:上海人民出版社,2013.

[3][德]黑格尔.精神现象学:上下卷[M].贺麟,王玖兴,译.上海:上海人民出版社,2013.

[4][德]黑格尔.《黑格尔全集》:第 6 卷《耶拿体系草稿Ⅰ》[M].郭大为,梁志学,译.北京:商务印书馆,2017.

[5][德]黑格尔.精神现象学[M].贺麟,王玖兴,译.上海:上海人民出版社,2017.

[6][法]雅克·董特.黑格尔传[M].李成季,邓刚,译.上海:上海人民出版社,2015.

[7][德]卡尔·洛维特. 从黑格尔到尼采[M]. 李秋零, 译. 北京: 生活·读书·新知三联书店, 2006.

[8][英]亚当·斯密. 国民财富的性质和原因的研究: 上卷[M]. 郭大力, 王亚南, 译. 北京: 商务印书馆, 2005.

[9][英]亚当·斯密. 国民财富的性质和原因的研究: 上卷[M]. 郭大力, 王亚南, 译. 北京: 商务印书馆, 2009.

[10][英]大卫·李嘉图. 政治经济学及赋税原理[M]. 郭大力, 王亚南, 译. 南京: 译林出版社, 2011.

[11][法]杜阁. 关于财富的形成和分配的考察[M]. 南开大学经济系经济学说史教研组译. 北京: 商务印书馆, 2009.

[12][英]托马斯·孟, 尼古拉斯·巴尔本, 达德利·诺思. 贸易论(三种)[M]. 顾为群, 等译. 北京: 商务印书馆, 2009.

[13][法]布阿吉尔贝尔. 布阿吉尔贝尔选集[M]. 伍纯武, 梁守锵, 译. 北京: 商务印书馆, 2009.

[14][英]欧文. 《欧文选集》(下)[M]. 柯象峰, 译. 北京: 商务印书馆, 1965.

[15][匈]卢卡奇. 青年黑格尔[M]. 王玖兴, 译. 北京: 商务印书馆, 1963.

[16][德]库诺·费舍. 青年黑格尔的哲学思想[M]. 张世英, 译. 长春: 吉林人民出版社, 1983.

[17][苏]伊·谢·纳尔斯基. 异化与劳动[M]. 冯申, 译. 长沙: 湖南人民出版社, 1983.

[18][英]艾瑞克·霍布斯鲍姆. 资本的年代: 1848—1875[M]. 张晓华, 等译. 南京: 江苏人民出版社, 1999.

[19][加]莫伊舍·普殊同. 时间、劳动与社会统治——马克思的批判理论再阐释[M]. 康凌, 译. 北京: 北京大学出版社, 2019.

[20][日]广松涉. 文献学语境中的德意志意识形态[M]. 彭曦, 译. 南京: 南京大学出版社, 2005.

[21][日]广松涉. 资本论的哲学[M]. 邓习议, 译. 南京: 南京大学出版社, 2013.

[22][法]阿尔都塞. 保卫马克思[M]. 顾良, 译. 北京: 商务印书馆, 2010.

[23][德]马克斯·霍克海默, 西奥多·阿道尔诺. 启蒙辩证法[M]. 渠敬东, 曹卫东, 译. 上海: 上海人民出版社, 2006.

[24][美]赫伯特·马尔库塞. 爱欲与文明[M]. 黄勇, 薛民, 等译. 上海: 上海译文出版社, 2015.

[25][德]马丁·海德格尔. 海德格尔选集: 上卷[M]. 上海: 上海三联书店, 1996.

[26][美]罗尔斯. 政治哲学史讲义[M]. 杨通进, 等译. 北京: 中国社会科学出版社, 2011.

[27][法]让·鲍德里亚. 象征交换与死亡[M]. 车槿山, 译. 南京: 译林出版社, 2006.

[28][法]居伊·德波. 景观社会[M]. 王昭凤, 译. 南京: 南京大学出版社, 2007.

[29][美]汉娜·阿伦特. 马克思与西方政治思想传统[M]. 孙传钊, 译. 南京: 江苏人民出版社, 2008.

[30][美]汉娜·阿伦特. 人的境况[M]. 王寅丽, 译. 上海: 上海人民出版社, 2009.

[31][美]汉娜·阿伦特. 共和的危机[M]. 郑辟瑞, 译. 上海: 上海人民出版社, 2013.

[32][德]哈贝马斯. 作为"意识形态"的技术与科学[M]. 李黎, 郭官义, 译. 上海: 学林出版社, 1999.

[33][德]哈贝马斯. 重建历史唯物主义[M]. 郭官义, 译. 北京: 社会科学文献出版社, 2000.

[34][德]哈贝马斯. 现代性的哲学话语[M]. 曹卫东, 译. 南京: 译林出版社, 2004.

[35][德]哈贝马斯. 理论与实践[M]. 曹卫东, 等译. 北京: 社会科学文献出版社, 2010.

[36][英]安东尼·吉登斯. 历史唯物主义的当代批判——权力、财产与国家[M]. 郭忠华, 译. 上海: 上海译文出版社, 2010.

[37][英]安东尼·吉登斯. 资本主义与现代社会理论——对马克思、涂尔干和韦伯著作的分析[M]. 郭忠华, 潘华凌, 译. 上海：上海译文出版社, 2013.

[38][英]安东尼·吉登斯. 现代性与自我认同：晚期现代中的自我与社会[M]. 夏璐, 等译. 北京：中国人民大学出版社, 2016.

[39][美]马歇尔·伯曼. 一切坚固的东西都烟消云散了——现代性体验[M]. 徐大建, 张辑, 译. 北京：商务印书馆, 2003.

[40][美]伊曼努尔·华勒斯坦等. 自由主义的终结[M]. 郝明伟, 张凡, 译. 北京：社会科学文献出版社, 2002.

[41][美]列奥·施特劳斯等编. 政治哲学史：下卷[M]. 李天然, 等译. 石家庄：河北人民出版社, 1998.

[42][美]列奥·施特劳斯. 苏格拉底问题与现代性——施特劳斯讲演与论文集：卷二[M]. 彭磊, 丁耘, 等译. 北京：华夏出版社, 2008.

中文原著

[1] 曹亚雄. 马克思的劳动观的历史嬗变[M]. 北京：中国社会科学出版社, 2008.

[2] 邓晓芒. 精神现象学句读[M]. 北京：人民出版社, 2014.

[3] 高清海. 找回失落的哲学自我[M]. 北京：北京师范大学出版社, 2005.

[4] 高兆明. 黑格尔《法哲学原理》导读[M]. 北京：商务印书馆, 2010.

[5] 顾海良, 张雷声. 马克思劳动价值论的历史与现实[M]. 北京：人民出版社, 2002.

[6] 郭伶俐. 当代西方劳动理论批判——兼论马克思劳动理论的当代意义[M]. 北京：中国社会科学出版社, 2011.

[7] 何云峰. 劳动幸福论[M]. 上海：上海教育出版社, 2018.

[8] 贺麟. 黑格尔哲学讲演集[M]. 上海：上海人民出版社, 2010.

[9] 洪镰德. 黑格尔哲学之当代诠释[M]. 台北：人本自然文化事业

有限公司，2007.

[10] 刘冠军. 现代科技劳动价值论与社会主义市场经济条件下的劳动力资本化研究[M]. 北京：中国经济出版社，2010.

[11] 鲁品越. 鲜活的资本论：从深层本质到表层现象[M]. 上海：上海人民出版社，2015.

[12] 鲁品越. 资本逻辑与当代现实：经济发展观的哲学沉思[M]. 上海：上海财经大学出版社，2006.

[13] 孙承叔. 真正的马克思——《资本论》三大手稿的当代意义[M]. 北京：人民出版社，2009.

[14] 孙正聿. 马克思主义辩证法研究[M]. 北京：北京师范大学出版社，2017.

[15] 孙正聿等. 马克思主义基础理论研究：上下卷[M]. 北京：北京师范大学出版社，2010.

[16] 王江松. 劳动哲学[M]. 北京：人民出版社，2012.

[17] 王文臣. 论马克思哲学的劳动概念与历史唯物主义[M]. 上海：上海社会科学院出版社，2013.

[18] 吴晓明，王德峰. 马克思的哲学革命及其当代意义——存在论新境域的开启[M]. 北京：人民出版社，2005.

[19] 吴晓明. 思入时代的深处——马克思哲学与当代世界[M]. 北京：北京师范大学出版社，2005.

[20] 吴晓明. 形而上学的没落——马克思与费尔巴哈关系的当代解读[M]. 北京师范大学出版社，2017.

[21] 习近平. 决胜全面建成小康社会 夺取新时代中国特色社会主义伟大胜利——在中国共产党第十九次全国代表大会上的报告[M]. 北京：人民出版社，2017.

[22] 习近平. 习近平谈治国理政[M]. 北京：外文出版社，2014.

[23] 习近平. 习近平谈治国理政第二卷[M]. 北京：外文出版社，2017.

[24] 习近平. 在庆祝中国共产党成立95周年大会上的讲话[M]. 北京：人民出版社，2016.

[25] 衣俊卿. 现代性的维度[M]. 哈尔滨、北京：黑龙江大学出版社、中央编译出版社，2011.

[26] 俞吾金，陈学明. 国外马克思主义哲学流派新编[M]. 上海：复旦大学出版社，2002.

[27] 俞吾金. 问题域的转换——对马克思和黑格尔关系的当代解读[M]. 北京：人民出版社，2007.

[28] 俞吾金. 重新理解马克思——对马克思哲学的基础理论和当代意义的反思[M]. 北京：北京师范大学出版社，2005.

[29] 张世英主编. 黑格尔辞典[M]. 长春：吉林人民出版社，1991.

[30] 张一兵. 当代国外马克思主义哲学思潮[M]. 南京：江苏人民出版社，2012.

[31] 张一兵. 回到马克思——经济学语境中的哲学话语[M]. 南京：江苏人民出版社，2009.

[32] 张一兵. 马克思历史辩证法的主体向度[M]. 南京：南京大学出版社，2002.

[33] 张一兵. 资本主义理解史：第1—6卷[M]. 南京：江苏人民出版社，2009.

[34] 赵敦华. 马克思哲学要义[M]. 南京：江苏人民出版社，2018.

[35] 郑宇. 马克思的自由与解放思想研究[M]. 上海：复旦大学出版社，2018.

[36] 邹诗鹏. 转化之路——生存论续探[M]. 北京：中国社会科学出版社，2013.

中文期刊论文

[1] 白刚. 哲学的政治实现与政治的哲学实现——马克思和阿伦特政治哲学的不同路径. 东岳论丛[J]. 2012（7）：56-60.

[2] 卜祥记，李华. 感性活动——"对黑格尔的辩证法和整个哲学的批判"的核心成果. 社会科学战线[J]. 2012（11）：5-9.

[3] 陈学明，姜国敏. 马克思主义的"劳动解放"理论及其对当代

中国的启示. 上海师范大学学报（哲学社会科学版）[J]. 2016（4）：5-13.

[4] 陈学明, 毛勒堂. 美好生活的核心是劳动的幸福. 上海师范大学学报（哲学社会科学版）[J]. 2018（6）：12-17.

[5] 陈学明. 《资本论》对当今中国的意义. 南京政治学院学报[J]. 2014（3）：6-9.

[6] 陈学明. 从马克思的现代性批判理论看中国道路的合理性. 马克思主义与现实[J]. 2018（6）：153-161.

[7] 陈学明. 资本逻辑与生态危机. 中国社会科学[J]. 2012（11）：4-23.

[8] 陈一壮, 罗月婵. 马克思两种劳动概念下的人的解放理论——从《1844年经济学-哲学手稿》到《政治经济学批判（1857—1858年草稿）》. 湖南师范大学社会科学学报[J]. 2011（1）：5-10.

[9] 程敬华, 赵坤. 马克思基于异化劳动理论对黑格尔主客体关系的批判. 南昌大学学报（人文社会科学版）[J]. 2016（3）：41-46.

[10] 楚向红. 习近平以人民为中心的发展思想探微. 学习论坛[J]. 2019（1）：15-19.

[11] 丰子义. 社会批判视域中的马克思社会发展理论. 江苏大学学报（社会科学版）[J]. 2012（2）：23-29.

[12] 宫敬才. 论黑格尔经济哲学及其对马克思经济哲学的影响. 马克思主义与现实[J]. 2016（3）：20-28.

[13] 宫敬才. 论马克思的劳动历史唯物主义理论. 北京师范大学学报（社会科学版）[J]. 2018（3）：9-27.

[14] 宫敬才. 诹论马克思的劳动哲学本体论（上）. 河北学刊[J]. 2012（5）：16-23.

[15] 宫敬才. 诹论马克思的劳动哲学本体论（下）. 河北学刊[J]. 2012（6）：21-28.

[16] 宫敬才. 诹论马克思对黑格尔劳动观的批判、继承和发展. 河北大学学报（哲学社会科学版）[J]. 2012（3）：38-43.

[17] 郭伶俐. 论马克思劳动批判理论的辩证性. 东方论坛[J]. 2013（2）：87-91.

[18] 韩立新．对象化与异化是否同一——"对黑格尔的辩证法和整个哲学的批判"的重新解读．吉林大学社会科学学报[J]．2010（1）：49-59.

[19] 何云峰，刘严宁．劳动是社会主义自由、平等和人的价值与尊严之根源．青年学报[J]．2015（3）：13-20.

[20] 何云峰，生蕾．关于劳动人权的四个理论视角．西南大学学报（社会科学版）[J]．2017（4）：34-41.

[21] 何云峰，王绍梁．"让劳动本身成为享受"何以可能．探索与争鸣[J]．2019（7）：66-73.

[22] 何云峰，王绍梁．黑格尔劳动辩证法思想的萌芽、形成及其应用——基于后黑格尔的批判性视角．学术交流[J]．2019（6）：23-39.

[23] 何云峰，王绍梁．马克思劳动辩证法的新解读——"资本-劳动"权力关系的起源与变革．武汉大学学报（哲学社会科学版）[J]．2019（6）：49-60.

[24] 何云峰，王绍梁．马克思劳动概念的两重维度及其辩证关系——兼析《资本论》中劳动辩证法的革命意义．马克思主义与现实[J]．2019（2）：54-61.

[25] 何云峰，张蕾．劳动人权马克思主义绪论．上海师范大学学报（哲学社会科学版）[J]．2017（3）：11-18.

[26] 何云峰．从体面劳动走向自由劳动——对中国"劳动"之变的再探讨．探索与争鸣[J]．2015（12）：53-58.

[27] 何云峰．关于社会主义核心价值主张的新诠释、新概括．上海师范大学学报（哲学社会科学版）[J]．2014（3）：5-14.

[28] 何云峰．关于形成全社会尊重劳动氛围的制度思考．社会科学[J]．2015（3）：131-140.

[29] 何云峰．劳动人权马克思主义散论．上海师范大学学报（哲学社会科学版）[J]．2016（3）：5-12.

[30] 何云峰．马克思劳动幸福理论的当代诠释和时代价值——再论劳动人权马克思主义．上海师范大学学报（哲学社会科学版）[J]．2018（5）：30-39.

[31] 何云峰．人类解放暨人与劳动关系发展的四个阶段．江淮论

坛[J]．2017（1）：12-18．

[32] 何云峰．尊重劳动是当代青年必备的基本品格．青年学报[J]．2017（3）：24-29．

[33] 贺汉魂，王泽应．马克思"劳动解放"思想的伦理意蕴及其现实意义．理论探讨[J]．2012（4）：49-55．

[34] 贺汉魂．公有制的经济才是真正的共享经济——重读《共产党宣言》．当代经济研究[J]．2019（1）：26-36．

[35] 贺麟．黑格尔的早期思想．哲学研究[J]．1983（9）：53-60．

[36] 户晓坤．马克思历史主体思想视域中"以人民为中心"的哲学意蕴．天津社会科学[J]．2018（6）：12-18．

[37] 姜晶花．异化劳动理论的批判性意义——兼论马克思异化劳动理论的伦理关怀．伦理学研究[J]．2012（2）：20-24．

[38] 刘纯明，李光明．习近平以人民为中心思想研究．山西师范大学学报（社会科学版）[J]．2019（2）：7-11．

[39] 刘荣军，李书娜．马克思劳动解放思想的逻辑意蕴与历史展现．东南学术[J]．2019（5）：80-86．

[40] 刘同舫．马克思人类解放理论的叙事结构及实现方式．中国社会科学[J]．2012（8）：4-23．

[41] 刘同舫．人类解放的进程与社会形态的嬗变．中国社会科学[J]．2008（3）：4-14．

[42] 刘同舫．政治解放、社会解放和劳动解放——马克思人类解放思想再探析．哲学研究[J]．2007（3）：9-15．

[43] 罗骞．异化劳动：现代性状况与现代性批判——《巴黎手稿》解读．学习与探索[J]．2012（1）：34-38．

[44] 毛勒堂，韩涛．劳动幸福：一个批判性的哲学审视．思想理论教育[J]．2019（6）：19-24．

[45] 毛勒堂．劳动认同：危机与重建．思想理论教育[J]．2015（5）：16-21．

[46] 毛勒堂．劳动正义：发展和谐劳动关系的伦理诉求．毛泽东邓小平理论研究[J]．2007（5）：42-45．

[47] 毛勒堂．劳动正义：马克思正义的思想内核和价值旨趣．毛泽东邓小平理论研究[J]．2017（3）：50-57．

[48] 毛勒堂．劳动正义：实现中国梦不可缺失的价值支撑．云南社会科学[J]．2014（5）：1-5．

[49] 毛勒堂．劳动正义：一个批判性的阐释．上海师范大学学报（哲学社会科学版）[J]．2016（5）：5-13．

[50] 毛勒堂．论作为劳动哲学的马克思哲学．江汉论坛[J]．2017（4）：76-82．

[51] 毛勒堂．马克思的劳动正义思想及其当代启示．江汉论坛[J]．2018（12）：24-30．

[52] 毛勒堂．资本逻辑与经济正义．湖南师范大学社会科学学报[J]．2010（5）：75-78．

[53] 毛勒堂．资本逻辑与劳动正义．山东社会科学[J]．2016（12）：12-17．

[54] 庞立生，聂阳．马克思劳动理论的现代性批判意蕴——兼回应阿伦特对马克思劳动理论的批评．天津大学学报（社会科学版）[J]．2015（3）：246-250．

[55] 冉光芬．资本逻辑与马克思的社会批判理论．学习与探索[J]．2016（9）：15-20．

[56] 孙乐强．劳动与自由的辩证法：马克思历史观的哲学革命——兼论《资本论》对《政治经济学批判大纲》的超越与发展．哲学研究[J]．2016（9）：11-18．

[57] 孙熙国，尉浩．论马克思异化劳动理论与资本批判理论的统一——《巴黎手稿》与《资本论》比较研究．中国高校社会科学[J]．2014（4）：16-26．

[58] 孙正聿．"现实的历史"：《资本论》的存在论．中国社会科学[J]．2010（3）：4-14．

[59] 孙正聿．超越人在宗教中的"自我异化"．哲学研究[J]．2017（9）．

[60] 孙正聿．当代中国的哲学观念变革．中国社会科学[J]．2016

(1).

[61] 唐爱军．马克思劳动观及其现实意义．毛泽东邓小平理论研究[J]．2014（3）：57-62．

[62] 汪行福．批判理论与劳动解放——对哈贝马斯与霍耐特的一个反思．马克思主义与现实（双月刊）[J]．2009（4）：112-117．

[63] 王朝科．分配制度上升为基本经济制度的理论必然与实践必然．上海经济研究[J]．2020（1）：11-15．

[64] 王朝科．中国特色社会主义基本矛盾论．四川大学学报（哲学社会科学版）[J]．2019（4）：67-77．

[65] 王代月．劳动辩证法：从黑格尔到马克思．哲学动态[J]．2018（4）：46-51．

[66] 王金林．论马克思对黑格尔劳动概念之重构．哲学研究[J]．2017（4）：3-11．

[67] 王南湜．马克思哲学中两种逻辑间的张力及一种可能的解决方式．学习与探索[J]．2013（11）：1-17．

[68] 王南湜．实践、艺术与自由——马克思实践概念的再理解．哲学动态[J]．2003（6）：4-7．

[69] 王南湜．政治经济学批判起点上的人本逻辑和科学逻辑——《巴黎手稿》的一种后黑格尔主义的阐释，哲学动态[J]．2014（9）：5-13．

[70] 王蓉．习近平以人民为中心思想探析．中共云南省委党校学报[J]．2019（5）：62-66．

[71] 王绍梁，何云峰．论马克思对黑格尔劳动辩证法的批判与颠倒——以《巴黎手稿》为文本依据．财经问题研究[J]．2019（9）：12-21．

[72] 王文臣，武凌竹．马克思哲学劳动概念的当代争论及其意义．江苏社会科学[J]．2010（4）：40-45．

[73] 王文臣．论黑格尔《法哲学原理》的劳动概念与马克思哲学的创立．江西社会科学[J]．2012（5）：46-50．

[74] 王文臣．论马克思对黑格尔劳动观的现代性批判．北方论丛[J]．2012（2）：121-126．

[75] 王文臣．论马克思劳动批判理论与"共享"发展理念的双重统

一及其意义. 东岳论丛[J]. 2018（1）：123-129.

[76] 王旭辉. 现代性批判：从劳动异化论到文化异化论. 内蒙古社会科学（汉文版）[J]. 2017（5）：11-16.

[77] 魏冰娥，何云峰. 论崇尚劳动、尊重劳动的内涵实质与风尚营造. 思想理论教育[J]. 2019（6）：25-30.

[78] 魏长徵. "劳动之尊"四维解说：尊重、尊严、神圣与尊贵——基于劳动之人格、权利、使命与成就四个价值维度. 甘肃理论学刊[J]. 2015（2）：133-141.

[79] 吴晓明.《精神现象学》的劳动主题与马克思的哲学奠基. 北京大学学报（哲学社会科学版）[J]. 2010（9）：14-21.

[80] 吴晓明.《资本论》方法的当代意义. 教学与研究[J]. 2018（7）：5-11.

[81] 吴晓明. 论《巴黎手稿》对思辨辩证法的批判. 复旦学报（社会科学版）[J]. 2018（1）：1-10.

[82] 吴晓明. 论《历史与阶级意识》的辩证法研究. 马克思主义与现实[J]. 2017（2）：37-46.

[83] 吴晓明. 论马克思对现代性的双重批判. 学术月刊[J]. 2006（2）：46-52.

[84] 吴晓明. 马克思《巴黎手稿》的"对象性活动"概念. 毛泽东哲学思想研究[J]. 1992（2）：37-41.

[85] 吴晓明. 马克思的生产——劳动概念：兼评A·施密特的《马克思的自然概念》. 复旦学报（社会科学版）[J]. 1990（6）：24-31.

[86] 吴晓明. 马克思的现实观与中国道路. 中国社会科学[J]. 2014（10）：4-21.

[87] 吴晓明. 马克思主义中国化与新文明类型的可能性. 哲学研究[J]. 2019（7）：3-10.

[88] 吴晓明. 试论马克思哲学的存在论基础. 学术月刊[J]. 2001（9）：90-100.

[89] 吴晓明. 现代形而上学的本体论批判：马克思与海德格尔. 现代哲学[J]. 2016（5）：1-9.

[90] 萧步才. 略论第二种含义的社会必要劳动时间的起源及其在马克思价值理论体系中的地位. 学术研究[J]. 1964（6）：61-67.

[91] 杨淑静，丁惠平. "劳动"："历史"的秘密——从"法哲学批判"走向"经济学批判". 理论月刊[J]. 2012（10）：37-39.

[92] 杨淑静. 劳动：历史唯物主义的秘密. 贵州社会科学[J]. 2012（10）：15-18.

[93] 仰海峰. 阿伦特眼中的马克思——思想史语境中的重读与误释. 吉林大学社会科学学报[J]. 2007（5）：24-29.

[94] 叶俊，崔延强. 马克思劳动解放思想的演进历程. 西南大学学报（社会科学版）[J]. 2019（4）：56-63.

[95] 于微. 马克思对黑格尔劳动辩证法理论的批判与超越. 理论月刊[J]. 2011（11）：16-18.

[96] 余静. 唯物史观视野中的新型劳动及其现代意蕴. 哲学研究[J]. 2012（11）：27-31.

[97] 余源培. 《资本论》的当代意义. 复旦学报（社会科学版）[J]. 2006（5）：12-19.

[98] 余源培. 资本与中国社会主义建设. 上海财经大学学报（哲社版）[J]. 2006（4）：3-9.

[99] 俞吾金. 从"道德评价优先"到"历史评价优先"——马克思异化理论发展中的视角转换. 中国社会科学[J]. 2003（2）：95-105.

[100] 俞吾金. 论马克思的"劳动辩证法". 复旦学报（社会科学版）[J]. 2011（4）：1-8.

[101] 俞吾金. 资本诠释学：马克思考察、批判现代社会的独特路径. 哲学研究[J]. 2007（1）：23-31.

[102] 张迪，刘建军. 批判与建构：异化理论批判和唯物史观形成的逻辑理路. 学术界[J]. 2013（2）：138-145.

[103] 张盾，袁立国. 论马克思与古典政治经济学的理论渊源. 哲学研究[J]. 2014（3）：3-11.

[104] 张盾. 从反现代性角度重新解读马克思异化理论. 人文杂志[J]. 2004（5）：23-27.

[105] 张盾. 从异化劳动的批判到劳动本身的批判——评当代激进理论对马克思的一种误读. 学术月刊[J]. 2005（6）：74-81.

[106] 张盾. 马克思哲学革命中的伦理学问题. 哲学研究[J]. 2014（3）：3-13.

[107] 张盾. 哲学经济学视域中的劳动论题——关于马克思与黑格尔理论传承关系的微观研究. 南京大学学报（哲学·人文科学·社会科学）[J]. 2006（5）：5-12.

[108] 张国钧. 劳动解放：马克思人类解放思想的真蕴. 长白学刊[J]. 2010（3）：17-20.

[109] 张国顺，陶磊. 马克思劳动批判理论中的幸福哲学逻辑. 学校党建与思想教育[J]. 2018（12）：91-93.

[110] 张庆熊. 自我异化的积极扬弃——探究马克思揭示"异化劳动"的方法论. 学术月刊[J]. 2010.（9）：27-35.

[111] 张曙光. 论马克思对黑格尔劳动观念的分析和批判. 社会科学辑刊[J]. 1985（6）：28-30.

[112] 张雄. 现代性后果：从主体性哲学到主体性资本. 哲学研究[J]. 2006（10）：27-34.

[113] 张一兵，周嘉昕. 资本：一种历史性的社会生产关系——马克思《雇佣劳动与资本》研究. 东方论坛[J]. 2008（6）：3-5.

[114] 张一兵. 从经济物化到心灵的支配——析西方马克思主义对当代资本主义的批判. 东方论坛[J]. 1995（4）：20-24.

[115] 张一兵. 历史唯物主义与政治经济学的最初接合——蒲鲁东与马克思的《哲学的贫困》. 中共福建省委党校学报[J]. 1999（1）：21-29.

[116] 张一兵. 马克思与劳动意识形态——鲍德里亚《生产之镜》的批判性解读. 学习与探索[J]. 2007（2）：21-27.

[117] 张义修. 从"劳动塑形"走向现代性批判——马克思对黑格尔劳动概念的重释. 哲学研究[J]. 2013（9）：18-24.

[118] 邹诗鹏，黄学胜. 阿伦特对马克思的解读与马克思政治哲学的现代性视域. 思想战线[J]. 2009（1）：107-111.

[119] 邹诗鹏. 马克思对古典自由主义的批判及其思想史效应. 哲

学研究[J]. 2013（10）：3-7.

学位论文

[1] 曹亚雄. 知识经济与马克思主义劳动价值论[D]. 武汉：武汉大学，2003.

[2] 董振华. 创新劳动论——从经济学到哲学的理论思考[D]. 北京：中共中央党校，2003.

[3] 杜德省. 体面劳动理论及其当代中国实践研究[D]. 上海：华东师范大学，2017.

[4] 黄海洋. 马克思劳动视域下的正义观及其当代意义[D]. 沈阳：辽宁大学，2013.

[5] 黄云明. 马克思劳动伦理思想的哲学研究[D]. 保定：河北大学，2015.

[6] 寇雅玲. 马克思生产劳动理论研究[D]. 西安：西北大学，2005.

[7] 寇准强. 马克思劳动伦理思想研究[D]. 南宁：广西大学，2012.

[8] 李鹏. 马克思的劳动理论与共产主义理论[D]. 哈尔滨：黑龙江大学，2017.

[9] 李喆. 创意劳动论——基于马克思劳动论和劳动价值论的理论研究[D]. 西安：西北大学，2009.

[10] 梁玉秋. 社会主义市场经济条件下劳动和劳动价值理论研究[D]. 北京：中共中央党校，2002.

[11] 刘冠军. 现代科技劳动价值论研究[D]. 太原：山西大学，2005.

[12] 刘国辉. 剩余价值学说——唯物史观视域下的劳动价值论[D]. 哈尔滨：黑龙江大学，2015.

[13] 刘泓颉. 马克思劳动概念解析——《资本论》向《手稿》的回归[D]. 长春：吉林大学，2018.

[14] 马莎莎. 雇佣劳动的异化本质及其扬弃——马克思雇佣劳动理论及其在中国的发展研究[D]. 曲阜：曲阜师范大学，2014.

[15] 马唯杰. 劳动伦理研究[D]. 苏州：苏州大学，2016.

[16] 聂阳. 马克思劳动理论的历史唯物主义意蕴[D]. 长春：东北师范大学，2018.

[17] 邱忠文. 劳动、爱欲、自然与艺术——论马尔库塞关于人的解放的思想[D]. 上海：复旦大学，2011.

[18] 谭苑苑. 马克思劳动本体论思想及其当代价值[D]. 福州：福建师范大学，2016.

[19] 王晓蓓. 马克思劳动理论与阿伦特行动理论比较研究[D]. 哈尔滨：黑龙江大学，2016.

[20] 吴韬. 马克思的劳动论题研究[D]. 上海：复旦大学，2014.

[21] 夏雪. 马克思劳动思想的历史解读[D]. 北京：中共中央党校，2016.

[22] 杨国华. 论马克思的劳动概念[D]. 上海：复旦大学，2013.

[23] 张琳. 阿伦特劳动理论研究[D]. 上海：上海社会科学院，2012.

[24] 张鹏侠. 劳动价值论研究——构建马克思劳动价值理论的现代形式[D]. 长春：东北师范大学，2007.

[25] 郑杰. 作为生活范畴的劳动[D]. 长春：吉林大学，2012.

[26] 庄三红. 劳动价值论的时代化研究[D]. 兰州：兰州大学，2012.

外文著作

[1] Baudrillard, J., The Mirror of Production, tr.Mark Poster, St. Louis, Mo.: Telos Press, 1975.

[2] Hannah Arendt, The Human Condition, Chicago: the University of Chicago Press, 1998.

报纸文献

[1] 习近平. 在省部级主要领导干部学习贯彻党的十八届五中全会精神专题研讨班上的讲话[N]. 人民日报. 2016-5-10（002）.

[2] 习近平. 在知识分子、劳动模范、青年代表座谈会上的讲话[N]. 人

民日报．2016-04-30（002）．

电子文献

[1]习近平．中共中央关于坚持和完善中国特色社会主义制度 推进国家治理体系和治理能力现代化若干重大问题的决定[CP/OL]．http://www.gov.cn/xinwen/2019-11/05/content_5449023.htm.

[2]习近平．决胜全面建成小康社会 夺取新时代中国特色社会主义伟大胜利——在中国共产党第十九次全国代表大会上的报告[CP/OL]．http://www.gov.cn/zhuanti/2017-10/27/content_5234876.htm.